# “高等法律职业教育系列教材”审定委员会

高等法律职业教育系列教材
GAODENGFALUZHIYEJIAOYUXILIEJIAOCAI

# 监狱工作口才

JIANYU GONGZUO KOUCAI

主　审◎ 万安中
主　编◎ 王　莉　陈碧红
副主编◎ 赵天虹

暨南大学出版社
JINAN UNIVERSITY PRESS
中国·广州

# 本书编委会


**主　审：** 万安中

**主　编：** 王　莉　陈碧红

**副主编：** 赵天虹

**参　编：** 陈　灵　周　拯　宋　洁　麦晓华　古宇虹

# 总 序

高等法律教育职业化已成为社会的广泛共识。2008 年，由中央政法委等 15 部委联合启动的全国政法干警招录体制改革试点工作，更成为中国法律职业化教育发展的里程碑。这也必将带来高等法律职业教育人才培养机制的深层次变革。顺应时代法治发展需要，培养高素质、技能型的法律职业人才，是高等法律职业教育亟待破解的重大实践课题。

目前，受高等职业教育大趋势的牵引、拉动，我国高等法律职业教育开始了教育观念和人才培养模式的重塑。改革传统的理论灌输型学科教学模式，吸收、内化“校企合作、工学结合”的高等职业教育办学理念，从办学“基因”——专业建设、课程设置上“颠覆”教学模式：“校警合作”办专业，以“工作过程导向”为基点，设计开发课程，探索出了富有成效的法律职业化教学之路。为积累教学经验、深化教学改革、凝塑教育成果，我们着手推出“基于工作过程导向系统化”的法律职业系列教材。

《国家中长期教育改革和发展规划纲要（2010—2020 年）》明确指出，高等教育要注重知行统一，坚持教育教学与生产劳动、社会实践相结合。该系列教材的一个重要出发点就是尝试为高等法律职业教育在“知”与“行”之间搭建平台，努力对法律教育如何职业化这一教育课题进行研究、破解。在编排形式上，打破了传统篇、章、节的体例，以司法行政工作的法律应用过程为学习单元设计体例，以职业岗位的真实任务为基础，突出职业核心技能的培养；在内容设计上，改变传统历史、原则、概念的理论型解读，采取“教、学、练、训”一体化的编写模式。以案例等导出问题，根据内容设计相应的情境训练，将相关原理与实操训练有机地结合，围绕关键知识点引入相关实例，归纳总结理论、分析判断解决问题的途径，充分展现法律职业活动的演进过程和应用法律的流程。

法律的生命不在于逻辑，而在于实践。法律职业化教育之舟只有融入法律实践的海洋当中，才能激发出勃勃生机。在以高等职业教育实践性教学改革为平台进行法律职业化教育改革的路径探索过程中，有一个不容忽视的现实问题，高等职业教育人才培养模式主要适用于机械工程制造等以“物”作为工作对象的职业领域，而法律职业教育主要针对的是司法机关、行政机关等以“人”作为工作对象的职业领域，这就要求在法律职业教育中对高等职业教育人才培养模式进行“辩证”地吸纳与深化，而不是简单、盲目地照搬照抄。我们所培养的人才不应是“无生命”的执法机器，而是有法律智慧、正义良知、训练有素的有生命的法律职业人员。但愿这套系列教材能为我国高等法律职业化教育改革作出有益的探索，为法律职业人才的培养提供宝贵的经验、借鉴。

2010 年 11 月 15 日

# 前　言

“监狱工作口才”是高等职业院校刑事执行专业的专业技能核心课程。《监狱工作口才》教材的编写，依据刑事执行专业人才培养目标和课程标准，遵循高职高专教育理念，紧密结合监狱基层行刑管教工作的核心岗位任职要求，以实际工作过程为导向，以典型工作任务为载体，设计学习单元和训练情境，选取整合教学资源。该教材的教学目的是，引导学生通过学习，掌握运用监狱工作口才的策略、技巧和方法，培养学生在监狱实践工作中的交流、指挥、管理、教育、讯问、论辩和应变等警察专业口语技能，养成特定的职业口语风范和从业品质。

教材内容按照岗位技能训练逐步递进要求，共分为两编、七个学习单元。监狱工作口才基础训练包括语音训练、表达技巧训练、面试技巧训练三个单元，主要针对入职考试人员沟通交流、竞聘面试等工作任务，共设计43个训练情境。监狱工作口才专项训练包括监狱工作交谈口才、监狱工作演讲口才、监狱工作教育口才、监狱工作交锋口才四个专项技能学习单元，主要针对监狱狱政干事和生产干事进行现场管理、调解劝说、集体讲评等工作任务，监狱教育心矫干事进行三课教学、宣传教育、心理矫治等工作任务，以及监狱狱政干事进行询问讯问、论辩谈判的工作任务，共设计42个训练情境。

本教材在内容设计上，理论以够用为度，立足司法实践，强调职业化，突出实践训练，填补了刑事执行专业职业教育适用教材的空白，可以面向监狱系统各级培训，也可以面向其他同类型司法院校。

本教材由广东司法警官职业学院教师及监所基层管教民警共同编写，学院副院长万安中教授担任主审，王莉、陈碧红担任主编，赵天虹担任副主编，陈灵、周拯、宋洁、麦晓华（广东省女子监狱）和古宇虹（广东省女子劳教所）共同编写。李绮婷、陈莹进行了校对。

具体编写分工如下（以所撰写学习单元先后排序）：

王莉：学习单元一；宋洁：学习单元二；陈灵：学习单元三；赵天虹：学习单元四、七；陈碧红：学习单元五；周拯、麦晓华：学习单元六；古宇虹：各单元部分范例。

全书由王莉统稿。

本教材参考和借鉴了演讲、教育、讯问、论辩等方面的有关教材、著作、论文与网络信息资源，在此，谨向原作者表示衷心感谢！由于编写时间紧迫，因此书中难免有不足之处，我们真诚地希望得到广大师生和读者的谅解、批评、指正。

《监狱工作口才》编写组
2012 年 10 月

# 目　录
CONTENTS

## 学习单元五 监狱工作演讲口才



## 学习单元六 监狱工作教育口才



## 学习单元七 监狱工作交锋口才

# 上编　监狱工作口才基础训练

# 学习单元一

# 语音训练

## 任务一　发声训练

### ◆知识储备◆

### 一、语音的属性

语言是人类交际的工具，语音即语言的声音，是语言符号系统的载体，是人类发音器官发出的具有区别意义功能的声音，不能将之视为纯粹的自然物质。语音是最直接地记录思维活动的符号体系，是语言交际工具的声音形式。语音具有三种属性：

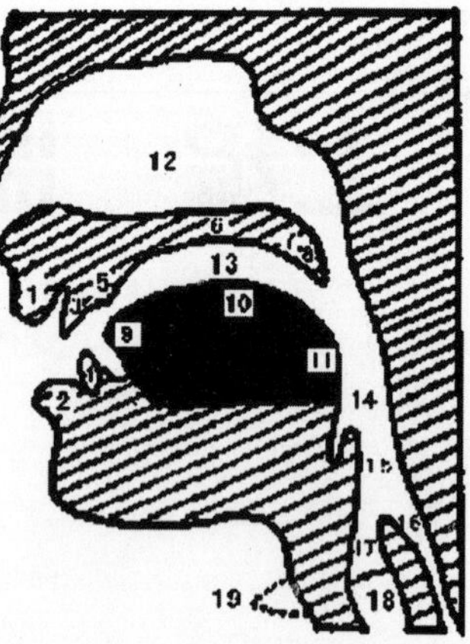

1.上唇　2.下唇　3.上齿　4.下齿　5.齿龈
6.硬腭　7.软腭　8.小舌　9.舌尖　10.舌面
11.舌根　12.鼻腔　13.口腔　14.咽腔　15.会厌

**发音器官示意图**

第一，物理属性。语音是一种声音，声音是一种物理现象。它由人的发音器官发出，负载着一定的语言意义。语言依靠语音实现它的社会功能。语言是音义结合的符号系统，语言的声音和语言的意义是紧密联系着的，因此，语言虽是一种声音，但又与一般的声音有着本质的区别。构成语音的四要素是音高、音强、音长、音色。音高，指声波频率，即每秒钟振动次数的多少。频率高声音就高，频率低声音就低。感觉上，高音尖细，低音浑厚。音强，又称音量，指声波振幅的大小。振幅越大则音越强，反之则越弱。音长，也称为"时长"，指声波振动持续时间的长短。发音体振动持久，声音就长，反之则短。音色指声音的特色和本质，也称作"音质"，利用不同的发音体、发音方法、共鸣器等，发出声音的音色也就不同。

第二，生理属性。语音是人用发音器官发出的声音，所以具有生理属性。人的发音器官及其活动情况是语音的生理基础。人的发音器官分三部分：①呼吸器官，包括肺、气管和支气管。肺是呼吸器官的中心，是产生语音动力的基础。②喉头和声带，是发音的震颤体。③口腔、咽腔、鼻腔，是发音的共鸣器（如发音器官示意图所示）。

第三，社会属性。从语音的地方特征和民族特征来看，普通话有翘舌音，而部分方言没有；英语有齿间音，汉语却没有。从语音表示意义的社会性来看，用什么声音跟表示什么意义没有必然的联系，而是随着社会不同而不同，由全体社会成员约定俗成。同样的语音形式可用来表示不同的意义，而一个意义又可以有多种语音形式。从语音的系统性来看，汉语里用送气、不送气区别词义，英语则不能；英语里用清音、浊音区别词义，汉语普通话则不能；语音的组合上，汉语的l只在音节开头出现，英语的l既可以在开头，也可以在末尾出现。

## 二、发音器官

1. 呼吸器官。包括肺、气管和支气管。肺是呼吸器官的中心，是产生语音动力的基础。从肺呼出的气流成为语音的声源。

2. 喉头和声带。喉头部分主要是声门和声带。声带是两条韧带，起着喉的阀门作用，它的闭拢和打开成为声门。声门大开时，气流畅通；声门闭合时，气流冲出，使声带作周期性的颤动，就产生了“乐音”。

3. 共鸣腔。包括咽腔、口腔和鼻腔三个区域，主要起调节语音的作用。口腔和鼻腔是调节发音的主要器官。鼻腔基本上是固定的，口腔则由于舌的伸缩、升降和小舌的抬起、下垂，使容积变化而产生不同的语音。口腔从唇部到声门总称为“声腔”，分成若干段。

## ◆范例分析◆

发声训练是语音训练的基础，有了正确的发声方法，就能够在口语表达中使声音持久不衰，音色圆润、洪亮、穿透力强，而且能根据表达的内容和表达的需要，恰当控制声音的高低强弱、轻重缓急，强化表达效果，更有效地实现表达目的。

古希腊雄辩家德摩斯梯尼（前384—前322）天生口吃，嗓音微弱，还有耸肩的坏习惯。在常人看来，他似乎没有一点当演说家的天赋。因为在当时的雅典，一名出色的演说家必须声音洪亮、发音清晰、姿势优美、富有辩才。为了成为卓越的政治演说家，德摩斯梯尼付出了超过常人几倍的努力，进行了异常刻苦的学习和训练。他最初的政治演说是很不成功的，由于发音不清、论证无力，多次被轰下讲坛。为此，他刻苦读书学习。据说，他抄写了《伯罗奔尼撒战争史》八遍，并虚心向著名的演员请教发音的方法。为了改进发音，他把小石子含在嘴里朗读，迎着大风和波涛讲话。为了改掉气短的毛病，他一边在陡峭的山路上攀登，一边不停地吟诗。他在家里装了一面大镜子，每天起早贪黑地对着镜子练习演说。为了改掉说话耸肩的坏习惯，他在头顶上悬挂一柄剑或一把铁杈。他还把自己剃成阴阳头，以便能安心躲起来练习演说……德摩斯梯尼的练声方法充分证明了练习气息和发声对提高语言表达能力的重要性，而且他刻苦练习的精神也是值得我们学习的。

## ◆任务要求◆

1. 正确使用胸腹式呼吸。
2. 熟练使用共鸣腔发声。

◆情境训练◆

## 训练1　用气发声训练

【训练目的】

1. 学习胸腹式呼吸法。

2. 扩大胸腔容量，有效控制气息。

【训练方法】

### 一、呼吸的三种方式

1. 胸式呼吸。完全用胸部控制气息，气吸到肺里后，由胸部向外挤压。这种呼吸吸气量不能达到最大值，气流不稳定，气息不能持久，身体易感疲劳。

2. 腹式呼吸。腹部呼吸吸气时将横膈肌下沉，尽量扩大腹部与腰部，民间说法叫作“气沉丹田”。它能有效地控制气流，均匀地将气呼出。呼吸时，挺胸后阔肩。吸气时腹部鼓着，但不可太用力；呼气时腹部要保持鼓着，丹田要绷住劲儿，一点一点均匀地将气呼出。吸气时不要故意阔胸。着重点在气下沉到下腹部（丹田），呼气时要感觉腹腔的气不上提。

3. 胸腹式呼吸。吸气时胸部、肋部、腹部、腰部同时向外扩张，最大限度地将气吸入，迫使横膈膜下压，扩展胸腔，增加气容量，把横膈膜作为气柱的支撑点，从而使整个发声有了根基，使声音具有立体感。呼气时腹部放松但不要用力收缩，胸腔保持住扩张的状态。着重点在横膈膜用力，呼气时要感觉将气保持在横膈膜上不散。

### 二、胸腹式呼吸训练方法

许多初学者由于气息不够，说出话来上气不接下气，说话不够连贯流利，很快就会累，这主要是没用上腹部的力量。因此，科学发声采用的最适宜的呼吸法就是有控制的胸腹式呼吸法。胸腹式呼吸训练方法有：

1. 长吸长呼。

（1）吹纸条。找一长方形纸条，用手指捏住放在鼻子前。用胸腹式呼吸法深吸一口气至满，把嘴巴闭合，只留一小孔，轻轻地向外吐气并吹动纸条，尽量让气流缓慢、均匀地吹向纸条。随着练习时间的增长，保持的时间加长。

（2）闻花香。想象来到一盆花前闻一闻花香，于是深吸一口气至满，花香令人陶醉，气息慢慢吐出。

（3）叹气。想象遇到一件无可奈何的事，慢慢吸气至满，作“唉”口形，将气息慢慢吐出。

（4）抬起重物。深吸一口气至满，憋住一股劲儿，腰部、腹部的感觉与胸腹联合呼吸时吸气最后一刻的感觉相近。

2. 长吸短呼。

（1）吹掉灰尘。想象要吹掉桌面的灰尘，深吸一口气至满，作“噗、噗、噗……”口形短促吐气，直至将气息全部吐完。

（2）吓人。想象自己躲在门后，想吓吓进门的朋友，深吸一口气至满，作“嘿

（或哈）”口形短促吐气。

3. 短吸短呼。

（1）抽泣。想象自己受了委屈，痛苦时的啜泣，短促呼和吸。

（2）喘气。想象跑步后喘气，短促呼和吸。

4. 短吸长呼。

吃惊。想象受到突如其来的惊吓，倒抽一口气，略停顿后，发现原来是虚惊一场，如释重负，气息缓缓呼出。

**【训练说明】**

1. 鼻吸口呼。

2. 练习呼吸时，无论站立或坐着，上身均需竖直，腰部挺直，肩膀保持水平，使胸腔、腹腔能够打开。

3. 练习时放轻松，保持自然体态，动作不要夸张，防止出现双肩耸动、脖颈硬挺、双目圆瞪、胸部过分外挺等毛病。

4. 初学练习时可能有不适，不要强求，吸气可不需满，呼气也不需尽，随着练习时间的加长，保持的时间逐渐加长。

## 训练 2　共鸣训练

**【训练目的】**

1. 掌握共鸣腔的运用。

2. 追求声音圆润、响亮，具有穿透力。

**【训练材料】**

1. 闭口共鸣：哞。

2. 口腔共鸣：a　o　i　u　ü

ba　da　ga　pa　ta　ka

peng　pa　pi　pu　pai

澎湃　冰雹　拍照　平静　抨击　批评

山上五株树，架上五壶醋，林中五只鹿，箱里五条裤，伐了山上的树，搬下架上的醋，射死林中的鹿，取了箱中的裤。

3. 鼻腔共鸣：ma　mi　mu　na　ni　nu

妈妈　光芒　中央　接纳　头脑

蓝蓝的天上白云飘，白云下马儿跑，挥动鞭儿响四方，百鸟齐飞翔。

4. 胸腔共鸣：反叛　散漫　武汉　计划　到达　白发　出嫁

百炼成钢　山河美丽　中流砥柱　英明伟大　普天同庆　鹏程万里

翻江倒海　超群绝伦　响彻云霄　丰功伟绩　排山倒海　满园春色

盖世无双　慷慨激昂　豪言壮语　千军万马　深情厚谊　层出不穷

龙飞凤舞　赴汤蹈火　小柳树，满地栽，金花谢，银花开。

【训练方法】

1. 在呼吸训练的基础上闭口发“姆”音，发音时双唇闭合，下巴放松，打开牙关，喉部放松，调整喉部使软腭挺起，气息通过软腭后部进入头腔。

2. 口腔共鸣是发声最主要的一点，发声的时候，从侧面看口腔呈横倒的“U”形，避免“<”形。口腔后部要扩大，同时鼻咽要关闭，不产生鼻泄露。基本是以开口元音为主练习。

3. 鼻腔共鸣是通过软腭来实现的。软腭下降，阻塞口腔通道，声音全部由鼻腔通过，发“n”或“ng”，体会鼻腔振动的感觉。标准的鼻辅音 m、n 和 ng 就是这样发声的。

4. 胸腔共鸣训练时，胸部自然放松，吸气不要过满，以自己感觉较舒适的音高和降低声音之后的音高交替发出 ɑ—ɑ、i—i、u—u、e—e（前边音为高音，后边为低音）。发低音时，手抚胸部会感到振动较大。还可以用较低的声音弹发 hɑ 音。胸腔的空间及共鸣能量大，发出的声音有深度和宽度，声音更浑厚、宽广。

【训练说明】

1. 共鸣，是喉部声带发出的声音，经过胸腔、口腔、鼻腔等共鸣器官，引起共振而扩大，变得震荡、响亮，音质圆润有弹性，刚柔适度，形成各种不同的色彩。这样的声音传送较远，可塑性强。胸腔共鸣能使声音浑厚、洪亮，口腔共鸣能使声音结实、明亮，鼻腔共鸣能使声音明丽、高亢。

2. 在共鸣训练时注意发音部位要准确，吐字要追求字正腔圆，声音明亮具有穿透力。同时还要注意脖颈、口腔姿势的放松，下巴不能过于前伸或内收，否则会使声音紧涩。



## 训练 3　吐字归音训练

【训练目的】

1. 掌握音节的正确发音方法。

2. 追求字正腔圆，吐字清晰、饱满，弹发有力。

【训练材料】

1. 吐字训练：

（1）b、p、m、f 训练：吃葡萄不吐葡萄皮儿，不吃葡萄倒吐葡萄皮儿。

（2）d、t、n、l 训练：会炖我的炖冻豆腐，来炖我的炖冻豆腐；不会炖我的炖冻豆腐，就别炖我的炖冻豆腐。

大兔子，大肚子，大肚子的大兔子，要咬大兔子的大肚子。

（3）g、k、h 训练：哥挎瓜筐过宽沟，赶快过沟看怪狗。光看怪狗瓜筐扣，瓜滚筐空哥怪狗。

（4）j、q、x 训练：七巷一个漆匠，西巷一个锡匠，七巷漆匠偷了西巷锡匠的锡，西巷锡匠偷了七巷漆匠的漆。

（5）z、c、s、zh、ch、sh、r 训练：优美的诗词离不了字词，字词准确、生动才能写出优美的诗词。

2. 归音训练：

蓝天　山川　森林　人民　本分

汪洋　光芒　名称　形成　方向

海外　彩带　徘徊　肥美　归队

高潮　秋收　悠久　优秀　牛油

3. 综合训练：

碧玉妆成一树高，万条垂下绿丝绦。不知细叶谁裁出，二月春风似剪刀。（贺知章《咏柳》）

远上寒山石径斜，白云生处有人家。停车坐爱枫林晚，霜叶红于二月花。（杜牧《山行》）

白日依山尽，黄河入海流。欲穷千里目，更上一层楼。（王之涣《登鹳雀楼》）

**【训练方法】**

1. “吐字归音”：

“吐字归音”是我国传统说唱理论中提及咬字方法时所用的一个术语。中国传统的发声学把汉语的一个音节分为字头（声母、韵头）、字腹（韵腹）、字尾（韵尾）三部分，如：zhuang 中 zh、u 是字头，a 是字腹，ng 是字尾。发音过程分为出字（字头的发音）、立字（字腹的发音）和归音（字尾的发音）三个阶段。字头的出字关系到字音的清晰程度，字腹的立字关系到字音的响亮与否，字尾的归音关系到字音的完整，并在一定程度上影响着语言的风格。

发音时，出字要准确有力，把握好声母的发音部位和发音方法，并迅速与韵头结合；立字要圆润饱满，口腔开合适度、松紧相宜、坚实稳定；归音要鲜明利落，既不拖泥带水留尾巴，又不可唇舌位置不到家，避免出现“吃字”、“倒字”、“丢音”等口齿不清的现象。

2. 吐字训练：

（1）喷口字训练。主要以唇音 b、p、m、f 为主，训练双唇喷吐力，如被迫、免费。

（2）弹舌字训练。主要以舌尖中音 d、t、n、l 为主，训练舌尖弹射力，如地图、努力。

（3）开喉字训练。主要以舌根音 g、k、h 为主，训练打开喉咙，如概括、开会。

（4）牙音字训练。主要以舌面音 j、q、x 为主，训练牙的咬合，如技巧、清醒。

（5）齿音字训练。主要以舌尖音 z、c、s、zh、ch、sh、r 为主，训练舌尖力量的集中，如贮藏室、支出、收入。

3. 归音训练：

（1）抵腭。前鼻韵尾 n 作字尾，发音过程完成时，舌尖要抵住上齿龈，如天安门。

（2）穿鼻。后鼻韵尾 ng 作字尾，发音过程完成时，声音穿鼻而出，如慌忙、窗棂。

（3）展唇。i 作字尾时，要展开唇角，呈微笑状，如回归、蓓蕾。

（4）敛唇。u 或 o 作字尾时，聚敛双唇，如祷告、游走。

【训练说明】

1. 吐字发音时，尽量将每个汉字的发音过程处理成为“枣核形”，以声母或者韵头为一端，以韵尾为另一端，韵腹为核心。咬准字头，发响字腹，收紧字尾，这样才能做到清晰、饱满、弹发有力。

2. 吐字时，不仅要有头有尾、不含混，而且要连接得好，从字头滑到字腹，再滑到字尾，浑然一体，不能有分解、断接的痕迹。

## 任务二　普通话训练

### ◆知识储备◆

#### 一、音素

音素是从音色的角度划分出来的最小的语音单位。学习音素是学习语音的基础。

一个汉字字音就是一个音节，构成音节的最小单位是音素。一个音节可以由一个或几个音素构成，如“啊”ɑ、“喔”o 等，由一个音素构成；“波”bo、“瓷”ci、“的”de 等，由两个音素构成；“飞”fei、“该”gai、“光”guang、“庄”zhuang 等，由三个或三个以上音素构成。

根据发音情况和发音特点，可以将音素分为元音和辅音。元音是指发音时不受到发音器官的阻碍发出且声带震动的声音，在汉语拼音字母中 ɑ、o、e、i、u 就是元音字母；辅音是指发音时受到发音器官的阻碍发出的声音，除元音字母外的汉语拼音字母都是辅音字母。

#### 二、音节

音节是语音的基本构成单位，它由一个以上的音素构成，是听觉上最容易分辨出来的语音单位，也是最自然的语音单位。根据我国传统的音韵学分析方法，普通话的音节包括声母、韵母和声调三部分。

**（一）声母**

汉语传统上把音节中的第一个元音前面的部分叫声母。声母大多由辅音构成，普通话有 21 个辅音，此外还有零声母。

声母包括：b、p、m、f、d、t、n、l、g、k、h、j、q、x、zh、ch、sh、r、z、c、s、y、w。

**（二）韵母**

在一个音节中，声母后面的部分叫作韵母。普通话里有 39 个韵母，有的由元音构成，有的由元音加辅音构成。

韵母包括：ɑ、o、e、i、u、ü、ɑi、ei、ui、ɑo、ou、iu、ie、üe、er、ɑn、en、in、un、ün、ɑng、eng、ing、ong。

韵母只有一个元音的，这个元音就是韵母的主要成分，叫作韵腹；韵母有两个或三个元音的，其中开口度较大、声音较响亮的元音是韵腹，韵腹前的是韵头（由于它介于声母和韵母之间，因此又叫介音），后面的是韵尾；韵母末尾的辅音是韵尾。如韵母结构表所示。

**韵母结构表**

| 韵头 | 韵腹 | 韵尾 |
|---|---|---|
| | ɑ | |
| | i | n |
| | ɑ | i |
| u | o | |
| u | ɑ | ng |
| i | ɑ | o |
| u | e | i |

**（三）声调**

除了元音和辅音，声调也是语音的主要组成部分。声调由音调的高低变化来表现。声带的颤动受到控制而有快慢，使声调或高或低。在自然状态下，人的语言音调起伏的范围大致是稳定的。

现代汉语的声调系统是继承古汉语的声调系统而来的。古汉语有“平、上、去、入”四声，后演变成普通话的“阴平、阳平、上声、去声”。

为了准确而简便地标记调值，现一般采用我国现代著名语言学家赵元任创制的五度标调法（如右图）。这种标调法把声调的相对音高分为五度：低、半低、中、半高、高，分别用1、2、3、4、5表示。

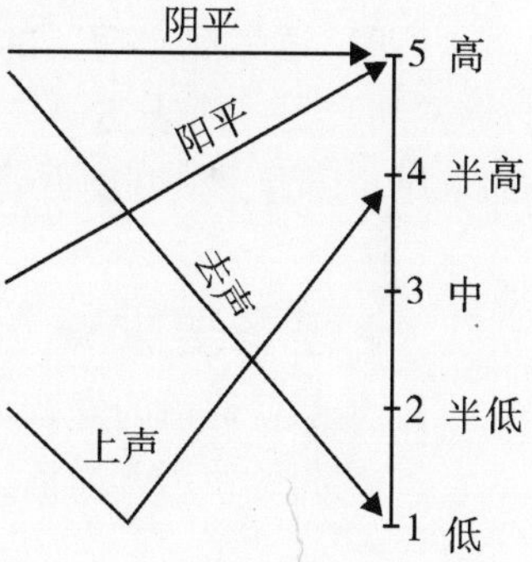


图中竖线为比较线，在其左边用横线、斜线、曲线表示声调的音高变化。汉语拼音方案简化声调图为声调符号“ˉˊˇˋ”，又规定声调符号标在主要元音（韵腹）上。

## 三、语流音变

语言表达不是孤立地发出一个个音素或者音节，而是连续发出多个音素或者音节形成语流。在语流中，由于受到相邻音节的相邻因素的影响，一些音节的声母、韵母或声调会发生语音的变化，但没有发生意义的变化，我们称之为语流音变。

普通话中最典型的语流音变是轻声、儿化、变调和语气词“啊”的音变。

**（一）轻声**

轻声是指在词语或句子里失去原有的声调而读成较轻、较短的调子，如哥哥、葡萄、你们、名字等词语的第二个字。

轻声的性质跟一般的声调不同。一般声调的性质主要取决于音高，轻声则主要取决于音强。轻声的发音特点就是用力特别小，音强特别弱。

（二）儿化

1. 性质和表示法：

普通话中有许多词汇的字音韵母因卷舌动作而发生音变现象，这种现象就叫儿化。儿化了的韵母就叫“儿化韵”，其标志是在韵母后面加上 r。普通话的韵母除 ê、er 以外，都可以儿化。

儿化韵里的“儿”不是一个单独的音节，而是在一个音节的末尾音上附加卷舌动作，使之发生音变。所以，儿化后的字音仍是一个音节，但带儿化韵的音一般由两个汉字来书写，如花儿（huār）、老头儿（lǎotóur）等。

2. 作用：

（1）语法上，区分词性。如：

画（动词）— 画儿（名词）　尖（形容词）— 尖儿（名词）

（2）词汇上，区别词义。如：

眼（眼睛）— 眼儿（“小洞”的意思）　头（脑袋）— 头儿（“负责人”的意思）

（3）修辞上，表示微小的形状或者带有喜爱、亲切等感情色彩。如：

鲜花儿　小孩儿　好玩儿　山歌儿　小曲儿

（三）变调

普通话的音节在连续发出时，其中有一些音节的调值会受到后面的音节声调的影响，从而发生改变，这种现象就叫变调。普通话的变调主要分为上声变调，去声变调，“一”、“不”的变调。

（四）语气词“啊”的音变

“啊”是一个表达语气和感情的语气词，单独使用时，发本音 ɑ；但如果用在句子的末尾，读音会受到前面音节末尾音素的影响而出现“同化”、“增音”等音变现象。

## ◆任务要求◆

1. 规范普通话的发音。
2. 流利地使用普通话。

## ◆情境训练◆

### 训练 1　声母发音训练

**【训练目的】**

1. 熟悉普通话中声母的分类。
2. 掌握每个声母的发音部位和发音方法。
3. 辨析各类声母在发音部位和发音方法上的异同。

**【训练材料】**

1. 掌握声母的发音部位。
2. 声母发音比较：①z、c、s—zh、ch、sh—j、q、x
　　　　　　　　②n—l

③f—h—k—g

3. 听读下列各字，写出它们的声母：

现 周 词 回 脚 刷 伞 灵 请 冉

4. 比较“如—卢”、“扰—老”、“润—论”、“若—落”、“让—浪”声母在发音部位、发音方法上有何区别?

5. 读绕口令，熟练掌握声母的发音：

b—p：补破皮褥子不如不补破皮褥子。(《补皮褥子》)

吃葡萄不吐葡萄皮儿，不吃葡萄倒吐葡萄皮儿。(《葡萄皮儿》)

d：会炖我的炖冻豆腐，来炖我的炖冻豆腐，不会炖我的炖冻豆腐，就别炖我的炖冻豆腐。要是混充会炖我的炖冻豆腐，炖坏了我的炖冻豆腐，那就吃不成我的炖冻豆腐。(《炖冻豆腐》)

l：六十六岁刘老六，修了六十六座走马楼，楼上摆了六十六瓶苏合油，门前栽了六十六棵垂杨柳，柳上拴了六十六个大马猴。忽然一阵狂风起，吹倒了六十六座走马楼，打翻了六十六瓶苏合油，压倒了六十六棵垂杨柳，吓跑了六十六个大马猴，气死了六十六岁刘老六。(《六十六岁刘老六》)

d—t：大兔子，大肚子，大肚子的大兔子，要咬大兔子的大肚子。(《大兔子和大肚子》)

n—l：门口有四辆四轮大马车，你爱拉哪两辆来拉哪两辆。(《四辆四轮大马车》)

h：华华有两朵黄花，红红有两朵红花。华华要红花，红红要黄花。华华送给红红一朵黄花，红红送给华华一朵红花。(《华华和红红》)

j、q、x：七巷一个漆匠，西巷一个锡匠，七巷的漆匠卖漆，西巷的锡匠卖锡。七巷的漆匠说西巷的锡匠偷了他的漆，西巷的锡匠说七巷的漆匠偷了他的锡。不知是西巷的锡匠偷了七巷的漆匠的漆，还是七巷的漆匠偷了西巷的锡匠的锡。(《漆匠和锡匠》)

g—k：哥挎瓜筐过宽沟，赶快过沟看怪狗。光看怪狗瓜筐扣，瓜滚筐空哥怪狗。(《哥挎瓜筐过宽沟》)

h—f：一堆粪，一堆灰，灰混粪，粪混灰。(《一堆粪》)

z—zh：隔着窗户撕字纸，一次撕下横字纸，一次撕下竖字纸，是字纸撕字纸，不是字纸，不要胡乱撕一地纸。(《撕字纸》)

s—sh：三山撑四水，四水绕三山，三山四水春常在，四水三山四时春。(《三山撑四水》)

四是四，十是十，十四是十四，四十是四十。谁说十四是四四，就罚谁十四，谁说四十是细席，就罚谁四十。(《四和十》)

z、c、s—j、x：司机买雌鸡，仔细看雌鸡，四只小雌鸡，叽叽好欢喜，司机笑嘻嘻。(《司机买雌鸡》)

r：夏日无日日亦热，冬日有日日亦寒，春日日出天渐暖，晒衣晒被晒褥单，秋日天高复云淡，遥看红日追西山。(《说日》)

zh、ch、sh：大车拉小车，小车拉小石头，石头掉下来，砸了小脚指头。(《大车拉小车》)

【训练方法】

## 一、声母的发音部位

声母的发音部位，是指辅音声母发音时口腔里发音器官构成阻碍的部位。根据发音部位，普通话声母可以分成七类：

1. 双唇音，由上唇和下唇阻塞气流而形成。普通话的双唇音有 b、p、m。

2. 唇齿音，由上齿和下唇接近阻碍气流而形成。普通话的唇齿音有 f。

3. 舌间前音，由舌尖抵住或接近齿背阻碍气流而形成。普通话的舌间前音有 z、c、s。

4. 舌尖中音，由舌尖抵住上齿龈阻碍气流而形成。普通话的舌尖中音有 d、t、n、l。

5. 舌尖后音，由舌尖抵住或接近硬腭前部阻碍气流而形成。普通话的舌尖后音有 zh、ch、sh。

6. 舌面音，由舌面前部抵住或接近硬腭阻碍气流而形成，又叫“舌面前音”。普通话的舌面音有 j、q、x。

7. 舌根音，由舌面后部抵住或接近软腭阻碍气流而形成，又叫“舌面后音”。普通话的舌根音有 g、k、h。

## 二、声母的发音方法

声母的发音方法，是指发音时喉头、口腔和鼻腔控制气流的方式与状况。

1. 根据构成阻碍和克服阻碍的方法。

（1）塞音。发音部位的某两个部分完全闭合，从肺部出来的气流冲破阻碍，迸裂而出，爆发成声。普通话的塞音有 b、p、d、t、g、k。

（2）擦音。发音部位接近，留下窄缝，软腭上升，堵塞鼻腔的通路，气流从窄缝中挤出，摩擦成声。普通话的擦音有 f、h、x、sh、r、s。

（3）塞擦音。发音部位的某两个部分完全闭合，阻住气流，后逐步放开，形成一条窄缝，气流从窄缝中挤出，造成塞擦音。普通话的塞擦音有 j、q、zh、ch、z、c。

（4）鼻音。口腔中的发音部位完全闭塞，软腭下垂，打开鼻腔通路，气流不能从口腔通过，震动声带，转从鼻腔通过。普通话的鼻音有 m、n，另外有一个鼻辅音 ng，在普通话中一般只作韵母的成分，不在声母的位置出现。

（5）边音。舌尖与上齿龈接触，但舌头的两边仍留有空隙，同时软腭上升，阻塞鼻腔的通路，气流振动声带，从舌头的两边或一边通过。普通话的边音有 l。

2. 根据声带是否颤动。

（1）浊音。发音时声带颤动，也叫带音。普通话声母中的浊音有 m、n、r、l。

（2）清音。发音时声带不颤动，又叫不带音。普通话声母中除浊音外，其余都清音。

3. 根据气流的强弱。

（1）送气音。呼出的气流较强，普通话中的送气音有 p、t、k、c、ch、q。

（2）不送气音。呼出气流较弱，普通话中的不送气音有 b、d、g、z、zh、j。

## 训练2　韵母发音训练

### 【训练目的】

1. 熟悉普通话中韵母的分类。

2. 掌握每个韵母的发音部位和发音方法。

3. 辨析各类韵母在发音部位和发音方法上的异同。

### 【训练材料】

1. 掌握韵母的发音部位。

2. 韵母发音比较：

①ɑ、e 、o—ɑn、en、in—ɑng、eng、ong、iong

②-i（ɿ）—-i（ʅ）

③ɑn—iɑn—uɑn—üɑn

3. 读准下列各词的声母和韵母：

天气　喝水　规律　东风　弯刀　月亮　降临　年关　分秒　乡民

4. 读绕口令，熟练掌握韵母的发音。

ɑ：门前有八匹大伊犁马，你爱拉哪匹马就拉哪匹马。(《伊犁马》)

e：坡上立着一只鹅，坡下就是一条河。宽宽的河，肥肥的鹅，鹅要过河，河要渡鹅。不知是鹅过河，还是河渡鹅。(《鹅》)

u：鼓上画只虎，破了拿布补。不知布补鼓，还是布补虎。(《鼓上画只虎》)

i—ü：这天天下雨，体育局穿绿雨衣的女小吕，去找穿绿运动衣的女老李。穿绿雨衣的女小吕，没找到穿绿运动衣的女老李，穿绿运动衣的女老李，也没见着穿绿雨衣的女小吕。(《女小吕和女老李》)

er：要说“尔”专说“尔”，马尔代夫，喀布尔、阿尔巴尼亚，扎伊尔、卡塔尔，尼泊尔、贝尔格莱德，安道尔、萨尔瓦多，伯尔尼、利伯维尔，班珠尔、厄瓜多尔，塞舌尔、哈密尔顿，尼日尔、圣彼埃尔，巴斯特尔、塞内加尔的达喀尔，阿尔及利亚的阿尔及尔。(《要说“尔”专说“尔”》)

-i［ɿ］：一个大嫂子，一个大小子。大嫂子跟大小子比包饺子，看是大嫂子包的饺子好，还是大小子包的饺子好，再看大嫂子包的饺子少，还是大小子包的饺子少。大嫂子包的饺子又大又好又不少，大小子包的饺子又小又少又不好。（《大嫂子和大小子》)

-i［ʅ］：知之为知之，不知为不知，不以不知为知之，不以知之为不知，唯此才能求真知。(《知之为知之》)

ai—ei：大妹和小妹，一起去收麦。大妹割大麦，小妹割小麦。大妹帮小妹挑小麦，小妹帮大妹挑大麦。大妹小妹收完麦，噼噼啪啪齐打麦。(《大妹和小妹》)

ang—ɑn：张康当董事长，詹丹当厂长，张康帮助詹丹，詹丹帮助张康。(《张康和詹丹》)

eng—en：陈庄程庄都有城，陈庄城通程庄城。陈庄城和程庄城，两庄城墙都有门。陈庄城进程庄人，陈庄人进程庄城。请问陈程两庄城，两庄城门都进人，哪个城进陈庄人，程庄人进哪个城？(《陈庄城和程庄城》)

ang—eng：长城长，城墙长，长长长城长城墙，城墙长长城长长。(《长城长》)

ian：半边莲，莲半边，半边莲长在山涧边。半边天路过山涧边，发现这片半边莲。半边天拿来一把镰，割了半筐半边莲。半筐半边莲，送给边防连。(《半边莲》)

in：你也勤来我也勤，生产同心土变金。工人农民亲兄弟，心心相印团结紧。(《土变金》)

ing：天上七颗星，树上七只鹰，梁上七个钉，台上七盏灯。拿扇扇了灯，用手拔了钉，举枪打了鹰，乌云盖了星。(《天上七颗星》)

uei：威威、伟伟和卫卫，拿着水杯去接水。威威让伟伟，伟伟让卫卫，卫卫让威威，没人先接水。一二三，排好队，一个一个来接水。(《接水》)

uei—ei：黑肥混灰肥，灰肥混黑肥。黑肥混灰肥，黑肥灰又黑。黑肥混灰肥，灰肥比黑肥灰；灰肥混黑肥，黑肥比灰肥黑。(《肥混肥》)

uan—uang：那边划来一艘船，这边漂去一张床，船床河中互相撞，不知船撞床，还是床撞船。(《船和床》)

**【训练方法】**

按照韵母内部成分的特点，可以把普通话的韵母分为单元音韵母、复元音韵母和带鼻音韵母。另外，还可以按韵头部分的元音将韵母分为“四呼”：开口呼、齐齿呼、合口呼、撮口呼。

## 一、单元音韵母

单元音韵母，是指由单元音构成的韵母，简称单韵母。普通话韵母中共有10个单元音韵母，其中7个是舌面元音，即ɑ、o、e、ê、i、u、ü；3个是舌尖元音，即 -i［ʅ］、-i［ʅ］、er。

### （一）舌面元音

舌面元音发音时主要是舌面起作用，由舌位的高低、前后和嘴唇的圆不圆来决定。

ɑ：发音时，口腔大开，舌头前伸，前舌面下降到最低度，嘴唇呈自然状态，如“沙发”、“打靶”的韵母。

o：发音时，口腔半合，舌头后缩，后舌面升至半高程度，嘴唇拢圆，如“波”、“泼”的韵母。

e：发音时，口腔半闭，舌头后缩，后舌面升至半高程度，嘴角向两旁展开。o和e的区别只在嘴唇的圆扁，其他情况相同，如“歌”、“科”、“喝”的韵母。

ê：发音时，口腔半开，舌头前伸，前舌面升至半低程度，嘴角向两旁展开，唇形不圆，如“欸”的读音。在普通话里，ê很少单独使用，经常出现在i、ü的后面。

i：发音时，口腔开度很小，舌头前伸，前舌面上升接近硬腭，气流通路狭窄，但不发生摩擦，嘴角向两边展开，呈扁平状，如“低”、“体”的韵母。

u：发音时，口腔开度很小，舌头后缩，后舌面上升接近硬腭，气流通路狭窄，但不发生摩擦，嘴唇拢圆成一小孔，如“图书”、“互助”的韵母。

ü：发音时，口腔开度很小，舌头前伸，前舌面上升接近硬腭，但气流通过时不发生摩擦，嘴唇拢圆成一小孔。发音情况和i基本相同，区别是ü嘴唇是圆的，i嘴唇是扁的，如“语句”、“盱眙”的韵母。

（二）舌尖元音

舌尖元音发音时主要是舌尖起作用，由舌尖活动的前后和嘴唇的圆不圆来决定。

-i [ɿ]：发音时，舌尖前伸，对着上齿背形成狭窄的通路，气流通过不发生摩擦，嘴唇向两旁展开，如“字词”、“自私”的韵母。

-i [ʅ]：发音时，舌尖上举，对着硬腭形成狭窄的通路，气流通过不发生摩擦，嘴唇向两旁展开，如“支持”、“实施”的韵母。

er：发音时，舌面中央上升到中央高度，同时舌尖卷起，对着硬腭，嘴唇略微展开，如“而”、“耳”、“二”。

## 二、复元音韵母

复元音韵母，是指由两个或三个元音复合而成的韵母。发音时舌位、唇形都有变化，由一个元音的口腔、舌位、唇形等发音状况向另一个元音的发音状况滑动成音。普通话里共有 13 个复元音韵母，即 ɑi、ei、ɑo、ou、iɑ、ie、uɑ、uo、üe、iɑo、iou、uɑi、uei。

复元音韵母里的各个成分，在口腔的开度和声音的响亮度等方面是不同的，其中韵腹作为韵母的主干，与韵头、韵尾相比，声音最清晰、响亮，所以也叫“主要元音”，由 10 个单元音充当。韵头出现在韵腹前，发音轻而短，只表示复元音韵母发音的起点。韵尾在韵腹后面，表示复元音韵母滑动的最后方向，音值含混而不太固定。

普通话的复元音韵母可以分成二合的和三合的两类。

1. 二合元音 9 个：

（1）前响复元音韵母：4 个，韵腹在前。

ɑi　哀、白、开、海

ei　背、给、黑、类

ɑo　熬、到、高、扰

ou　偶、楼、斗、某

（2）后响复元音韵母：5 个，韵腹在后。

iɑ　牙、恰、俩、家

ie　也、别、灭、列

uɑ　瓦、夸、刷、抓

uo　窝、说、活、罗

üe　月、学、绝、掠

2. 三合元音 4 个：

中响复元音韵母：4 个，韵腹在中。

iɑo　腰、料、秒、桥

iou　优、刘、秀、酒

uɑi　歪、快、坏、拽

uei　威、回、亏、水

## 三、带鼻音韵母

带鼻音韵母由一个或两个元音后面带上鼻辅音构成。发音时，由前面的元音的发音状态过渡到鼻辅音，舌位和唇形也是逐渐变动的，鼻音成分逐渐增加，最后完全变成鼻音。作韵尾的鼻辅音，发音时与作声母的鼻音不同，是不除阻的。

带鼻音韵母共有16个，可以分为前鼻音韵母、后鼻音韵母。

前鼻音韵母：an、ian、uan、üan、en、in、uen、ün。

后鼻音韵母：ang、iang、uang、eng、ing、ueng、ong、iong。

### 四、"四呼"

#### （一）开口呼

凡是不以i、u、ü开头的韵母，即没有韵头（介音）而韵腹又不是i、u、ü的韵母，统称为开口呼韵母。发音时，口腔开度较大，如a、o、e、ê、-i［ʅ］、-i［ʅ］、er、ai、ei、ao、ou、an、en、ang、eng、ong。

#### （二）齐齿呼

凡是用i开头的韵母叫齐齿呼韵母。发音时，上下齿几乎是对齐的，如i、ia、ie、iao、iou、ian、in、ing、iang、iong。

#### （三）合口呼

凡是用u开头的韵母称为合口呼韵母。发音时双唇合拢，呈圆形，如u、ua、uo、uai、uei、uan、uen、uang、ueng。

#### （四）撮口呼

凡是用ü开头的韵母称为撮口呼韵母。发音时，双唇撮拢，呈圆形，如ü、üe、üan、ün。

"四呼"是我国传统语言学上的术语。音韵学家分韵母为开口呼、合口呼两类，每类又分洪音、细音两种。开口呼洪音仍称开口呼，细音称齐齿呼；合口呼洪音称合口呼，细音称撮口呼。

## 训练3　声调发音训练

**【训练目的】**

1. 掌握普通话中各声调的调值。
2. 准确念读普通话中各声调。

**【训练材料】**

1. 念准下列词语中各个字的声调：

英明果断　阶级友爱　山河锦绣　高扬旗帜
妙手回春　破釜沉舟　痛改前非　异口同声
披星戴月　专心致志　推心置腹　惊涛骇浪
惩前毖后　淋漓尽致　来龙去脉　虚有其表

2. 给下列词语注音，并写出汉字：

①bei gong she ying　②tong chou di kai
③jin yu man tang　④wei yu chou mou

⑤jue sheng qian li　　⑥yan jian yi gai
⑦mie jue ren huan　　⑧qing zhen yi qie
⑨liang xiao wu cai　　⑩wu yu lun bi

3. 比较下列词语声调的异同：
①领头—零头　②敬意—惊疑　③任意—仁义　④告诉—高速
⑤进去—金曲　⑥装置—状纸　⑦福气—夫妻　⑧才华—采花

【训练方法】

1. 阴平：念高平，用五度标记法来表示，就是从5到5，写作55。声带绷到最紧，始终无明显变化，保持音高。

如：清　qīng　帮　bāng　颇　pō　分　fēn

2. 阳平：念高升（或说中升），起音比阴平稍低，然后升到高。用五度标记法表示，就是从3升到5，写作35。声带从不松不紧开始，逐步绷紧，直到最紧，声音从不低不高到最高。

如：人　rén　祥　xiáng　刘　liú　同　tóng

3. 上（shǎng）声：念降升，起音半低，先降后升，用五度标记法表示，是从2降到1再升到4，写作214。声带从略微有些紧张开始，立刻松弛下来，稍稍延长，然后迅速绷紧，但没有绷到最紧。

如：管　guǎn　谎　huǎng　某　mǒu　很　hěn

4. 去声：念高降（或称全降），起音高，接着往下滑，用五度标记法表示，是从5降到1，写作51。声带从紧开始到完全松弛为止，声音从高到低，音长是最短的。

如：下　xià　控　kòng　硬　yìng　愣　lèng

另外，还有一种又轻又短的声调，叫作轻声。汉语拼音规定轻声不标调。

如：我们　wǒmen　桌子　zhuōzi　答应　dāying　闹腾　nàoteng




## 训练4　轻声发音训练

【训练目的】

1. 掌握轻声的发音方法。
2. 辨析轻声与非轻声词语的区别。

【训练材料】

1. 根据词语解释，为词语注音：
①差使：差遣。
　差使：指工作、任务。
②大方：不拘束、不俗气。
　大方：专家、内行人，如贻笑大方。
③大爷：伯父；年长的男子。
　大爷：不好劳动、傲慢任性的男子。

④东西：泛指各种事物。

东西：东边和西边；从东到西。

⑤花费：名词，消耗的钱。

花费：动词，因使用而消耗掉。

⑥口音：说话的声音；方言。

口音：发音时软腭上升，阻住鼻腔的通道，气流专从口腔出来的叫作口音，是相对于鼻音、鼻化元音而言的。

⑦人家：代词，指自己或别人。

人家：住户；家庭。

⑧特务：参加国内或国外的反动组织，经过特殊训练，从事刺探情报、颠覆、破坏等活动的人。

特务：军队中担任警卫、通信、运输等特殊任务的，如特务员、特务连、特务营。

⑨自在：安闲舒适。

自在：自由，不受拘束。

⑩自然：不勉强，不局促，如态度很自然。

自然：自然界；自由发展；理所当然。

2. 念读下列词语，体会轻声的发音：

①妈妈　爸爸　婆婆　公公　叔叔　姑姑
姐姐　娃娃　太太　娘娘　星星　猩猩

②儿子　老子　庙子　盘子　裤子　瘦子
铲子　炉子　鼻子　小子　鬼子　孙子
胡子　桃子　李子　曲子　样子　院子

③码头　盼头　馒头　舌头　赚头　兆头
想头　芋头　念头　木头　风头　来头
搞头　眉头　指头　浪头　石头　甜头

④来宾们　女士们　祖先们　朋友们
人们　咱们　我们　你们　他们

⑤路上　面上　顶上　早上　炕上　表面上
脚下　楼下　车下　底下　地下　树底下
屋里　心里　夜里　厂里　家里　背地里

⑥前头　外头　下头　上头　后头　里头
前面　后面　里面　外面　侧面　对面
外边　左边　前边　右边　南边　里边

⑦走吗　好吗　你呢　他呢　哪儿呢
看过　走过　吃过　来过　难受吗
完了　喝了　走着　想着　吃完啦
吃的　穿的　真的　买的　好喝吧
仔细地看　困得不行　美丽的姑娘

⑧起不来　起得来　看不出　看得上

说不出来　拿得出来　拿不出来

⑨走走　看看　说说　吃吃　笑笑　遛遛

走一走　看一看　遛一遛　说不说

3. 读绕口令，熟练掌握轻声的发音：

（1）黄花花黄黄花黄，花黄黄花朵朵黄，朵朵黄花黄又香，黄花花香向太阳。（《黄花黄》）

（2）老姥姥老问姥姥老不老，姥姥老问老姥姥小不小。（《姥姥和老姥姥》）

（3）毛毛和涛涛，跳高又练跑，毛毛教涛涛练跑，涛涛教毛毛跳高，毛毛学会了跳高，涛涛学会了练跑。（《毛毛和涛涛》）

（4）老伯伯卖墨，老婆婆卖馍，老婆婆卖馍买墨，老伯伯卖墨买馍。墨换馍老伯伯有馍，馍换墨老婆婆有墨。（《墨与馍》）

（5）小猪扛锄头，吭哧吭哧走。小鸟唱枝头，小猪扭头瞅。锄头撞石头，石头砸猪头；小猪怨锄头，锄头怨石头。（《小猪扛锄头》）

（6）一二三四五六七，七六五四三二一，七个阿姨来摘果，七个花篮手中提。七个果子摆七样：苹果、桃儿、石榴、柿子、李子、栗子、梨。（《七个阿姨来摘果》）

（7）清早起来雨稀稀，王七上街去买席。骑着毛驴跑得急，捎带卖蛋又贩梨。一跑跑到小桥西，毛驴一下跌了蹄。打了蛋，撒了梨，跑了驴，急得王七眼泪滴，又哭鸡蛋又骂驴。（《王七上街去买席》）

（8）孩子是孩子，鞋子是鞋子，孩子不是鞋子，鞋子不是孩子。是孩子穿鞋子，不是鞋子穿孩子。谁分不清鞋子和孩子，谁就念不准鞋子和孩子。（《孩子和鞋子》）

（9）杰杰和姐姐，花园里面捉蝴蝶。杰杰去捉花中蝶，姐姐去捉叶上蝶。（《杰杰和姐姐》）

（10）金瓜瓜，银瓜瓜，瓜棚上面结满瓜，瓜瓜落下来，打着小娃娃，娃娃叫妈妈，娃娃怪瓜瓜，瓜瓜笑娃娃。（《瓜瓜笑娃娃》）

**【训练方法】**

1. 普通话中的轻声往往有区别词性和词义的作用，如：

兄弟：①xiōngdì，“哥哥和弟弟”的意思；

②xiōngdi，单指弟弟。

地道：①dìdào，名词，“在地面下掘成的坑道”的意思；

②dìdao，形容词，“真正的、纯粹的、实在的”的意思。

利害：①lìhài，名词，“利益和损害”的意思；

②lìhai，副词或形容词，“难以对付、剧烈、凶猛”的意思。

2. 变读轻声的规律：大多数轻声都与词汇、语法上的意义有密切关系。

（1）“吧、呢、吗、啊”等语气词，如：来吧、你呢、走吗、听啊。

（2）助词“的、地、得、着、了、过、们”，如：我的、轻轻地、来得早、说着、走了、做过、他们。

（3）名词的后缀“子、儿、头”，如：儿子、女儿、石头。

（4）某些量词，如：三个。

（5）方位词或词素，如：树上、河里、地下、这边。

（6）表示趋向的动词，如：回来、出去、请进来。

（7）重叠动词的末尾音节，如：看看、走走、念念、听听。

（8）作宾语的人称代词，如：找我、请你、叫他。

3. 还有一些口语中常用的双音节词的第二个字读轻声，此类的数量较多，且无规律可循，常见的有葡萄、东西、丈夫、先生、动静、胳膊、稀罕、风筝、钥匙、脑袋、算盘、消息、窗户、眉毛、蘑菇、玻璃、客气、新鲜等。



## 训练 5　儿化发音训练

### 【训练目的】

1. 准确掌握儿化韵的发音方法。
2. 掌握儿化词语的作用。
3. 熟练运用儿化词。



### 【训练材料】

1. 熟读下列词语：

| | | |
|---|---|---|
| 刀把儿 dāobàr | 名牌儿 míngpáir | 快板儿 kuàibǎnr |
| 药方儿 yàofāngr | 一下儿 yīxiàr | 小辫儿 xiǎobiànr |
| 鼻梁儿 bíliángr | 脑瓜儿 nǎoguār | 大腕儿 dàwànr |
| 蛋黄儿 dànhuángr | 手绢儿 shǒujuànr | 老本儿 lǎoběnr |
| 夹缝儿 jiāfèngr | 小鞋儿 xiǎoxiér | 一会儿 yīhuìr |
| 瓜子儿 guāzǐr | 墨汁儿 mòzhīr | 针鼻儿 zhēnbír |
| 门铃儿 ménlíngr | 眼镜儿 yǎnjìngr | 人影儿 rényǐngr |
| 毛驴儿 máolǘr | 合群儿 héqúnr | 模特儿 mótèr |
| 没谱儿 méipǔr | 抽空儿 chōukòngr | 小熊儿 xiǎoxióngr |
| 红包儿 hóngbāor | 火苗儿 huǒmiáor | 衣兜儿 yīdōur |
| 抓阄儿 zhuājiūr | 大伙儿 dàhuǒr | 粉末儿 fěnmòr |

2. 读绕口令，熟练掌握儿化的发音：

（1）出东门儿，过大桥，大桥底下一树枣，拿着杆子去打枣，青的多，红的少，一个枣儿，两个枣儿，三个枣儿……九个枣儿，十个枣儿，九个枣儿……一个枣儿，这是一个绕口令儿，一口气说完才算好。（《打枣》）

（2）小哥俩儿，红脸蛋儿，手拉手儿，一块儿玩儿。小哥俩儿，一个班儿，一路上学唱着歌儿。学造句，一串串儿，唱新歌儿，一段段儿，学画画儿，不贪玩儿。画小猫儿，钻圆圈儿，画小狗儿，蹲庙台儿，画只小鸡儿吃小米儿，画条小鱼儿吐水泡儿。小哥俩，对脾气儿，上学念书不费劲儿，真是父母的好宝贝儿。（《小哥俩儿》）

（3）进了门儿，倒杯水儿，喝了两口儿运运气儿，顺手拿起小唱本儿，唱一曲儿，又一曲儿，练完了嗓子我练嘴皮儿。绕口令儿，练字音儿，还有单弦儿牌子曲儿，小快板儿，大鼓词儿，越说越唱我越带劲儿。（《练字音儿》）

（4）打南边来了个白胡子老头儿，手拉着倍儿白的白拐棍儿。（《白胡子老头儿》）

（5）二月二，上小镇儿，买根烟袋儿不通气儿，回来看看是根棍儿。（《上小镇儿》）

（6）一条裤子七道缝儿，横缝上面有竖缝儿，缝了横缝缝竖缝儿，缝了竖缝缝横缝儿。（《一条裤子七道缝儿》）

（7）小小子儿，不贪玩儿。画小猫儿，钻圆圈儿；画小狗儿，蹲小庙儿；画小鸡儿，吃小米儿；画个小虫儿，顶火星儿。（《学画画儿》）

**【训练方法】**

平舌韵变儿化韵的规律：

## 一、韵腹或韵尾为 a、o、ê、e、u 的韵母

作儿化处理时，其读音变化不太大，卷舌动作与其本身的发音冲突不大，所以儿化时直接带上卷舌音色彩即可。其中，e 的舌位稍稍后移一点儿，a 的舌位略微升高一点儿即可。如：

| | | | | |
|---|---|---|---|---|
| a→ar： | 哪儿 | nǎr | 手把儿 | shǒubàr |
| ia→iar： | 叶芽儿 | yièyár | 钱夹儿 | qiánjiár |
| ua→uar： | 画儿 | huàr | 浪花儿 | lànghuār |
| o→or： | 粉末儿 | fěnmòr | 竹膜儿 | zhúmór |
| uo→uor： | 眼窝儿 | yǎnwōr | 大伙儿 | dàhuǒr |
| ao→aor： | 小道儿 | xiǎodàor | 荷包儿 | hébāor |
| iao→iaor： | 小调儿 | xiǎodiàor | 嘴角儿 | zuǐjiǎor |
| ou→our： | 老头儿 | lǎotóur | 路口儿 | lùkǒur |
| iou→iour： | 小妞儿 | xiǎoniūr | 足球儿 | zúqiúr |
| e→er： | 小盒儿 | xiǎohér | 硬壳儿 | yìngkér |
| üe→üer： | 主角儿 | zhǔjuér | 木橛儿 | mùjuér |
| ie→ier： | 石阶儿 | shíjiēr | 字帖儿 | zìtiěr |
| u→ur： | 泪珠儿 | lèizhūr | 离谱儿 | lípǔr |

## 二、韵尾为 i 的韵母

因 i 的发音动作与卷舌有所冲突，作儿化处理时，i 丢失，变成主要元音加上卷舌动作。如：

| | | | | |
|---|---|---|---|---|
| ai→ar： | 大牌儿 | dàpáir | 窗台儿 | chuāngtáir |
| ei→er： | 同辈儿 | tóngbèir | 宝贝儿 | bǎobèir |
| uai→uar： | 糖块儿 | tángkuàir | 一块儿 | yīkuàir |
| uei→uer： | 口味儿 | kǒuwèir | 一对儿 | yīduìr |

## 三、韵尾为 n 的韵母

作儿化处理时，因为 n 的发音妨碍了卷舌动作，所以儿化的韵尾 n 音丢失，有些在主要元音基础上卷舌，有些是在主要元音后加上［ər］音。如：

an→ar： 顶班儿 dǐngbānr 传单儿 chuándānr
en→er： 亏本儿 kuīběnr 命根儿 mìnggēnr
ian→iar： 鸡眼儿 jīyǎnr 路边儿 lùbiānr
in→iar： 用劲儿 yòngjìnr 手印儿 shǒuyìnr
uan→uar： 好玩儿 hǎowánr 拐弯儿 guǎiwānr
uan→uer： 皱纹儿 zhòuwénr 开春儿 kāichūnr
üan→üar： 圆圈儿 yuánquānr 手绢儿 shǒujuànr
ün→üer： 合群儿 héqúnr 花裙儿 huāqúnr

## 四、韵尾为-ng 的韵母

由于-ng 是鼻音，发音时口腔中没有气流通过，所以不能形成卷舌动作。故作儿化处理时-ng 丢失，与前面的主要元音合成鼻化元音（国际音标用“~”作为元音鼻化记号），同时加上卷舌动作。如：

ang ［aŋ］→［ãr］： 茶缸儿 chágāngr 药方儿 yàofāngr
iang ［iaŋ］→［iãr］： 小羊儿 xiǎoyángr 菜秧儿 càiyāngr
uang ［uaŋ］→［uãr］： 竹筐儿 zhúkuāngr 门窗儿 ménchuāngr
eng ［əŋ］→［ə̃r］： 跳绳儿 tiàoshéngr 竹凳儿 zhúdèngr
ing ［iŋ］→［ə̃r］： 药瓶儿 yàopíngr 鸡丁儿 jīdīngr
ueng ［uəŋ］→［uə̃r］： 酒瓮儿 jiǔwèngr 瓜棚儿 guāpéngr
ong ［uŋ］→［ũr］： 小洞儿 xiǎodòngr 抽空儿 chōukòngr
iong ［yŋ］→［ỹr］： 小熊儿 xiǎoxióngr



## 五、韵尾为 i、ü 作主要元音时的韵母

作儿化处理时，因 i、ü 开口度较小，舌高点靠前，i、ü 此时又是韵腹不能丢失，故与卷舌动作有冲突，因此在原韵母后加上［ər］音。如：

i→ier： 锅底儿 guōdǐr 玩意儿 wányìr
ü→üer： 小曲儿 xiǎoqǔr 毛驴儿 máolúr

## 六、韵尾为-i［ɿ］、-i［ʅ］的韵母

作儿化处理时，因其发音的开口度小，且舌尖已接近齿背或前硬腭，已妨碍了卷舌动作，故［ɿ］、［ʅ］丢失，变成［ər］。如：

-i→er： 找刺儿 zhǎocìr 柳丝儿 liǔsīr
-i→er： 树枝儿 shùzhīr 找事儿 zhǎoshìr

# 训练 6 变调发音训练

**【训练目的】**

1. 熟悉和掌握变调的现象。
2. 熟练运用变调的规律。

【训练材料】

1. 念读下列词语和句子，掌握上声变调的规律：

喜欢 小心 体操 雨衣 火车 产生 好听 简单
普及 指南 可怜 海洋 旅行 妥协 扫描 改良
广阔 果树 请教 老化 访问 解放 努力 守信
奶奶 暖和 尾巴 宝贝 晚上 短的 里头 左边

矮小 版本 保守 彼此 补考 草稿 打扫 底稿
典礼 顶嘴 斗胆 短语 躲闪 反省 仿古 港口
稿纸 鼓舞 古老 古朴 骨髓 谷雨 果敢 海马
检举 奖赏 举止 可耻 苦恼 理睬 旅馆 敏感

展览馆 好导演 洗脸水 演讲稿 水彩笔 百米跑
古朴典雅 永远友好 请往里走 转眼两载 两把好伞

我很了解你。
展览馆里有好几百种展览品。
我可以打扫好小旅馆。
组长指导我起草选举演讲稿。

2. 念读下列词语，掌握去声变调的规律：

注意 散步 料定 干事 照相 志气 大义 客气
作业 上课 现在 建立 利益 自尽 化验 扩大
进步 暗器 部队 报案 笨蛋 菜价 弹药 荡漾
恶意 饭菜 缝隙 奋斗 供奉 降落 境遇 印象

3. 念读下列词语和句子，掌握“一”的变调的规律：

一致 一缕 一再 一定 一天 一瞬 一瓶 一共
一家 一带 一向 一色 一道 一时 一并 一心
一行 一趟 一样 一回 一张 一面 一群 一类
一阵 一贯 一度 一年 一概 一味 一共 一切
一半 一旦 一意 一月 一早 一晚 一朝 一夕

看一看 走一走 想一想 跳一跳 等一等 聊一聊
一把抓 一辈子 一下子 一览表 一声吼 一大串

一朝一夕 一丝不挂 一丝不苟 一五一十 一窍不通
一尘不染 一蹶不振 一文不值 一去不返 一字不漏
一穷二白 一针一线 一往无前 一言为定 一鸣惊人
不长一智 不可一世 千篇一律 不拘一格 不堪一击

一二三，三二一，一二三四五六七，七六五四三二一。一个姑娘来摘李，一个小孩来摘栗，一个小伙儿来摘梨。三个人一齐出大力，收完李子、栗子、梨，一起提到市上去赶集。(《三个人一齐出大力》)

干什么工作都要一心一意，表里如一，言行一致，埋头苦干；情绪不能一高一低，一好一坏，一落千丈，一蹶不振。(《一心一意》)

4. 念读下列词语，掌握“不”的变调的规律：

不是　不错　不赖　不测　不干　不妙　不看　不累
不跳　不要　不叫　不骂　不被　不必　不定　不怕
不论　不屑　不愧　不料　不用　不对　不断　不过
不肖　不顾　不但　不利　不上　不下　不嫁　不论

买不买　卖不卖　来不来　让不让　要不要　想不想
吃不吃　去不去　气不气　好不好　丑不丑　难不难
辩不明　起不来　拿不起　输不起　上不来　下不去
不见得　不晓得　不值钱　不像话　不自量　不成器
不等式　不要紧　不锈钢　不过意　不动产　不成文

不露声色　不可一世　不明不白　不偏不倚　不大不小
不痛不痒　不计其数　不打自招　不置可否　不卑不亢
不折不扣　不毛之地　不屈不挠　不共戴天　不伦不类

5. 念读下列句子，注意“啊”的变调：

要注意节约啊！
快点喝啊！
没法治啊！不管用啊！
多美的诗啊！
快来看啊！好大的雪啊！长江啊！
加把劲儿啊！看球啊！
屋里有几张椅子啊？
他就是老四啊！真让我好找啊！
他就是王小二啊！枪打得真准啊！
这衣服真合身啊！您在哪儿买的啊？
随便吃啊！小心烫啊！
今天是星期几啊？你们这是去哪里啊？

**【训练方法】**

## 一、上声变调

普通话上声音节在单念或处于句尾以及处于句子中语音停顿位置时，没有后续音节的影响，即可读原调。在其他情况下一般要作变调处理，具体分为：

**(一)“上声（214）+非上声”→“半上（21）+非上声”**

上声音节在非上声音节前变为半上声（即上声音节的前一半），调值从2度降到1度不再升高，即由214变为21。

①上声+阴平：眼睛、雨衣、补充、打针、产生、主编、把关。

②上声+阳平：火柴、海洋、典型、导游、表达、狠毒、可能。

③上声+去声：本质、法律、北部、百货、小麦、讲话、美术。

④上声+轻声：底下、里面、外头、主子、影子、本事、姐姐。

**(二)“上声（214）+上声”→“阳平（24）+上声”**

两个上声连读时，前一个上声音节的调值变得与阳平（35）相似，调值由214变为24。如：保险、保养、党委、尽管、老板、本领、引导、古老。

另外，如果第一个字是上声，第二个字是由上声变来的轻声，那么第一个字的上声的变调出现两种情况：

(1) 一部分变为“半上（21）+轻声”，如：耳朵、马虎、椅子、奶奶、嫂嫂、姐姐。

(2) 一部分变为“阳平（24）+轻声”，如：打扫、想想、小鬼、老虎、手里、可以。

**(三) 三个上声相连的变调**

三个上声音节相连，词语的组合根据意义关系可以有不同的层次。层次不同，上声的变调情况也不相同。

(1) “双单格”：（上声+上声）+上声→阳平（24）+阳平（24）+上声（214），如：演讲稿、跑马场、展览馆、管理组、水彩笔、蒙古语。

(2) “单双格”：上声+（上声+上声）→前半上（21）+阳平（24）+上声（214），如：史小姐、党小组、好小伙、跑百米、纸老虎、李厂长。

在实际应用中，我们还会遇到三个以上或者更多上声音节相连的情况。我们可视不同词语的内部组合情况，将它们划分为若干个二字组或三字组，然后按以上归纳的变调规律来进行变调处理。例如：“岂有此理”就可划为“岂有”、“此理”两部分，分别作变调处理。

## 二、去声变调

去声在非去声字前一律不变。在去声字前，则51降为53。如：

笑料　立刻　电扇　大会　电话　炸药　赤道

号召　概要　跳跃　大跃进　看电视　卖设备

医药费　奥运会　大陆架　扩大会　炮舰队　录像带

## 三、“一”、“不”的变调

在目前的普通话改革中，“七”、“八”已趋向于不变调，所以，我们只分析

"一"、"不"的变调情况。

（一）"一"的变调

"一"的本调是阴平，单念或在词句末尾念本调，如：三七二十一、第一、始终如一。

"一"的变调有三种：

（1）在去声字前念阳平，如：一架、一个、一样、一见如故。

（2）在非去声字前念去声，如：一天、一名、一柄、一言为定、一笔勾销。

（3）夹在重叠动词中间念轻声，如：看一看、听一听、走一走。

（二）"不"的变调

"不"单念或在词句末尾念去声，如：不、我不、不高、不平、不好、不拘一格、不可磨灭。

"不"的变调有两种：

（1）在去声字前念阳平，如：不对、不错、不行、不露声色。

（2）夹在词语中间念轻声，如：差不多、用不着、行不行、好不好。

## 四、"啊"的变调

（1）前面音节末尾是 a、o（ao、iao 除外）、e、ê、i、ü 时，"啊"读作"ya"，有时也写成"呀"，如："真绿啊！""真奇怪呀！""好热啊！"

（2）前面音节末尾是 u（包括 ao、iao）时，"啊"读作"wa"，有时写成"哇"，如："真秀啊！""手真巧啊！""他是个多面手啊！"

（3）前面音节末尾是 n 时，"啊"读作"na"，有时直接写成"哪"，如："真险啊！""要小心啊！""怎么办啊？"

（4）前面音节末尾是 ng 时，"啊"读作"nga"，仍写成"啊"，如："真静啊！""真清啊！""一起唱啊！"

（5）前面音节末尾念-i［ʅ］时，"啊"读作"ra"，仍写成"啊"，如："快吃啊！""这究竟是怎么回事啊？"

（6）前面音节末尾念-i［ɿ］时，"啊"读作"za"，仍写成"啊"，如："你会写多少字啊？""你来过几次啊？"

# 任务三　普通话水平测试训练

### ◆知识储备◆

## 一、普通话

（一）普通话的定义

普通话，是现代汉语的标准语，是现代汉民族共同语，是全国各民族通用的语言。

"普通话"的概念，解放以前的几十年一直是不明确的，也存在不同看法。新中国成立后，1955 年 10 月召开的"全国文字改革会议"和"现代汉语规范问题学术会议"

期间，汉民族共同语的正式名称正式定为“普通话”，并同时确定了它的定义，即“以北京语音为标准音，以北方话为基础方言”。1955 年 10 月 26 日，《人民日报》发表题为《为促进汉字改革、推广普通话、实现汉语规范化而努力 》的社论，文中提到：“汉民族共同语，就是以北方话为基础方言、以北京语音为标准音的普通话。”1956 年 2 月 6 日，国务院发出关于推广普通话的指示，把普通话的定义增补为“以北京语音为标准音，以北方话为基础方言、以典范的现代白话文著作为语法规范”。这个定义从语音、词汇、语法三个方面对普通话加以规范。

（1）从语音方面看，“以北京语音为标准音”，指的是以北京话的语音系统为标准，并不是把北京话一切读法全部照搬，普通话并不等于北京话。北京话仍有许多土音，比如：老北京人把连词“和（hé）”说成“hàn”，把“蝴蝶（húdié）”说成“húdiěr”，把“告诉（gàosù）”说成“gàosóng”，这些土音，其他方言区的人就难以听懂。另外，北京话里还有异读音现象，例如“侵略”一词，有人念“qīnlüè”，也有人念成“qǐn lüè”；“附近”一词，有人念“fùjìn”，也有人念成“fǔjìn”，这也给普通话的推广带来许多麻烦。从 1956 年开始，国家对北京土话的字音进行了多次审订，制定了普通话的标准读音。因此，普通话的语音标准，当前应该以 1985 年公布的《普通话异读词审音表》以及 2012 年版的《现代汉语词典》为规范。

（2）从词汇方面看，普通话“以北方话为基础方言”，指的是以广大北方话地区普遍通行的说法为准，范围包括了 20 多个省、自治区和直辖市。北方话内部虽然存在差异，但词汇有相当的一致性，普通话词汇采取的就是北方话中最通行的词，而排除了一些北方话中的土语，如“他”不说成“伊”，“煤油”不说成“火油”等。同时，有的非北方话地区的方言词有特殊的意义和表达力，北方话里没有相应的同义词，普通话也从中吸收了许多适用和需要的成分来充实与丰富自己，如“搞”、“垃圾”、“尴尬”、“噱头”等词已经在书面语中经常出现，早已加入了普通话词汇行列。

（3）从语法方面看，普通话的语法标准是“以典范的现代白话文著作为语法规范”，这个标准包括四个方面意思：“典范”就是排除不典范的现代白话文著作作为语法规范；“白话文”就是排除文言文；“现代白话文”就是排除“五四”以前的早期白话文；“著作”就是指普通话的书面形式，它建立在口语基础上，但又不等于一般的口语，而是经过加工、提炼的语言。

**（二）推广普通话的意义**

推广普通话是国家统一和民族团结的需要。一个国家、一个民族是否拥有统一、规范的语言，是关系到国家独立和民族凝聚力的具有政治意义的大事。《中华人民共和国宪法》第十九条规定：“国家推广全国通用的普通话。”使用国家通用的语言文字，是每个公民应当履行的义务，也是公民具有国家意识、主权意识、法制意识、文明意识、现代意识的具体体现。我国是一个多民族、多方言的国家，推广普及普通话有利于增进我国各民族的交流与往来，增强中华民族的凝聚力，而且有利于扩大我国在国际社会中的影响。

推广普通话是加强素质教育的需要。我国跨世纪教育发展与改革的基本任务是实施素质教育。第三次全国教育工作会议颁布的《中共中央、国务院关于深化教育改革全面推进素质教育的决定》对培养创新人才、全面推进素质教育提出了明确的要求。素质是知识、能力和良心修养的综合反映。语言文字是思维表达的工具、文化知识的载体和交际能力的依托，因而是素质构成与发展的基础，是文化建设的必要条件。著名语言学家吕叔湘先生曾指出："学好语文是学好一切的根本。"特别是到了今天的信息时代，语言文字规范更是掌握计算机语言的必要前提。对于任何学段、任何专业的学生来说，能说流畅的普通话，具有较强的语言文字能力和计算机操作能力，在求学、求职和事业竞争中就能处于优势地位。推广普通话是各级各类学校素质教育的重要内容，它有利于贯彻教育面向现代化、面向世界、面向未来的战略方针，有利于弘扬祖国优秀的传统文化和爱国主义精神，有利于加强社会主义精神文明建设。

语言文明是人的素质最直接的体现。努力提高人们的语言道德意识，进行语言行为的道德规范，加强语言文明的建设，是社会主义精神文明和国民素质教育的重要内容。培养有理想、有道德、有文化、有纪律的社会主义公民，提高全民族的思想道德素质和科学文化素质，离不开语言文字的工作。社会主义现代化建设需要数以亿计高素质的劳动者和数以千计的专门人才，除了思想和专业方面的要求外，还应当使他们具有较强的语言文字能力。一个人文化素养的高低在很大程度上取决于自身语言文字的修养。使用纯洁健康的语言文字是个人修养很重要的一部分。

普通话是以汉语文授课的各级各类学校的教学语言，是以汉语传送的各级广播电台、电视台的规范语言，是汉语电影、电视剧、话剧必须使用的规范语言，是我国党政机关、团体、企事业单位干部在公务活动中必须使用的工作语言，是不同的方言区以及国内不同民族之间人们的通用语言。大力推广、积极普及全国通用的普通话，既是当前经济建设、文化建设和社会发展的迫切需求，也是各族人民的热切愿望，是符合全国人民的根本利益的。



掌握和使用一定水平的普通话，是进行现代化建设的各行各业人员，特别是教师、播音员、节目主持人、演员等专业人员必备的职业素质。因此，有必要在一定范围内对某些岗位的人员进行普通话水平测试，并逐步试行持等级证书上岗制度。

**（三）推广普通话工作的基本思路**

推广普通话工作要紧紧围绕社会需求，从社会主义初级阶段的国情出发，遵循语言自身发展规律，依法强化政府行为。要以学校为基础，以党政机关为龙头，以广播电视等新闻媒体为榜样，以公共服务行业为窗口，并逐步向广大农村地区拓展，向更宽的领域延伸，逐步实现在全社会普及普通话。

推广普通话要努力做好四个重点领域的工作：第一，学校及其他教育机构以普通话为基本的教育教学用语，城镇学校和幼儿园要实现普通话成为校园语言。要把普及普通话的要求纳入培养目标、纳入管理常规、纳入教师基本功训练，渗透到德、智、体、美和社会实践等各种教育教学活动中。要积极开展语言文字规范化示范校创建活动，培育一批普及普通话和语言文字规范化工作出色的示范学校。第二，党政机关要率先垂范，把普通话作为公务用语，并督促和带动全社会推广普及普通话。公务员的普通话水平要达到规定等级。第三，广播电视等新闻媒体要以普通话为基本的播音用语，播音员、节目主持人要成为全社会说好普通话的榜样。第四，提倡商业、旅游、邮政、电信、铁路、民航、金融、卫生等行业以普通话为服务用语，鼓励从业员工努力提高普通话水平。解放军和武警部队要以普通话为工作用语，帮助干部、战士努力提高普通话水平。

## 二、普通话水平测试

普通话水平测试（PUTONGHUA SHUIPING CESHI，缩写为 PSC），不是普通话系统知识的考试，不是文化水平的考核，也不是口才的评估，其目的在于测查应试人的普通话规范程度、熟练程度，认定其普通话水平等级，属于标准参照性考试。测试以口试方式进行。开展测试是促进普通话普及和应用水平提高的基本措施之一。

### （一）普通话水平测试的对象

《中华人民共和国通用语言文字法》第十九条规定："凡以普通话作为工作语言的岗位，其工作人员应当具备说普通话的能力。以普通话作为工作语言的播音员、节目主持人和影视话剧演员、教师、国家机关工作人员的普通话水平，应当分别达到国家规定的等级标准；对尚未达到国家规定的普通话等级标准的，分别情况进行培训。"

《普通话水平测试管理规定》第十五条规定，应接受测试的人员为：教师和申请教师资格的人员；广播电台、电视台的播音员、节目主持人；影视话剧演员；国家机关工作人员；师范类专业、播音与主持艺术专业、影视话剧表演专业以及其他与口语表达密切相关专业的学生；行业主管部门规定的其他应该接受测试的人员。

### （二）普通话水平测试的行业标准

1946 年 1 月 1 日以后出生的下列人员应接受普通话水平测试并达到规定的等级：

1. 师范系统的教师和毕业生，普通话水平不得低于二级，其中普通话语音课教师和口语课教师必须达到一级。

2. 普教系统的教师以及职业中学与口语表达密切相关专业的毕业生，普通话水平不得低于二级。

3. 非师范类高等院校的教师以及与口语表达密切相关专业的毕业生，普通话水平不得低于二级。

4. 广播电视教学的教师，普通话水平不得低于二级。

5. 报考教师资格的人员，普通话水平不得低于二级。

6. 国家级和省级广播电台、电视台的播音员和节目主持人，普通话水平必须达到一级甲等，其余广播电台、电视台的播音员和节目主持人的达标要求由广播电影电视部另行规定。

7. 电影、话剧、广播剧、电视剧等表演、配音人员，播音、主持和电影、话剧表演专业的教师与毕业生，普通话水平必须达到一级。

8. 其他应当接受普通话水平测试的人员（如公务员、律师、医护人员、导游员、讲解员、公共服务行业的营业员等），其达标等级可根据不同地区、不同行业特点由省级语委确定。

### （三）普通话水平测试的测试内容

测试内容包括普通话语音、词汇和语法。

普通话水平测试的范围是国家测试机构编制的《普通话水平测试用普通话词语表》、《普通话水平测试用普通话与方言词语对照表》、《普通话水平测试用普通话与方言常见语法差异对照表》、《普通话水平测试用朗读作品》、《普通话水平测试用话题》。

### （四）普通话水平测试的等级标准

普通话等级自上而下分为一、二、三级，每个级别内分为甲、乙两个等次。一级可称为标准的普通话，二级可称为比较标准的普通话，三级可称为一般水平的普通话。

| | | | |
|---|---|---|---|
| 一级 | 甲等 | 朗读和自由表达时，语音标准，词汇语法正确无误，语调自然，表达流畅。 | 3%以内 |
| | 乙等 | 朗读和自由交谈时，语音标准，词汇、语法正确无误，语调自然，表达流畅，偶有字音、字调失误。 | 8%以内 |
| 二级 | 甲等 | 朗读和自由交谈时，声韵调发音基本标准，语调自然，表达流畅。少数难点音（平翘舌音、前后鼻音、边鼻音等）有时出现失误。词汇语法极少失误。 | 13%以内 |
| | 乙等 | 朗读和自由交谈时，个别调值不准，声韵母发音有不到位现象。难点音较多（平翘舌音、前后鼻音、边鼻音、fu—hu、z—zh—j 、送气不送气、i—ü 不分，保留浊塞音和浊塞擦音、丢介音、复韵母单音化等），失误较多。方言语调不明显。有使用方言词、方言语法的现象。 | 20%以内 |
| 三级 | 甲等 | 朗读和自由交谈时，声韵母发音失误较多，难点音超出常见范围，声调调值多不准。方言语调较明显。词汇、语法有失误。 | 30%以内 |
| | 乙等 | 朗读和自由交谈时，声韵调发音失误多，方音特征突出。方言语调明显。词汇语法失误较多。外地人听其谈话有听不懂的情况。 | 40%以内 |





## ◆范例分析◆

### 一、读单音节字词 100 个（不含轻声、儿化音节，限时 3.5 分钟，共 10 分）

惹 渠 准 丢 尽 雄 染 杂 捐 名
鲜 弱 钻 肥 某 遍 罩 沏 甲 吓
妾 邹 判 瞟 沓 北 坡 冒 对 风
捌 俯 跎 惯 俩 炕 怎 苔 铙 逆
铁 来 夸 横 奴 刷 久 别 黑 顶
沈 嘭 藕 拈 槛 偿 您 歌 尺 烂
猜 券 晃 瓜 溜 桨 蹭 疮 鹤 晕
姚 踹 舜 逮 根 孔 坏 而 涮 梯
浙 蚌 苏 雪 穷 司 苗 粉 翁 略
笋 贫 脆 寻 铝 撤 菌 从 晌 卫

分析：

1. 词语的 70% 选自《普通话水平测试用普通话词语表》 “表一”，30% 选自“表二”。

2. 100 个音节中，每个声母出现次数一般不少于 3 次，每个韵母出现次数一般不少于 2 次，4 个声调出现次数大致均衡。

3. 音节的排列要避免同一测试要素连续出现。

评分：

1. 语音错误，每个音节扣 0. 1 分。
2. 语音缺陷，每个音节扣 0. 5 分。
3. 超时 1 分钟以内，扣 0. 5 分；超时 1 分钟以上（含 1 分钟），扣 1 分。

## 二、读双音节字词（50 个词，限时 2. 5 分钟，共 20 分）

产品　咖啡　距离　女人　生长　钻研　下面　状况　素质　恳求
瓜分　个头儿　泊位　枢纽　群婚　把手　从容　美妙　损害　刁难
累赘　妥帖　翅膀　空儿　加工　熊猫　保管　纯粹　平凡　捐赠
黄芪　脸蛋儿　享用　打听　脑袋　化学　宣传　档次　谱曲　豁亮
钦差　协同　聊天儿　缺乏　坏处　军队　尽快　若干　即刻　塞责

分析：

1. 词语的 70% 选自《普通话水平测试用普通话词语表》 “表一”，30% 选自“表二”。

2. 声母、韵母、声调出现的次数与读单音节字词的要求相同。

3. 上声与上声相连的词语不少于 3 个，上声与非上声相连的词语不少于 4 个，轻声不少于 3 个，儿化不少于 4 个（应为不同的儿化韵母）。

4. 词语的排列要避免同一测试要素连续出现。

评分：

1. 语音错误，每个音节扣 0. 2 分。
2. 语音缺陷，每个音节扣 0. 1 分。
3. 超时 1 分钟以内，扣 0. 5 分；超时 1 分钟以上（含 1 分钟），扣 1 分。

## 三、朗读（1 篇，400 个音节，限时 4 分钟，共 30 分）

一位高棉的华侨把他的两个儿子送到我这里来，要求教他们学国语。这两个孩子都是美国出生的，只会说英语。我问他为什么想让孩子学国语，他说：“是中国人嘛！不会说母语总是不好的，而且 21 世纪肯定会是中国人的世纪，到那时才学国语就晚了。”

这是一位华侨的一片心意。

我主张在国外（ 不只是在美国）的中国孩子，都应学点中文。

首先，“是中国人嘛！不会说母语总是不好的”。在美国的华人当中，有些是要等到事业有所成就之后再回国，有些人已经拿到了绿卡。据了解，在得到绿卡的人群中，准备进一步加入美国国籍的只是少数，多数是希望在得到绿卡后，能够“来去自由”。所以对于这些绿卡持有者来说，他们现有的身份是华侨，华侨的孩子还是应该学些中文才好，否则一旦你要回国，由于语言不通，会遇到许多麻烦。

如果你已经入了美国国籍，但作为华裔，学一点中文还是有好处的。随着中国国际地位的不断提高，世界各地区逐步掀起了“学汉语热”，中国的文化正逐步为世界所了解、所接受，中国的工农业产品正逐步跨入更多国家的国门，很多外国人原来对中国一无所知，或者只知道一些被歪曲了的形象。但是今天的中国毕竟不同于往昔了。

不少在外国已经生活了几十年的华人，他们看到新中国在世界上的影响越来越大，都纷纷要到中国去进行学术交流，去培养科技人才，去投资办厂办学，会中文成为一大优势。还有中国孩子到了要找伴侣的时候，很多人还是愿意找中国人，会讲中国话，是一种最好的沟通方法。（节选自王泼国《在国外的中国孩子应学点中文》，有删改）

分析：

1. 短文从《普通话水平测试用朗读作品》中选取。

2. 评分以朗读作品的前400个音节（不含标点符号和括注的音节）为限。

评分：

1. 每错1个音节，扣0.1分；漏读或增读1个音节，扣0.1分。

2. 声母或韵母的系统性语音缺陷，视程度扣0.5分、1分。

3. 语调偏误，视程度扣0.5分、1分、2分。

4. 停连不当，视程度扣0.5分、1分、2分。

5. 朗读不流畅（包括回读），视程度扣0.5分、1分、2分。

6. 超时扣1分。

## 四、说话（任选一个题目，限时3分钟，共40分）

1. 我的家居特色

2. 我的业余爱好

分析：

1. 说话话题从《普通话水平测试用话题》中选取，由应试人从给定的两个话题中选定一个话题，连续说一段话。

2. 应试人单向说话。如发现应试人有明显背稿、离题、说话难以继续等表现时，主试人应及时提示或引导。

评分：

1. 语音标准程度，共25分。分六档：

一档：语音标准，或极少有失误。扣0分、1分、2分。

二档：语音错误在10次以下，有方音但不明显。扣3分、4分。

三档：语音错误在10次以下，但方音比较明显；或语音错误在10~15次之间，有方音但不明显。扣5分、6分。

四档：语音错误在10~15次之间，方音比较明显。扣7分、8分。

五档：语音错误超过15次，方音明显。扣9分、10分、11分。

六档：语音错误多，方音重。扣12分、13分、14分。

2. 词汇语法规范程度，共10分。分三档：

一档：词汇、语法规范。扣0分。

二档：词汇、语法偶有不规范的情况。扣0.5分、1分。

三档：词汇、语法屡有不规范的情况。扣2分、3分。

3. 自然流畅程度，共5分。分三档：

一档：语言自然流畅。扣0分。

二档：语言基本流畅，口语化较差，有背稿子的表现。扣0.5分、1分。

三档：语言不连贯，语调生硬。扣2分、3分。

4. 说话不足3分钟，酌情扣分：缺时1分钟以内（含1分钟），扣1分、2分、3分；缺时1分钟以上，扣4分、5分、6分；说话不满30秒（含30秒），本测试项成绩计为0分。

## ◆任务要求◆

测试普通话水平。

## ◆情境训练◆

### 训练1　单音节字的发音训练

**【训练目的】**

1. 测查21个声母、39个韵母与4个声调读音的标准程度。

2. 尽可能避免方音和不正确的语音习惯的干扰。

**【训练材料】**

1. 念读单音节字词：

披　饿　街　歌　日　坡　雪　科　缩　册
麻　旅　季　池　利　思　砸　租　撇　奶
蛆　漱　碑　藕　镖　勺　雁　瞟　剜　臊
月　套　歪　跳　位　摔　药　岁　篮　桥
爹　怀　财　袄　拽　否　暂　钩　串　蚌
癣　闩　秦　碱　裆　刑　晕　脓　润　凝
电　夏　矿　软　先　准　信　人　花　群
罐　嫩　权　狂　翁　坑　巷　荒　绒　增
腮　哑　哇　铐　釉　淌　庸　舔　迥　佛
奖　跟　寸　脏　冬　山　走　二　上　牛

2. 念读下列多音字：

单：①单（shàn，姓）；②单（chán）于；③单（dān）车。

折：①打折（zhé）；②折（shé）本；③折（zhē）腾。

喝：①喝（hē）水；②喝（hè）彩。

着：①失着（zhāo，名词）；②着（zháo，动词）急；③着（zhuó）手；④看着（zhe）。

量：①测量（liáng）；②量（liàng）力而行。

沓：①纷至沓（tà）来；②一沓（dá）纸。

烊：①打烊（yàng）；②烊（yáng）化。

载：①三年五载（zǎi）；②载（zài）歌载（zài）舞。

曝：①一曝（pù）十寒；②曝（bào）光。

宁：①宁（níng）静；②宁（nìng）死不屈。

和：①和（hé）平；②附和（hè）；③牌和（hú）了；④和（huó，动词）面；⑤和（huò）稀泥。

省：①省（shěng）长；②省（xǐng）悟。

拗：①拗（ǎo）断；②拗（ào）口；③执拗（niù）。

臭：①臭（chòu）气熏天；②乳臭（xiù）未干。

度：①程度（dù）；②揣度（duó）。

哄：①哄（hōng）堂大笑；②哄（hǒng）骗；③起哄（hòng）。

丧：①丧（sāng）事；②沮丧（sàng）。

差：①出差（chāi）；②差（chà）不多；③差（chā）错。

扎：①挣扎（zhá）；②扎（zhā）手；③包扎（zā）。

埋：①埋（mái）伏；②埋（mán）怨。

盛：①盛（shèng）情；②盛（chéng）饭。

创：①创（chuàng）造；②创（chuāng）伤。

伯：①伯（bó）父；②大伯（bāi）子。

看：①看（kān）守；②看（kàn）书。

行：①行（háng）情；②发行（xíng）。

艾：①方兴未艾（ài）；②自怨自艾（yì）。

把：①把（bǎ）玩；②壶把（bà）儿；③把（bá）柄。

传：①传（zhuàn）记；②传（chuán）奇。

荷：①荷（hé）花；②荷（hè）枪实弹。

涨：①上涨（zhǎng）；②头昏脑涨（zhàng）。

奇：①奇（jī）数；②奇（qí）妙。

炮：①炮（pào）火；②炮（bāo）羊肉；③炮（páo）制。

给：①交给（gěi）；②供给（jǐ）。

冠：①冠（guàn）军；②冠（guān）冕堂皇。

干：①干（gān）净；②干（gàn）活。

巷：①巷（hàng）道；②小巷（xiàng）。

薄：①薄（bò）荷；②厚薄（báo）；③薄（bó）弱。

拓：①拓（tà）片；②开拓（tuò）。

恶：①凶恶（è）；②可恶（wù）；③恶（ě）心。

便：①大腹便便（pián）；②行动不便（biàn）。

宿：①宿（sù）；②一宿（xiǔ）；③星宿（xiù）。

号：①小号（hào）；②号（háo）啕大哭。

藏：①西藏（zàng）；②收藏（cáng）。

轧：①轧（zhá）钢；②倾轧（yà）。

卡：①卡（kǎ）车；②关卡（qiǎ）。

调：①调（diào）查；②调（tiáo）解。

模：①模（mú）样；②模（mó）型。
舍：①舍（shě）弃；②宿舍（shè）。
殷：①殷（yīn）实；②殷（yān）红。
系：①系（jì）鞋带；②联系（xì）。

【训练说明】

## 一、声母评判

1. 声母错误：主要指将普通话的一类声母读成另一类声母，造成音节的别义错误。

常见的声母错误有：

（1）n 读成 l，或将 l 读成 n，或将 n 读成 ng；

（2）z、c、s 读成 zh、ch、sh，或将 zh、ch、sh 读成 z、c 、s；

（3）送气音读成同部位的非送气音，或将非送气音读成同部位的送气音；

（4）普通话音系中不同部位的声母换位，如将 h（花）、f（发）换位，将 zh（朱）、j（居）换位；

（5）将普通话的 r 声母读成 z-、l-、n-或零声母，或将零声母字读成 m-（如“舞”）、ng－（如“眼”）声母字。

2. 声母缺陷：主要指声母的发音部位不准确、不到位，但还不是将普通话的一类声母读成另一类声母，以至于产生辨义错误。

常见的声母缺陷有：

（1）将舌面前声母 j、q、x 读得太接近舌尖前声母 z、c、s，但还不是 z、c、s；

（2）将舌面前声母 j 、q 、x 读成舌叶音；

（3）将舌尖后音声母 zh、ch 、sh 、r 读得偏前，舌尖趋近于上齿或上牙床的位置；

（4）将舌尖前塞擦音声母读成齿间的塞擦音声母；

（5）将舌根擦音 x 读成深喉的［h］；

（6）将清塞音或清塞擦音声母读成浊塞音或浊塞擦音声母。

## 二、韵母评判

1. 韵母错误：主要指韵母类型的发音错误而造成音节辨义的错误，或按方音模式对普通话结构进行明显的改造。

常见的韵母错误有：

（1）将前鼻音韵母读成后鼻音韵母，或将后鼻音韵母读成前鼻音韵母；

（2）韵母四呼发生错误：将撮口呼韵母读成齐齿呼韵母或合口呼韵母，或将合口呼韵母读成撮口呼韵母；

（3）将舌面后半高不圆唇单元音韵母 e（如“车”、“河”）读成舌面前半低不圆唇单元音韵母 ê，或将一类单元音韵母换成另一类单元音韵母；

（4）er 或儿化韵无卷舌音色彩；

（5）将复元韵母单元音化（如将 uo 改作［o］或［ɔ］，将 ɑi 改作［ɛ］），将三合元音韵母改作二合元音韵母（如将 uɑi 改作［uɛ］）；

（6）将普通话的宽窄复韵母（ɑi—ei、uɑi—uei、ɑn—en、uɑn—uen 等）换位；

（7）将鼻尾韵母改作鼻化韵母；

（8）遗留明显的方言入声韵尾。

2. 韵母缺陷：主要指韵母发音不到位、不准确，但还不至于发生韵类与辨义错误。

常见的韵母缺陷有：

（1）单元音韵母 i、u、ü 或舌尖元音带有明显摩擦成分；

（2）单元音 u 舌位明显偏前；

（3）卷舌韵母 er 发音不自然，主元音偏高、偏低或偏前，或将一个音素发成两个音素；

（4）合口呼与撮口呼的圆唇度明显不够，听感上有明显差异；

（5）复元音韵母动程明显不够，主元音发音不到位，或韵尾咬得太死；

（6）ou、iou 韵腹、韵尾整体舌位偏前；

（7）鼻音韵尾发音过长或咬得太死，或前鼻音韵尾成阻位置偏后，后鼻音韵尾成阻位置偏前。

## 三、声调评判

1. 声调错误：主要指普通话四个声调调类的错读和各调类调形（升降曲折）行进方向和调值高低的明显错误。

常见的声调错误有：

（1）将普通话的一类调值读成另一类调值，如将“室”（去声）读成上声，将“微”（阴平）读成阳平，将“穴”（阳平）读成去声；

（2）按方言调形将普通话的平调读成升调或降调，或将普通话的升、降、曲折调读作平调；

（3）将普通话的阴平调读作中平、半低平或低平；

（4）将普通话的升、降调形倒置；

（5）将阳平 35 读作低升 13，或将去声 51 读作低降 31；

（6）上声调只降不升。

2. 声调缺陷：主要指在调形、调势基本正确的前提下调值偏低或偏高，尤其是普通话四个声调起点和落点的相对高低的明显不一致。

常见的声调缺陷有：

（1）阴平保持平调，但（尤其在重读音节中）调值略低（44，尚高于中平 33）；

（2）阳平略带曲折（中间曲折作 325，或调尾又作降势拖音）；

（3）上声开头略高，或上升不到 4；

（4）去声为降调，但起点不足 5 或落点不到 1。

# 训练 2　双音节词语的发音训练

**【训练目的】**

测查声母、韵母、声调和变调、轻声、儿化读音的标准程度。

【训练材料】

1. 读双音节字词语 50 个：

| | | | | |
|---|---|---|---|---|
| 存在 | 窗户 | 抽象 | 尾巴 | 老板 |
| 同盟 | 聘请 | 扰乱 | 绿化 | 耳朵 |
| 苹果 | 纠正 | 承认 | 庄稼 | 恳切 |
| 耍弄 | 蘑菇 | 角色 | 暴虐 | 会计 |
| 大伙儿 | 非常 | 美好 | 否则 | 解放 |
| 隧道 | 快餐 | 脉搏 | 墨水 | 落选 |
| 左右 | 突击 | 批准 | 蜜蜂 | 有点儿 |
| 喧嚷 | 时光 | 小曲儿 | 司法 | 善良 |
| 名牌儿 | 参照 | 旅游 | 政策 | 没准儿 |
| 沉醉 | 干净 | 应当 | 紧张 | 财富 |

【训练说明】

1. 关于“双音节词语错误”的判定。

（1）基本声韵调的发音评判标准与前项测试相同；

（2）两个上声音节相连时没有按应有的规律变调；

（3）“一”、“不”在连续变调时发生变调错误；

（4）轻声音节没有读轻声；

（5）轻声音节违背轻声的音高模式；

（6）儿化音节没有读儿化韵；

（7）儿化音节读成两个音节；

（8）语气助词“啊”在连续读变调中未按规律音变。

2. 关于“双音节词语缺陷”的判定。

（1）基本声韵调发音的评判标准与前项测试相同；

（2）儿化卷舌色彩不明显或发音生硬；

（3）中重格式的双音节词语将第一音节读成重音节。

3. “读单音节字词”与“读双音节词语”两项测试内容，若有一项失分超过该项总分的 10%（即前一项失 1 分或后一项失 2 分），即可判定应试人的普通话水平不能进入一级。

4. 应试者若有较为明显的语音缺陷，即使测试总分达到一级甲等也要降级，只能评定为一级乙等。

## 训练 3　朗读训练

【训练目的】

1. 在测查声母、韵母、声调读音标准程度的同时，重点测查连读音变、停连、语调以及流畅程度。

2. 测查使用普通话朗读书面作品的水平。

3. 准确把握作品思想感情，提高朗读能力。

**【训练材料】**

1. 那是力争上游的一种树，笔直的干，笔直的枝。它的干呢，通常是丈把高，像是加以人工似的，一丈以内，绝无旁枝；它所有的桠枝呢，一律向上，而且紧紧靠拢，也像是加以人工似的，成为一束，绝无横斜逸出；它的宽大的叶子也是片片向上，几乎没有斜生的，更不用说倒垂了；它的皮，光滑而有银色的晕圈，微微泛出淡青色。这是在北方的风雪的压迫下却保持着倔强挺立的一种树！哪怕只有碗来粗细罢，它却努力向上发展，高到丈许，两丈，参天耸立，不折不挠，对抗着西北风。

这就是白杨树，西北极普通的一种树，然而绝不是平凡的树！

它没有婆娑的姿态，没有屈曲盘旋的虬枝，也许你要说它不美丽，——如果美是专指"婆娑"或"横斜逸出"之类而言，那么，白杨树算不得树中的好女子；但是它却是伟岸，正直，朴质，严肃，也不缺乏温和，更不用提它的坚强不屈与挺拔，它是树中的伟丈夫！当你在积雪初融的高原上走过，看见平原纵横决荡用血写出新中国历史的那种精神和意志。（节选自茅盾《白杨礼赞》，有删改）

2. 生命在海洋里诞生绝不是偶然的，海洋的物理和化学性质，使它成为孕育原始生命的摇篮。

我们知道，水是生物的重要组成部分，许多动物组织的含水量在百分之八十以上，而一些海洋生物的含水量高达百分之九十五。水是新陈代谢的重要媒介，没有它，体内的一系列生理和生物化学反应就无法进行，生命也就停止。因此，在短时期内动物缺水要比缺少食物更加危险。水对今天的生命是如此重要，它对脆弱的原始生命，更是举足轻重了。生命在海洋里诞生，就不会有缺水之忧。

水是一种良好的溶剂。海洋中含有许多生命所必需的无机盐，如氯化钠、氯化钾、碳酸盐、磷酸盐，还有溶解氧，原始生命可以毫不费力地从中吸取它所需要的元素。

水具有很高的热容量，加之海洋浩大，任凭夏季烈日曝晒，冬季寒风扫荡，它的温度变化却比较小。因此，巨大的海洋就像是天然的"温箱"，是孕育原始生命的温床。

阳光虽然为生命所必需，但是阳光中的紫外线却有扼杀原始生命的危险。水能有效地吸收紫外线，因而又为原始生命提供了天然的"屏障"。

这一切都是原始生命得以产生和发展的必要条件。（节选自童裳亮《海洋与生命》，有删改）

3. 一位访美中国女作家，在纽约遇到一位卖花的老太太。老太太穿着破旧，身体虚弱，但脸上的神情却是那样祥和兴奋。女作家挑了一朵花说："看起来，你很高兴。"老太太面带微笑地说："是的，一切都这么美好，我为什么不高兴呢?""对烦恼，你倒真能看得开。"女作家又说了一句。没料到，老太太的回答更令女作家大吃一惊："耶稣在星期五被钉上十字架时，是全世界最糟糕的一天，可三天后就是复活节。所以，当我遇到不幸时，就会等待三天，这样一切就恢复正常了。"

"等待三天"，多么富于哲理的话语，多么乐观的生活方式。它把烦恼和痛苦抛下，全力去收获快乐。

沈从文在"文革"期间，陷入了非人的境地。可他毫不在意，他在咸宁时给他的表侄、画家黄永玉写信说："这里的荷花真好，你若来……"身陷苦难却仍为荷花的盛开欣喜赞叹不已，这是一种趋于澄明的境界，一种旷达洒脱的胸襟，一种面临磨难坦荡从容的气度，一种对生活童子般的热爱和对美好事物无限向往的生命情感。

由此可见，影响一个人快乐的，有时并不是困境及磨难，而是一个人的心态。如果把自己浸泡在积极、乐观、向上的心态中，快乐必然会占据你的每一天。（节选自《态度创造快乐》，有删改）

**【训练说明】**

1. 要把朗读跟朗诵区别开来。

朗读的重点是语音的准确，如句中和句末的停顿、语调的控制、语速的把握等。朗诵则要求在准确的基础上把握好作品的感情，使用声高、语速、气声等多种艺术手法，将作者的情感艺术地表达出来，着眼点是情感。普通话水平测试的目的是考查应试人普通话的水平，而不是考查艺术朗诵的水平。因此，在朗读练习和测试中，一定要把注意力放在语音的准确上面，千万不要过多地投入感情进行艺术朗诵。

2. 注重语音的准确和朗读的流畅。

朗读练习时应给不认识或不能确定读音的字注上音，给在语流发生音变的词语注上音，给那些有不止一种读音的字词注上音，以免出现语音错误。可以先参照每一篇朗读作品后边的“语音提示”。还应该根据自己方言的特点，对自己平时容易读错的声母、韵母或字词，进行正音练习。如广州话地区的人应注意舌尖后音 zh、ch、sh 和舌尖前音 z、c、s 的区别，客家话地区的人要注意 i 和 ü、f 和 h 的区别，潮汕话地区的人注意不要将前鼻韵尾 an、en、in 读成后韵尾 ang、eng、ing。在测试时，每出现一次语音错误（音节读音错误或音变错误），将会被扣 0.1 分。

3. 注意语音停顿。

一般来说，段与段之间停顿最长，句号的停顿次之，逗号的停顿又次之，顿号的停顿最短。此外，没有标点符号的地方有时也需要适当的停顿。比较好的办法是在练习时将应该停顿的地方打上停顿记号“/”和“^”，“/”表示较短的停顿，“^”表示较长的停顿。例如：“我记得^妈妈有一次/叫他/教我骑自行车”。停顿位置的确定，应该根据义群以及句子成分的划分，以不破坏意思的完整为前提，否则将被认为是停顿不当被扣分。

4. 克服方言语调。

朗读语调的构成比较复杂。一般说来，跟语调相关的因素有：语流中的声调，上声连续，“一”、“不”的变调，轻声，语气词的使用，句末的升降调，轻重格式等。具体的训练可以分三步。首先将朗读作品中的轻声、儿化、音变和各种助词、语气词等难点字词挑出来单独练习，尽可能背得滚瓜烂熟。其次是整合练习，即以句子至句群为单位进行练习，注意词、词组乃至句子的轻重格式，注意句子的语调等。开始训练时可以用一些符号注明。如“雨是最寻常的，一下就是两三天”，其中字下方加“·”表示重读，字上方加“~”表示轻读，“↘”表示降调。最后一步是全篇朗读。方言语调是一个较难解决的问题。有的人单独说某一个词语没有问题，整篇文章一念就有明显的方言调整。因此练习时应从整体上严格要求。

5. 注意控制语速。

测试对语速的要求是，读 400 个音节，时限为 4 分钟，如果超时，就要适当扣分。正常语速大约为 240 个音节/分钟。如果根据内容、情景、语气的要求偶尔有十来个音节稍快、稍慢也应视为正常。语速和语言流畅程度是成正比的，一般说来，语速越快，语言越流畅。但语速过快就容易导致闭音时口腔打不开、复元音的韵母动程不够和归音不准，语速过慢容易导致语流凝滞、话语不够连贯。有人为了不在声、韵、调上出错，说话的时候一个字、一个字地往外挤，听起来非常生硬。因而，过快和过慢的语速都应该努力避免。

6. 不要回读。

开始朗读后，如果发现自己出现了漏读或错读，不能回头再读。按测试评分要求，回读一个音节，按读错一个音节扣分。

## 训练 4　说话训练

**【训练目的】**

1. 测查在无文字凭借的情况下说普通话的水平。
2. 重点测查语音标准程度、词汇语法规范程度和自然流畅程度。

**【训练材料】**

1. 我的学习生活
2. 我的业余爱好
3. 我的爸爸
4. 我最尊敬的老师
5. 我的一个愿望
6. 我喜爱的体育运动
7. 一次难忘的旅行
8. 学习普通话的体验
9. 家乡新变化（新貌）
10. 一部电影（或电视剧）的观后感
11. 家乡的风俗（婚丧礼仪、重要的节日活动、衣食文化）
12. 给我深刻印象的一部电影
13. 谈谈自己对某一社会现象的看法
14. 我最爱听（或最爱唱）的一首歌
15. 我的拿手菜（色香味与制作）
16. 谦虚是美德
17. 我心目中的教师职业
18. 商品质量和我
19. 我的家庭
20. 我最得意的一件事

**【训练说明】**

1. 说话测试的要求跟朗读测试既有相同相近之处，又有不相同处。相同或相近之处主要是朗读测试的前五点，即是一般的说话而不是艺术朗诵，着重点是语音的准确，而不是感情的艺术把握和表达；注意语音的准确和说话的流畅；注意适当的停顿；克服方言语调；注意控制语速。

与朗读测试要求不同的有：

（1）说错了（语音、词汇、语法或表达不当等）可以纠正，说漏了可以再回头补充。

（2）由于是应试人自己生成话语，词汇语法的规范就显得非常重要，尤其要注意说话时出现的方言词汇或方言语法句式，如“我走先”、“家乡的冬天冷过广州”等。

（3）注意说话的自然。说话当然要流畅，这与朗读相似，但说话的流畅比朗读的流畅难以把握。训练和测试时一定要注意不要结巴，不要过多地重复，语流中不要有过长的停顿。此外，还要避免背稿的倾向，背稿也要扣分。

（4）说话要有足够的长度，不足 3 分钟要扣分。测试中，在主试人示意停讲前，应试人不要中断自己的说话。在平时训练中，可以采取宁长勿短的方法，因为说话测试的重点是应试人普通话的动用和整体面貌，内容说不完甚至只说了一半也不会被扣分。

2. 测试时，抽签选定题目后，应花 5 分钟左右的时间进行准备。先是尽快理清思路，将该题目的说话大纲默想一遍；然后默默地或小声地说一遍。开始说话测试时，则要克服怯场心理，坦然大方地将准备好的题目讲述一遍。普通话水平较高的应试人，可以跟测试员进行目光交流，以增强效果。普通话水平相对较低的应试人，可以将注意力集中在自己的话语表达上。

## 学习单元二

# 表达技巧训练

口语表达是人们进行思想感情交流的重要手段。一个人口语表达能力的强弱，固然与其先天条件有关，但从根本上讲是后天训练的结果。口语表达不是简单地张嘴发音，它既需要紧密结合无声的态势语言，又需要综合运用多种表达方式。本单元，我们将对表达方式、修辞技巧、态势语言等一些口语表达的基本能力进行讲解和训练。

## 任务一　表达方式训练

### ◆知识储备◆

#### 一、叙 述

叙述，是指说出基本过程和任务的基本经历，使听说者对讲述对象有一个基本的整体了解。叙述的基本特点是在于陈述“过程”（人物活动的过程，事物发生发展变化的过程，前因后果，来龙去脉），构成叙述交代和介绍的主要内容。

叙述一般包括时间、地点、人物、事件、原因、结果六个要素。叙述与时间的关系最为密切。无论是人物活动的过程，还是事物发生发展变化的过程，都表现出一定的顺序性与持续性，即“过程”在一定时间条件下进行，语句一般按时间顺序排列。如果叙述有两个以上的头绪，也可以按并列顺序排列语句。叙述一般不用中心句。

常用的叙述方式有概括叙述、详细叙述、夹叙夹议三种。

#### 二、描 述

描述，是运用生动形象的语言把人物事件再现出来，给听众一种如见其人、如闻其声、如临其境的逼真感。书面描写有细描、白描、直接描写、间接描写，这些描写虽然同样适用于口头描述，然而，口语表达却常常是以回忆描述、现场描述、想象描述的方式实施“情景再现”的。

常用的描述有回忆描述、现场描述、想象描述、景物描述、人物描述、场面描述。

#### 三、解 说

解说，是一种解释说明事物、事理的表述法，往往用言简意明的文字把事物的形状、性质、特征、成因、关系、功能等解说清楚。

解说的方法有概括解说、定义解说、分类解说、举例解说、比较解说、数字解说、图表解说、引用解说等。

## 四、抒情

抒情，是以形式化的话语组织，象征性地表现个人内心情感的一类文学活动。它与叙事相对，具有主观性、个性化和诗意化等特征。作为一种特殊的文学反映方式，抒情主要反映社会生活的精神方面，并通过在意识中对现实进行审美改造，达到心灵的自由。抒情是个性与社会性的辩证统一，也是情感释放与情感构造、审美创造的辩证统一。

常用抒情的方法有借景抒情法、触景生情法、咏物寓情法、融情于理法、直抒胸臆法、融情于事法、融情于理法等。

## ◆范例分析◆

### 少年中国说（节选）

梁启超

日本人之称我中国也，一则曰老大帝国，再则曰老大帝国。是语也，盖袭译欧西人之言也。呜呼！我中国其果老大矣乎？任公曰：恶！是何言！是何言！吾心目中有一少年中国在。

欲言国之老少，请先言人之老少。老年人常思既往，少年人常思将来。老年人常多忧虑，少年人常好行乐。老年人常厌事，少年人常喜事。老年人如夕照，少年人如朝阳。老年人如瘠牛，少年人如乳虎。

此老年人与少年人性格不同之大略也。

造成今日之老大中国者，则中国老朽之冤业也。制出将来之少年中国者，则中国少年之责任也。使举国之少年而果为少年也，则吾中国为未来之国，其进步未可量也。使举国少年而亦为老大也，则吾中国为过去之国，其澌亡可翘足而待也。故今日之责任，不在他人，而全在我少年。

少年智则国智，少年富则国富，少年强则国强，少年独立则国独立，少年自由则国自由，少年进步则国进步，少年胜于欧洲，则国胜于欧洲，少年雄于地球，则国雄于地球。

## ◆任务要求◆

1. 掌握叙述、描述、解说和抒情等表达方法的基本知识。
2. 通过训练，能熟练掌握各种表达方式的运用，能区分各种表达方式之间的差别。
3. 提高在语言交流中表现自己思想、观点和情感的能力，增强人际交往能力。

## ◆情境训练◆

### 训练1　叙述方法训练

**【训练目的】**

熟练掌握叙述的应用，提高在语言交流中表现自己思想和观点的能力。

**【训练材料】**

听一段音频材料，请对猴子捞月的故事分别作概括叙述、详细叙述和夹叙夹议。

1. 概括叙述：

一天晚上，有只小猴子发现井里有个月亮，小猴子叫了起来："不好了，月亮掉进井里了。"大猴子和老猴子听见了，也跟着叫了起来。于是，猴子们一只接一只，倒挂在井边的大树上，一直接到井里头。挂在最下面的小猴子伸手捞月亮，手刚碰到水，月亮就不见了。老猴子抬头一看，喘着气说："不用捞了，月亮好好地挂在天上呢，井里的月亮是它的倒影。"

2. 详细叙述：

有一天晚上，有只小猴子在井边玩，它往井里一看，发现里边有个月亮，小猴子说："不好了，月亮掉进井里了。"大猴子听见了，跑过来一看也跟着叫了起来："不好了，月亮掉进井里了。"老猴子听见了，跑过来一看，也跟着叫了起来："不好了，月亮掉进井里了，我们得想办法把它捞起来。"猴子们爬上了井边的大树，老猴子倒挂在树上，拉住大猴子的脚。大猴子也倒挂在树上，拉住另一只猴子的脚，猴子们就这样一只接一只，一直挂到井里头，小猴子挂在最下面。小猴子伸手去捞月亮，手刚碰到水，月亮就碎成一片一片。小猴子说："糟了！月亮被我抓破了。"大家都埋怨小猴子，过了一会儿，水面恢复了平静，井里又出现了一个又圆又亮的月亮。小猴子伸出手去捞月亮，可是刚一碰到月亮，马上就又碎成一片一片。猴子们捞了几次都没有成功。大家嚷嚷着："捞得累死了，月亮还是捞不上来。不捞了。"这时候，老猴子一抬头，看见月亮还在天上，它喘着气说："不用捞了，不用捞了，月亮好好地挂在天上呢，井里的月亮是它的倒影。"猴子们抬头看着月亮，笑了。

3. 夹叙夹议：

小时候听妈妈讲猴子捞月的故事，常常笑到流下眼泪，觉得猴子真傻。故事是这样讲的：一天晚上，有只小猴子发现井里有个月亮，小猴子叫了起来："不好了，月亮掉进井里了。"大猴子和老猴子听见了，也跟着叫了起来。于是，猴子们一只接一只，倒挂在井边的大树上，一直接到井里头。挂在最下面的小猴子伸手捞月亮，可手刚碰到水，月亮就不见了。老猴子抬头一看，喘着气说："不用捞了，月亮好好地挂在天上呢，井里的月亮是它的倒影。"长大后，也常常想起这个故事，却总是感动得泪流满面：有什么比对美好的渴望与追求，更让人感动的呢？

**【训练方法】**

1. 概括叙述的方法：

熟悉、理解原材料的内容；分析复述的内容，删减枝节，突出主干，概括复述要点；按主次加以排列，详略适当地复述。

2. 详细叙述的方法：

仔细地读、看、听，抓住材料中心，弄清思路，理解主要内容；在理解的基础上，先理出提纲，作适合口语表达的组织整理；依照提纲复述，复述过程中通过想象适当补充内容，使叙述丰满、生动。

《猴子捞月亮》的复述提纲：

发现月亮（开始）——召集捞月（经过）——月在天上（结果）

3. 夹叙夹议：

脉络清晰，必须把时间、地点、人物、事情交代清楚；掐准视角，说话人的视角要准确，避免跑题；详略主次得当，恰当处理好主次、详略、断续的关系。

**【训练说明】**

1. 概括叙述，只对人物、事态作粗略的叙说，只着眼于全貌，省略局部细节。

2. 详细叙述，既要把人物或事态说清楚，又要把某些局部或细节说得具体、真切。这种叙述比起概括叙述显得具体生动，但又不及描述细腻感人，仍然只着眼于人物或事态的整体勾勒。

3. 夹叙夹议，是在叙述的过程中，同时表明叙说者对人物、事态的立场、观点、态度，边叙说边议论，是一种事、理、情高度结合的表达方式，比起前面两种叙述方式更具有感染力和穿透力。

## 训练 2　描述方法训练





**【训练目的】**

熟练掌握描述的方法，提高在语言交流中表现自己思想和观点的能力。

**【训练材料】**

1. 回忆描述：

### 地震后，我决定留下来——一位护士的汶川地震回忆录

*讲述者：曾颖，女，36 岁，重庆市第三人民医院老年科护士长。*

5 月 12 日是国际护士节，汶川地震发生时，我正在住院部二楼会议室。先是听到一声轰隆隆的巨响，随后办公楼摇晃起来，眼看着墙壁在不停地震动，时间持续了一两分钟。等我能走出会议室时，发现许多患者陪护者和医护人员涌向了楼梯口的护士站。大家惊慌失措，纷纷询问这到底是怎么回事。我当时以为医院氧气房发生了爆炸，许多人也这么认为，因为我们医院 1999 年发生过一次爆炸。

我们马上给医院保卫处打电话，得到的回答是地震，大家更恐慌了。我们开始组织疏散患者。我们科有 128 个住院患者，都是老人，最小的 70 多岁，最大的 102 岁，平均年龄 85 岁，陪伴他们的大都是家属从外面请来的陪护者，也有一些家属亲自陪床。由于不敢使用电梯，这些老年患者转移起来很困难，有的由陪护者背下楼去，但大多数陪护者都是女性，她们背不动患者，只能让患者坐轮椅下楼。到了楼梯口，轮

椅上的患者下楼时，陪护者和护士们就一起吃力地把他们抬起来下楼。轮椅一时还不够用，护士们送完一个患者，就赶紧把轮椅拿到楼上，再转移其他患者。当时，不管是谁家的患者，大家都齐心协力，把他们一个接一个地转移到楼下的空地和草坪上。有的陪护者在地震发生时吓得跑到了楼下，后来觉得不好意思，又跑上来帮忙。有一位患者是痴呆和瘫痪患者，地震发生后，他的家属和陪护者都逃命去了，护士们搜索病房时发现了他。这位老人坐不起来，只能平躺，护士们就用被单拧成绳子，把他固定在轮椅上，然后抬出去。

我从来没有经历过地震，我很害怕，但基本没有表现出慌乱。因为我经常参加针对突发性事件的应急训练，有心理准备；还因为我是护士长，要尽可能从容地组织和指挥患者转移。半个小时内，可以转移的患者都转移了，但还有二三十个实在离不开病床的患者，我决定留下来，守护他们。

2. 现场描述：

大雪整整下了一夜。今天早晨，天放晴了，太阳出来了。推开门一看，嗬！好大的雪啊！山川、河流、树木、房屋，全都罩上了一层厚厚的雪，万里江山，变成了粉妆玉砌的世界。落光了叶子的柳树上挂满了毛茸茸、亮晶晶的银条儿；而那些冬夏常青的松树和柏树上，则挂满了蓬松松、沉甸甸的雪球儿。一阵风吹来，树枝轻轻地摇晃，美丽的银条儿和雪球儿簌簌地落下来，玉屑似的雪珠儿随风飘扬，映着清晨的阳光，显出一道五光十色的彩虹。（峻青《第一场雪》）

3. 想象描述：

朋友们，今天我对你们说，在此时此刻，我们虽然遭受种种困难和挫折，我仍然有一个梦想，这个梦想深深扎根于美国的梦想里。



我梦想有一天，这个国家会站立起来，真正实现其信条的真谛："我们认为人人生而平等的真理不言而喻。"我梦想有一天，在佐治亚的红山上，从前奴隶的后嗣将能够和奴隶主的后嗣坐在一起，共叙兄弟情谊。我梦想有一天，甚至连密西西比州这个正义匿迹，压迫成风，如同沙漠般的地方，也将变成绿洲，充满自由和正义。我梦想有一天，我的四个孩子将生活在一个不是以他们的肤色，而是以他们的品格优劣来评价他们的国度里。（马丁·路德·金的著名演讲《我有一个梦想（*I have a dream*）》）

4. 景物描述：

春：瞧，翠绿的大幕拉开了。春姑娘穿着五彩的霓裳，轻盈地走上了舞台。她把长袖一挥，大地上的草丛树木都被染上了绿色。春姑娘又从身后拿出一只漂亮的花篮，用纤巧的手从里面拿出一束束五色缤纷的鲜花，向台下撒去。鲜花飞向绿色的大地，飞向绿色的树木。立刻，嫩绿的翠叶间缀满了朵朵鲜花。鲜花在万绿丛中开放，恰似在绿色的锦缎中，用五色相间的丝线绣出了怒放的花朵。春姑娘红艳艳的面颊上浮现出醉人的春天微笑。

夏：台上翠绿的大幕，慢慢变成了深绿，然后缓缓拉开了。啊，夏出场了。夏似一位生气勃勃的少年，健步走上台来。夏的眼睛灼灼发亮，环视着台下的大地，大地上顿时出现一片火热的阳光。大树张开无数的臂膀，遮住夏火热的目光，洒下一片荫蔽。夏的目光到达哪里，哪里就是一片酷热、一片骄阳。

秋：深绿的幕布很快变成了金黄色，这预示着美丽的秋将出场了。幕布缓慢地拉开了。美丽的秋，身着金黄色的衣衫，出现在舞台中央。秋用细细的手一指，大地立即变得金黄一片。秋从身边拿出一只小口袋，变戏法似的取出一只只丰硕的果实，向台下抛去。那只袋里像有无穷无尽的果实，拿也拿不尽，取也取不竭。沉甸甸的果实飞向大地，坠满金黄的枝头，好一派硕果累累的金秋景色啊！

冬：冬天来了！冬像一位爱干净的小女孩儿，浑身雪白，连幕布也由金黄而变得雪白了。冬戴着雪白的绒帽，浑身穿着白色的绒衣裤，脚上着一双白皮靴，就像一个可爱的白绒球一般。她用胖胖的小手，指挥着雪花向大地飞舞，去清除那里的污垢。雪花们顺从地听从冬的指挥，舞动着美丽的六角形身体，飘落在大地上。不一会儿，大地便白茫茫一片，成了白雪世界。

5. 人物描述：

一语未了，只听后院中有笑声，说："我来迟了，不曾迎接远客！"黛玉纳罕道："这些人，个个皆敛声屏气，恭肃严整如此，这来者系谁，这样放诞无礼？"心下想时，只见一群媳妇丫鬟围拥着一个从后房门进来。这个人打扮与众姑娘不同，彩绣辉煌，恍若神妃仙子：满头头上戴着金丝八宝攒珠髻，绾着朝阳五凤挂珠钗，项上戴着赤金盘螭璎珞圈，裙边系着豆绿宫绦，双鱼比目玫瑰佩，身上穿着镂金百蝶穿花大红洋缎窄袄，外罩五彩刻丝石青银鼠褂，下着翡翠撒花洋绉裙。一双丹凤三角眼，两弯柳叶吊梢眉，身量苗条，体格风骚，粉面含春威不露，丹唇未启笑先闻……（曹雪芹《红楼梦》）

6. 场面描述：

在这秋高气爽的九月里，我们迎着秋日的阳光，伴随着收获的季节，迎来了欢快精彩的校运动会。

一大早，全校师生就来到了运动场。他们有的安排场地，有的整理服装，有的安放运动器材，忙得不亦乐乎，原本寂静的赛场一下子热闹起来。

随着宣布运动会正式开始，各班队伍依次入场。此时，进行曲骤然响起，一个又一个班级排着整齐的队形，大踏步向主席台走来。他们个个衣着鲜艳，面带笑容，昂首阔步，展示出青年特有的朝气与活力。

当大会宣布运动比赛正式开始，整个赛场顿时沸腾起来，加油助威声此起彼伏，络绎不绝。你看那田径赛场上的运动员，一个个如狡兔般飞离起点，像利箭般冲向终点，引得在场的观众兴奋不已。不论选手是否获得第一，他们都会得到观众的赞美和鼓励。因为在观众的心中，这些运动员都发扬了不屈不挠、顽强拼搏的体育精神，他们是运动场上的英雄。女子800米和男子1 500米是考验选手体力和毅力的项目。它虽然不如短跑那样让人兴奋、令人激动，但是绝对比短跑更加让人感动。

再看那田径赛场上的运动员，也个个摩拳擦掌，毫不示弱。跳高跳远的运动员为了得到更好的成绩，拼尽全力，即使失败也毫不放弃。他们面对目标跨出坚定的步伐，跳了一次又一次。这种不断超越自我的精神是个人的巨大财富，更是将来能够走得更高更远的稳固基石。参加铅球比赛的选手互相竞争，成绩越来越好。他们手中的铅球仿佛变成了一个个充满希望的许愿球，不断追逐着自己的梦想。

一年一度的运动会如期而至。"沙场秋点兵"的壮阔，想必给了我们难以言喻的激情。于是，我放下手中的笔，去感受脉搏与心跳的激烈。（运动会场面描述）

【训练方法】

认真品读材料，将全班分成六个小组，每个小组负责一种描述方法，每组挑选在练习中表现最好的一名同学出来，进行描述练习。

【训练说明】

1. 回忆描述：描述者对不在眼前的人或事，一边回想，一边描述。

2. 现场描述：描述者一边看着事情的发生，一边进行描述，也可以将刚看过的人或事进行描述。

3. 想象描述：描述者以观察或者记忆的某些人或事为基础，通过合理的想象和联想，对未来进行创造性的描述。

4. 景物描述：对自然环境和社会环境中的风景、物体的描述。

5. 人物描述：对人的包括外部情态（外貌、行动、语言）和内心世界（心理）的描述，目的是表现人物的性格和精神面貌。

6. 场面描述：对一个特定的时间和地点内许多人物活动的总体情况的描述。

## 训练3　解说方法练习

【训练目的】

熟练掌握解说的应用，提高在语言交流中说明事物的能力。

【训练材料】

1. 加索尔抢到后场篮板，传给科比，科比一个交叉步，晃过防守的巴蒂尔，直杀篮下禁区，面对早早站稳的海耶斯，急停，后仰跳投，篮球划过一条优美的弧线，进了！

这是NBA联赛中湖人队对火箭队这场比赛中的一段现场解说。它与球赛是同步进行的，不用看现场比赛，从解说中就可以知道现场比赛的进展情况，球的运行，人员的空三位，球最终是怎样进的，一听就清清楚楚，语言虽质朴无华，却活灵活现。

2. 用比较法解说：水是什么样的物质？

（提示：形态上与石块木块比，颜色上与豆浆比，味道上与烧酒比，最后进行概括。）

3. 用举例法解说：信息高速公路。

4. 用分析法解说：光年为什么不是时间概念？

5. 用比喻法解说：自己专业课程中的某一抽象的知识点。

6. 用数字法解说：本院校的规模。

7. 用分类法解说：本院校所设专业的特点。

【训练说明】

解说就是口头上的解释说明。通常我们在口语交际中所涉及的内容有不少是对方或听众不熟悉、不了解甚至是陌生的，这就需要我们在明确认识、深刻理解的基础上，抓住其特征和本质，运用明晰甚至是诗化的语言有条理地向人们作讲解，将枯燥的东西趣味化、静止的事物动态化、复杂的程序简明化、深奥的道理通俗化、抽象的事物形象化，做到深入浅出，使人们听得明白、了解得清楚。

解说的对象虽然涉及实体事物和抽象事理，范围广泛，但只要因物制宜、因人制宜，采取下定义、解释、分类、分析、比较、比喻、举例、描述等恰当的解说方法，就能很好地达到解说的目的。

## 训练4　抒情方法训练

**【训练目的】**

熟练掌握抒情的应用，提高在语言交流中表现自己情感的能力。

**【训练材料】**

1. 借景抒情：国破山河在，城春草木深。感时花溅泪，恨别鸟惊心。（杜甫《春望》）

2. 触景生情：生当作人杰，死亦为鬼雄。至今思项羽，不肯过江东。（李清照《夏日绝句》）

3. 咏物寓情：咬定青山不放松，立根原在破岩中。千磨万击还坚劲，任尔东西南北风。（郑燮《竹石》）

4. 咏物言志：

### 落花生

许地山

我们家的后园有半亩空地。母亲说：“让它荒着怪可惜的，你们那么爱吃花生，就开辟出来种花生吧。”我们姐弟几个都很高兴，买种、翻地、播种、浇水，没过几个月，居然收获了。

母亲说：“今晚我们过一个收获节，请你们的父亲也来尝尝我们的新花生，好不好?”母亲把花生做成了好几样食品，还吩咐就在后园的茅亭里过这个节。

那晚上天色不大好。可父亲也来了，实在很难得。

父亲说：“你们爱吃花生吗?”

我们争着答应：“爱!”

“谁能把花生的好处说出来?”

姐姐说：“花生的味儿美。”

哥哥说：“花生可以榨油。”

我说：“花生的价钱便宜，谁都可以买来吃，都喜欢吃。这就是它的好处。”

父亲说：“花生的好处很多，有一样最可贵：它的果实埋在地里，不像桃子、石榴、苹果那样，把鲜红嫩绿的果实高高地挂在枝头上，使人一见就生爱慕之心。你们看它矮矮地长在地上，等到成熟了，也不能立刻分辨出来它有没有果实，也必须挖起来才知道。”

我们都说是，母亲也点点头。

父亲接下去说："所以你们要像花生，它虽然不好看，可是很有用。"

我说："那么，人要做有用的人，不要做只讲体面，而对人没有好处的人。"

父亲说："对。这是我对你们的希望。"

我们谈到深夜才散。花生做的食品都吃完了，父亲的话深深地印在我的心上。

5. 直抒胸臆：

朋友们，用不着多举例。你已经可以了解我们的战士是怎样的一种人，这种人是什么一种品质，他们的灵魂是多么美丽和宽广。他们是历史上、世界上第一流的战士，第一流的人！他们是世界上一切伟大人民的优秀之花！是我们值得骄傲的祖国之花！我们以我们的祖国有这样的英雄而骄傲，我们以生在这个英雄的国度而自豪！（魏巍《谁是最可爱的人》）

6. 融情于事：

我看见他戴着黑布小帽，穿着黑布大马褂，深青布棉袍，蹒跚地走到铁道边，慢慢探身下去，尚不大难。可是他穿过铁道，要爬上那边月台，就不容易了。他用两手攀着上面，两脚再向上缩；他肥胖的身子向左微倾，显出努力的样子。这时我看见他的背影，我的泪很快地流下来了。（朱自清《背影》）

7. 融情于理：

## 与妻书

林觉民

意映卿卿如晤：

吾今以此书与汝永别矣！吾作此书时，尚是世中一人；汝看此书时，吾已成为阴间一鬼。吾作此书，泪珠和笔墨齐下，不能竟书而欲搁笔，又恐汝不察吾衷，谓吾忍舍汝而死，谓吾不知汝之不欲吾死也，故遂忍悲为汝言之。

吾至爱汝，即此爱汝一念，使吾勇于就死也。吾自遇汝以来，常愿天下有情人都成眷属；然遍地腥云，满街狼犬，称心快意，几家能够？司马春衫，吾不能学太上之忘情也。语云：仁者"老吾老，以及人之老；幼吾幼，以及人之幼"。吾充吾爱汝之心，助天下人爱其所爱，所以敢先汝而死，不顾汝也。汝体吾此心，于悲啼之余，亦以天下人为念，当亦乐牺牲吾身与汝身之福利，为天下人谋永福也。汝其勿悲！

汝忆否？四五年前某夕，吾尝语曰："与使吾先死也，无宁汝先吾而死。"汝初闻言而怒，后经吾婉解，虽不谓吾言为是，而亦无辞相答。吾之意盖谓以汝之弱，必不能禁失吾之悲，吾先死留苦与汝，吾心不忍，故宁请汝先死，吾担悲也。嗟夫！谁知吾卒先汝而死乎？吾真不能忘汝也！回忆后街之屋，入门穿廊，过前后厅，又三四折，有小厅，厅旁一室，为吾与汝双栖之所。初婚三四个月，适冬之望日前后，窗外疏梅筛月影，依稀掩映；吾与（汝）并肩携手，低低切切，何事不语？何情不诉？及今思之，空余泪痕。又回忆六七年前，吾之逃家复归也，汝泣告我："望今后有远行，必以告妾，妾愿随君行。"吾亦既许汝矣。前十余日回家，即欲乘便以此行之事语汝，及与汝相对，又不能启口，且以汝之有身也，更恐不胜悲，故惟日日呼酒买醉。嗟夫！当时余心之悲，盖不能以寸管形容之。

吾诚愿以汝相守以死，第以今日事势观之，天灾可以死，盗贼可以死，瓜分之日可以死，奸官污吏虐民可以死，吾辈处今日之中国，国中无地无时不可以死！到那时使吾眼睁睁看汝死，或使汝眼睁睁看我死，吾能之乎？抑汝能之乎？即可不死，而离散不相见，徒使两地眼成穿而骨化石，试问古来几曾见破镜能重圆？则较死为苦也，将奈之何？今日吾与汝幸双健。天下人不当死而死，与不愿离而离者，不可数计，钟情如我辈者，能忍之乎？此吾所以敢率性就死不顾汝也。吾今死无余憾，国事成不成自有同志者在。依新已五岁，转眼成人，汝其善抚之，使之肖我。汝腹中之物，吾疑其女也，女必像汝，吾心甚慰。或又是男，则亦教其以父志为志，则我死后尚有二意洞在也。甚幸，甚幸！吾家后日当甚贫，贫无所苦，清静过日而已。

吾今与汝无言矣。吾居九泉之下遥闻汝哭声，当哭相和也。吾平日不信有鬼，今则又望其真有。今人又言心电感应有道，吾亦望其言是实，则吾之死，吾灵尚依依旁汝也，汝不必以无侣悲。

吾生平未尝以吾所志语汝，是吾不是处；然语之，又恐汝日日为吾担忧。吾牺牲百死而不辞，而使汝担忧，的的非吾所忍。吾爱汝至，所以为汝谋者惟恐未尽。汝幸而偶我，又何不幸而生今日之中国！吾幸而得汝，又何不幸而生今日之中国！卒不忍独善其身。嗟夫！巾短情长，所未尽者，尚有万千，汝可以模拟得之。吾今不能见汝矣！汝不能舍吾，其时时于梦中得我乎！一恸！辛未三月念六夜四鼓，意洞手书。

家中诸母皆通文，有不解处，望请其指教，当尽吾意为幸。

**【训练方法】**

1. 借景抒情法：寓情于景，是指作者带着强烈的主观感情去描写客观景物，通过景物来抒情。

杜甫《春望》解析：唐玄宗天宝十五年（756）七月，安史叛军攻陷长安，肃宗在灵武即位，改元至德。杜甫在投奔灵武途中，被叛军俘至长安，次年（至德二年）写此诗。诗人目睹沦陷后的长安之萧条零落，身历逆境思家情切，不免感慨万端。诗的一、二两联写春城败象，饱含感叹；三、四两联写心念亲人境况，充溢离情。全诗沉着蕴藉、真挚自然，反映了诗人热爱祖国、眷怀家人的感情。诗人通过对花鸟草木的描写来抒发亡国的忧愤、离散的感伤。

2. 触景生情法：是指触及外界景物而引起情思，为感叹抒怀的方法。

李清照《夏日绝句》解析：公元1127年，强悍的金兵入侵中原，砸烂宋王朝的琼楼玉苑，掳走徽、钦二帝，赵宋王朝仓皇南逃，李清照夫妇也开始了漂泊无定的逃亡生活。不久，丈夫赵明诚被任命为京城建康的知府。一天深夜，城里发生叛乱，身为知府的赵明诚没有恪尽职守指挥戡乱，而是悄悄地用绳子缒城逃跑了。叛乱被平定之后，赵明诚被朝廷革职。李清照深为丈夫的临阵脱逃感到羞愧，虽然两人并无争吵，但往昔的鱼水和谐已经一去不复返，她从此冷淡疏远了赵明诚。1128年，他们向江西方向逃亡，一路上，两人相对无语，气氛尴尬。行至乌江，站在西楚霸王项羽兵败自刎的地方，李清照不禁浮想联翩、心潮激荡。面对浩浩江水，她随口吟就了这首诗。赵明诚站在她身后，闻听之后愧悔难当，深深自责，从此便郁郁寡欢、一蹶不振，不久便急病发作而亡。

3. 咏物寓情法：是通过描写客观事物来表达自己思想感情的一种表现手法。

郑燮《竹石》释义：咬住了青山就绝不肯放松，根须已经深扎在岩石之中。历经千万次磨炼更加坚韧，任凭你东西南北来的狂风。这首诗着力表现了竹子那顽强而又执着的品质。

咏物寓情，将思想感情化作生动的形象和具体的画面，不仅使读者在潜移默化中接受作者的思想观点，而且文章也因此而显示出情意深邃、韵味隽永的艺术魅力。

4. 咏物言志法：是指有感于外物而述志抒怀的方法。

许地山的《落花生》就是咏物言志之作。文章首先“咏物”，描写花生的可贵品质：“你们看它矮矮地长在地上，等到成熟了，也不能立刻分辨出来它有没有果实，也必须挖起来才知道。”然后“言志”，说明做人的道理：要做有用的人，不能做表面好看而对别人没有益处的人。咏物言志，既有物象，又有情志，情志因物象而显得具体，物象因情志而饶有韵味，二者相融相汇、相映生辉。

5. 直抒胸臆法：就是作者或作品中的人物，不借助于任何别的手段，直接地表白和倾吐自己的思想感情，以感染读者，引起共鸣。

《谁是最可爱的人》中，作者魏巍饱含深情、直抒胸臆，表达了对志愿军战士的无比崇敬和热爱之情。

6. 融情于事法：指通过叙述事件来抒发感情，让感情从具体事件的叙述中自然地流露出来，感染读者。这种渗透着感情的叙述，读者品味起来就更觉得真诚可亲。

朱自清的《背影》，写父亲给儿子道别时买橘子的那一段叙述文字，情真意切，感人至深。这一段叙述文字，朴实无华，把慈父的爱子之情和儿子对父亲的感激之情表达得淋漓尽致。

7. 融情于理法：就是把感情寄寓在说理之中，理中含情，既可以使情具有深度、厚度，又可以使理闪烁出充满个性色彩的情思，拨动人的心弦。

林觉民的《与妻书》中，为了向妻子最后一次表白自己的心志和爱憎，作者并未情意缠绵、泪语柔情，而是以理代情：“吾至爱汝，即此爱汝一念，使吾勇于就死也……助天下人爱其所爱，所以敢先汝而死，不顾汝也。汝体吾此心，于悲啼之余，亦以天下人为念，当亦乐牺牲吾身与汝身之福利，为天下人谋永福也。汝其勿悲！”作者将爱妻之情与“勇于就死”之理熔于一炉，以含情之笔说理，以明理之言诉情，感人肺腑，催人泪下。

**【训练说明】**

咏物言志与咏物寓情的区别是：咏物寓情只状物，不直接抒情，以状物代替抒情；咏物言志既状写事物，也直接抒怀，因物生情，有感而发。

## 任务二　修辞技巧训练

### ◆知识储备◆

修辞，就是运用各种技巧而有效的方法，使言谈话语富于文采和美感。修辞要运用各种修辞格，现在被人们认可的修辞格有100多种，口语中常用的有：

#### 一、比喻

即用跟甲事物有相似之点的乙事物来描写或说明甲事物。文辞上分为三个成分，即本体（被比喻的事物或情境）、喻词（表示比喻关系的词语）、喻体（打比方的事物或情境）。它能够使语言通俗易懂，形象生动，话半功倍。

#### 二、借代

即借一物来代替另一物出现，因此多数为名词。被替代的叫“本体”，替代的叫“借体”，“本体”不出现，用“借体”来代替。恰当地运用借代，可以以简代繁、以实代虚、以奇代凡、以事代情。

#### 三、对比

即把两个对立的事物或一个事物的两个对立的方面放在一起，加以比较。对比能使语言表意鲜明。两体对比，能使对立的事物矛盾突出、本质鲜明，给人以深刻的印象；一体两面的对比，能揭示事物对立统一的辩证关系，使事理透彻、全面，给人以深刻的启示。对比分两体对比和一体两面对比。

#### 四、双关

即利用语音或语义条件，有意使词语或句子同时关顾表面和内里两种意思。双关的特点是：表里相连，借表指里，言在此而意在彼，含蓄委婉。一是可以使语言幽默风趣，二是可以使表达含蓄曲折，意在言外，适应特定语境，增强语言的表现力。双关有谐音双关和语义双关两种形式。

#### 五、仿拟

即故意模仿现成的词、句或篇章格调，更换其中的某些成分，临时新创一种说法。仿拟现成的词语、句子或格调易于引起读者的想象，加强感染力，往往具有幽默、诙谐、讽刺的情趣。仿拟有三种类型：仿词、仿句和仿调。

#### 六、比拟

即把事物当作人、把人当作事物来描写，或者把A事物当作B事物来描写。比拟可以增强语言的形象性和生动性，可以更好地抒发感情、烘托气氛，使听众饶有兴趣，增加幽默感。比拟分拟人和拟物两类。

## 七、夸张

即为了给人以突出的印象，运用远远超出客观事实的说法来渲染强调某事物。夸张可以突出事物的某一特征，给人以鲜明的印象；可以引起听众的想象，留下回味的余地；可以使事物更加生动传神，强化其地位和作用。夸张有三种类型：直接夸张、融合夸张和超前夸张。

## 八、反问

即用疑问的形式表达确定的意思，以加强语气。反问用不着回答，答案已包含在问语中，常用来表达强烈的感情，引起别人的深思。反问的方式多种多样，比较经常见到的主要有三种：以否定形式表示肯定意思、以肯定形式表示否定意思和上述两种方法的综合使用。

## 九、对偶

即把字数相等、结构相同、意义相关的两个句子或短语，对称地排列在一起。对偶，从内容方面看，意义集中而含蓄，常有言外之意；从形式方面看，语言简练，整齐对称，朗朗上口，能增强语言的表达效果。从出句和对句的结构看，分严对和宽对；从出句和对句的意义关系看，分正对和串对。

## 十、转类

即将某一类词转化为另一类词来用，又叫转品。转类可以取得语言生动、含蓄、幽默、简洁、新颖、风趣等修辞效果，还可以扩大语言的表意容量，增强语言的表达力。转类包括名词转类、动词转类、形容词转类等。

## 十一、反语

即用相反的话语，表达要说的正面意思。反语通常分愉快反语和讽刺反语两类。愉快反语具有含蓄、幽默、耐人寻味的修辞效果，讽刺反语能更好更有力地揭露、嘲弄丑恶事物。

## 十二、统括

即将相关词语中反复出现的、相同的字或词概括或提取出来，表上跟项数相等的数字组成一种临时性节缩形式。运用统括可以使语义集中、突出、简洁、生动。统括包括取字统括和取义统括两类。

## ◆范例分析◆

1. 比喻：爱因斯坦在解释狭义相对论时，是这样说的："如果你坐在一位漂亮姑娘身边，坐一个小时，你只觉得坐了片刻；你在一个热火炉上坐了片刻，就觉得坐了一个小时。"比喻能增强语言的形象性、生动性，可以给语言涂上一层斑斓的色彩。运用比喻，可以把思想性、知识性和趣味性熔于一炉，使真理变得浅显通俗，易于理解和接受。法拉第最初发现电磁感应的重要原理时，有人嘲讽他："这个又有什么用处呢？"

法拉第诙谐地说："刚生下来的婴儿有什么用呢？"法拉第就是用一个任何人都无法否认的最普通的事实作比喻，说出了电磁感应像新生婴儿一样前途无量的道理。

2. 借代："学好 ABC，到处都有用"，把 ABC 看作外语的特征，借以代外语；"目不识丁"，借"丁"字代全部文字；"阡陌交通，鸡犬相闻"，"鸡犬"代鸡犬之声，因鸡犬之声属鸡犬所有；"兵革既未息，儿童尽东征"，"兵革"代战争，因兵器铠甲是战争所凭借的物质条件。这种不直接说出该人或该事物，而借与要说的人或事物有密切关系的其他事物来代替的修辞叫作借代。

3. 对比：鲁迅在《战士和苍蝇》一文中这样说过："有缺点的战士终究是战士，再完美的苍蝇也不过是苍蝇。"这里鲁迅把"战士"和"苍蝇"拿来比较，犀利地讽刺了那些诬蔑革命者的所谓正人君子，以坚定的决心支持那些投身革命的勇敢战士们。把两种不同事物或同一事物的两个不同面放在一起相互比较，通过比较，可使事物的性质、状态和特征等更加突显，并且鲜明地表现出说话人的立场和观点。

4. 双关：传说唐朝的奸臣杨国忠有一次骑着马游玩，迷了路。他问路边一位老农："喂，这条路怎么走法？"老农见对方没有礼貌，说："路怎么会走？"杨国忠急了，说："我是问进城走哪条路，有多远？""不知道。我从来没量过，也顾不上。东村有匹马下了一头牛，我要去看呢！""马下了一头牛？为什么不下马呀？""说的是啊，谁知道这个畜生为什么不下马呢？"说完扬长而去。

从前，有个人以为教书省心省力，但他只会《百家姓》头一句：赵钱孙李。就凭这，他便开始教书了。他教得很仔细，一个字教好多天，学生、家长催他，他说："不急，不能急！"久而久之，学生的家长开始猜疑，教书先生也害怕被识破。一天，他领了工钱，趁天黑便悄悄地跑了。家长发现受了骗，提上灯笼，拿上棍子，紧紧追出村子，边追边喊，要把他抓回去狠揍一顿。教书先生吓得一头钻进谷草垛。家长打着灯笼找了半天也没找到，只好自认倒霉，骂骂咧咧地回去了。过了不久，这人又到别的村去教书混饭吃。人家问他："你的学问怎么样呀？"他说："学问深浅一时难以说清，跟你这么说吧，我原先教过书，后来不干了，他们还打着灯笼找我呢！"此君正是利用语意双关幽默术，让人着实笑了。

传说李鸿章有一个远房亲戚，胸无点墨却热衷科举，一心想借李鸿章的关系捞个一官半职。他在考场上打开试卷，竟无法下笔。眼看要交卷了，便灵机一动，在试卷上写下"我乃李鸿章中堂大人的亲妻（戚）"，指望能获主考官录取。主考官批阅这份考卷时，发现他竟将"戚"错写成"妻"，便提笔在卷上批道："所以我不敢娶你。""娶"与"取"同音，主考官针对他的错字，来了个双关的"错批"，既有很强的讽刺意味，又极富趣味。

5. 仿拟：在关中塬上，大多是平地挖"土城"，又在"城墙"上打的窑洞。在土城和窑洞集中的时候，会像蜂房水涡，自成地下村落。那种村落，在远处是看不见的。只偶尔在路上走着，影影绰绰望到不远的地方有一丛两丛树梢，隐隐约约听见哪里有三声五声鸡叫，奔着树梢和声音走去，忽然发现自己仿佛从天而降，已经站在一座土城的城墙上了。在城墙上俯瞰城里，一圈一圈就都是住户人家。跟一般城里不同的是：这样的人家都住在从四周土墙挖进去的窑洞里。城圈的中间，有时也留一座两座土岛。土岛上会是草木扶疏，藤蔓披离。土岛周围也有一些大小不一的窑洞，不过那些窑洞多半不住人，而是养家畜家禽，堆放柴草。土岛和土墙中间，构成环形的街巷，街巷里一样也种菜，养花，栽树（路上望见的就是这些树的梢头）。雨落在街巷里，太阳照在街巷里，“鸡犬相闻”，俨然是世内桃源。（吴伯萧《窑洞风景》）“世内桃源”仿固定短语“世外桃源”。

后来这终于从浅闺传到深闺里去了。（鲁迅《阿Q正传》）根据现有词“深闺”而临时新创了“浅闺”。

6. 比拟：在一个欢迎日本青年代表团的宴会上，主人用人参母鸡汤来招待客人。但是翻译不会母鸡这词，只见他指着汤笑着对客人介绍说：“这是用公鸡的太太和人参做的汤，请诸位品尝。”公鸡的太太用的就是拟人的手法，显示了翻译的机敏和幽默。

7. 夸张：张仪离开楚国，接着就前往韩国，游说韩王道：“韩国土地不到九百里，储粮不够吃两年，大王的士兵全部动员也不足三十万。秦国有武装士兵一百多万，战车千辆，战马万匹，勇猛的士兵飞奔前进，不戴头盔，拿起武器，愤怒冲入敌阵的，不可胜数。山东各国的射手披着铁甲，戴着头盔去参加决战，秦国人丢下甲衣，光着膀子，打着赤脚冲向敌人，左手提着人头，右手捉住俘虏。秦国的士兵跟山东各国士兵相比，正像大力士孟贲跟胆小鬼一样；用巨大的威力压下去，正像大力士乌获对婴儿一样。在战斗中，让孟贲、乌获式的勇士去攻打不服从的弱国，无异于把千钧的重量压在鸟蛋上，一定没有幸存的了。”

8. 反问：钢琴笨重如棺材，小提琴要数十百元一具。制造虽精，世间有几人能够享有呢？（丰子恺《山中避雨》）

我心里在想着，宁静的竹海里难道没有人家？（黄蒙田《竹林深处人家》）

9. 对偶：登高而招，臂非加长也，而见者远；顺风而呼，声非加疾也，而闻者彰。（《劝学》）

释义：登上高处向人们招手，手臂并没有加长，可是老远的人也可以看见；顺着风势呼喊，声音并没有加大，可是听到的人却觉得很清楚。

10. 转类：可是“友邦人士”一惊诧，我们的国府就怕了，“长此以往，国将不国”了，好像失了东三省，党国倒愈像一个国，失了东三省谁也不响，党国倒愈像一个国……可以博得“友邦人士”的夸奖，永远“国”下去一样。（鲁迅《“友邦惊诧”论》）“国”是名词转类动词。

如果你常去看中国女排的日常训练，就会发现在这个“女儿国”里有一位挺“帅”的小伙子。在女排中，他属中等个儿，二十三四岁，修长的身段，白皙的皮肤，大眼睛，是福建人。他腼腼腆腆，比姑娘还姑娘，名字叫做陈忠和。姑娘们亲切称呼他“小陈指导”。（鲁光《敲开世界冠军的大门》）“姑娘”是名词转类为形容词。

11. 反语：几个女人有点失望，也有些伤心，各人在心里骂着自己的丈夫为狠心贼。可是青年人永远朝着愉快的事情想，女人们尤其容易忘记那些不痛快。不久，她们就又说笑起来了。（孙犁《荷花淀》）几个女人“骂”自己的丈夫为“狠心贼”，是耐人寻味的反语，实际是表现了她们对丈夫的嗔爱之情。

每次当夜间疲倦，正想偷懒时，仰面在灯光中瞥见他黑瘦的面貌，似乎正要说出抑扬顿挫的话来，便使我忽又良心发现，而且增加勇气了，于是点上一枝烟，再继续写些为“正人君子”之流所深恶痛疾的文字。（鲁迅《藤野先生》）“正人君子”四字，有力地讽刺了那些勾结军阀、政客而自命为“正人君子”的反动文人。

12. 统括：“三心”，即交心、虚心、耐心。交心就是在谈心时要讲真话、心里话，不讲假话、表面话。这样才能沟通思想，消除误会，解开疙瘩，融洽感情，增强团结。虚心就是要放下架子，不怕丢面子，自己错了，不要说对方错了，虚心接受他人的意见，让对方感到你是诚心和他谈心的。耐心，有时班组长们交了心，班组成员不见得就立即交心。有时谈心不是一次就谈好的。这就要求班组长要有耐心。（徐怀庚《谈心的艺术》）把“交心、虚心、耐心”概括为“三心”，既易记忆易传颂，同时又大大增强了说服力。

## ◆任务要求◆

掌握比喻、借代、对比、双关、仿拟、比拟、夸张、反问、对偶、转类、反语、统括的修辞用法，并能够灵活运用。

## ◆情境训练◆

### 训练 1　比喻修辞训练

**【训练目的】**

掌握明喻、隐喻、借喻、缩喻和博喻的用法，并能够灵活运用。

**【训练材料】**

1. 明喻：叶子（本体）出水很高，像（喻词）亭亭的舞女的裙（喻体）。（朱自清《荷塘月色》）

2. 隐喻：更多的时候，乌云四合，层峦叠嶂（本体）都成了水墨山水（喻体）。（李健吾《雨中登泰山》）

3. 借喻：我似乎打了一个寒噤；我就知道，我们之间已经隔了一层可悲的厚障壁（喻体）了，我再也说不出话。（鲁迅《故乡》）

4. 缩喻：

并列式缩喻：弯弯的月儿小小的船。本体是“弯弯的月儿”，喻体是“小小的船”，中间没有喻词，二者构成复指短语。

偏正式缩喻：黄金季节。前者修饰后者，而修饰语是比喻性质的。

5. 博喻：极光有时出现时间极短，犹如节日的焰火在空中闪现一下就消失得无影无踪；有时却可以在苍穹之中辉映几个小时；有时像一条彩带，有时像一团火焰，有时像一张五光十色的巨大银幕；有的色彩纷纭，变幻无穷；有的仅呈银白色，犹如棉絮、白云，凝固不变；有的异常光亮、掩去星月的光辉；有的又十分清淡，恍若一束青丝；有的结构单一，状如一弯弧光，呈现淡绿、微红的色调；有的犹如彩绸或缎带抛向天空，上下飞舞、翻动；有的软如纱巾，随风飘动，呈现出紫色、深红的色彩；有时极光出现在地平线上，犹如晨光曙色；有时极光如山茶吐艳，一片火红；有时极光密聚一起，犹如窗帘幔帐；有时它又射出许多光束，宛如孔雀开屏，蝶翼飞舞。（“极光”是本体，“彩带”、“火焰”、“银幕”、“青丝”等都是它的喻体，属于一个本体可以带多个喻体的类型。）

【训练方法】

1. 明喻：本体、喻词和喻体同时出现，常用的喻词有“像”、“好像”、“好似”、“如”、“有如”、“如同”、“恰似”、“仿佛”等。

2. 隐喻：本体、喻体同时出现，但用“是”、“成”、“成为”、“变为”等系词代替“像”一类的喻词。

3. 借喻：本体和喻词都不出现，直接用喻体代替本体。

4. 缩喻：本体和喻体都出现，但不出现比喻词，本体与喻体极其紧密地连在一起。并列式缩喻，即本体与喻体在结构形式上是并列关系。偏正式缩喻，即本体与喻体组成偏正关系的名词短语，形式上是修饰与被修饰的关系。

5. 博喻：一个本体可以带多个喻体。

【训练说明】

比喻可以用来回答较为复杂的问题。当对方以某种事例刻意用难以理解的道理来刁难我们时，我们就可以使用其他能相比喻的事例来说出另一种道理，从而进行反驳。

**比拟和比喻的区别**

| 区别 | 比喻 | 比拟 |
| --- | --- | --- |
| 结构 | 本体（被比喻的事物或情境）、喻词（表示比喻关系的词语）、喻体（打比方的事物或情境） | 喻体和喻词都不出现，但是保留喻体的特征，让它直接加在本体上，使本体具有了人或物的某种特征或情态 |
| 形式 | 本体 n（名词）+比喻词+喻体 n（名词） | 本体 n（名词）+v（动词）或 adj.（形容词） |



## 训练 2　借代修辞训练

【训练目的】

掌握部分代整体、特征代本体、具体代抽象、工具代本体、专名代泛称、以结果代原因和形象代本体的用法，并能够灵活运用。

【训练材料】

1. 部分代整体：两岸青山相对出，孤帆一片日边来。（《望天门山》）用船的一部分“帆”代替船。

2. 特征代本体：旌旗十万斩阎罗。（《梅岭三章》）借“旌旗”代替军队或武装力量，是标志代本体。

3. 具体代抽象：南国烽烟正十年。（《梅岭三章》）“烽烟”，原是古代边境用以报警的烟火，这里代指战争，把战争这个抽象的概念具体化、形象化了。

4. 工具代本体：等到惊蛰一犁土的季节，十家已有八户亮了囤底，揭不开锅。（《榆钱饭》）“囤”是装粮食的工具，用“亮了囤底”代指缺了粮；“锅”是做饭的工具，用“揭不开锅”代指没饭吃。

5. 专名代泛称：你们杀死一个李公朴，会有千百万个李公朴站起来！（《最后一次讲演》）第二个“李公朴”，代指不怕流血牺牲、为争取民主和平而战斗的人们。

6. 以结果代原因：令人捧腹。捧腹是捧着肚子，捧腹的原因是出现笑话或令人发笑的东西。以“捧腹”的结果代指“笑话”等令人发笑的原因。

7. 形象代本体：上面坐着两个老爷，东边的一个是马褂，西边的一个是西装。以“马褂”和“西装”代指穿上述两种衣服的人。

**【训练方法】**

1. 部分代整体：用事物具有代表性的部分代本体事物。
2. 特征代本体：用借体（人或事物）的特征、标志去代替本体事物的名称。
3. 具体代抽象：具体的事物代替与之相关的本体事物。
4. 工具代本体：将工具代替与之相关的本体事物。
5. 专名代泛称：用具有典型性的人或事物的专用名称代替本体事物的名称。
6. 以结果代原因：用结果代替原因。
7. 形象代本体：用外观形象代替本体事物。

**【训练说明】**

**借代与借喻的区别**

| 区别 | 借代 | 借喻 |
|---|---|---|
| 性质 | 代而不喻 | 喻中有代 |
| 关系 | 借代侧重相关性，本体与借体之间有实在的关系 | 借喻侧重相似性，本体与喻体是本质不同的事物 |



## 训练3　对比修辞训练

**【训练目的】**

掌握两体对比、一体两面对比的用法，并能够灵活运用。

**【训练材料】**

1. 两体对比：有的人活着，他已经死了；有的人死了，他还活着。有的人，骑在人民头上：“呵，我多伟大！”有的人，俯下身子给人民当牛马。有的人，把名字刻入石头想“不朽”；有的人，情愿作野草，等着地下的火烧。有的人，他活着别人就不能活；有的人，他活着为了多数人更好地活。骑在人民头上的，人民把他摔垮；给人民作牛马的，人民永远记住他！把名字刻入石头的，名字比尸首烂得更早；只要春风吹到的地方，到处是青青的野草。他活着别人就不能活的人，他的下场可以看到；他活着为了多数人更好活的人，群众把他抬举得很高，很高。（臧克家《有的人》）

2. 一体两面对比：我们的战士，对敌人这样狠，而对朝鲜人民是那样地爱，充满

国际主义的深厚热情。(魏巍《谁是最可爱的人》)

【训练方法】

1. 两体对比：把两个相对、相反的事物进行比照。材料中，将“有的人”和“有的人”对比，深刻揭示出虽生犹死和虽死犹生、作威作福和甘做孺子牛这两种人的本质，对比鲜明。

2. 一体两面对比：把同一事物中相对、相反的两个方面加以对比。材料中，将对敌人的“狠”和对朝鲜人民的“爱”对比，高度颂扬了志愿军战士爱憎分明的感情和高尚的国际主义精神。

【训练说明】

对比与对偶的区别

| 区别 | 对比 | 对偶 |
|---|---|---|
| 侧重点 | 侧重于内容 | 侧重于形式 |
| 关系 | 对立，要求内容相反或相对 | 对称，要求结构相同或相似 |

## 训练4　双关修辞训练

【训练目的】

掌握谐音双关和语义双关的用法，并能够灵活运用。



【训练材料】

1. 谐音双关：春蚕到死丝方尽，蜡炬成灰泪始干。(李商隐《无题》)

2. 语义双关：夜正长，路也正长，我不如忘却，不说的好罢。(鲁迅《为了忘却的记念》)

【训练方法】

1. 谐音双关：利用音同或音近的条件，使词语或句子语义双关。材料中，表面说是蚕丝的“丝”、蜡烛的“泪”，实际是相思的“思”和眼泪的“泪”。此外不少歇后语用了谐音相关的手法：孔夫子搬家——尽是书（输），老虎拉大车——谁赶（敢），拉着虾子过河——牵须过渡（谦虚过度）。

2. 语义双关：利用词语的多义性，在特定语境中构成双关。材料中，“夜”、“路”表面上指自然界的夜和路，实指反动派暗无天日的统治和革命斗争的道路。

【训练说明】

1. 不能语意晦涩。双关是一语双关，关顾表里，言表意里。语意既要含而不露，又要令人品味得出，不能语意晦涩，造成误解或歧解。

2. 要注意思想内容和感情色彩，或褒或贬，应含蓄而贴切。褒义双关语，应幽默风趣；贬义双关语，应讽刺揭露，不失分寸。

## 训练 5　仿拟修辞训练

**【训练目的】**

掌握仿词、仿句和仿调的用法，并能够灵活运用。

**【训练材料】**

1. 仿词：

仿近义词：听说有那种罐头厂，惨无鸡道，专门做“辣子笋鸡”。净挑一斤多的嫩公鸡呀！还嚷嚷“保护妇女和儿童合法权益”呢，杀童子鸡，怎么就没人管哪？（谌容《大公鸡悲喜剧》）

仿反义词：有些天天喊大众化的人，连三句老百姓的话都讲不来，可见他就没有下过决心跟老百姓学，实在他的意思仍是小众化。（毛泽东《反对党八股》）

仿谐音词：说住的，你亲眼看到了，一家男女四口，叠楼睡觉。有的，住陋室，一下雨成了“漏室”。（臧克家《读〈关心教师歌〉有感》）

2. 仿句：

这位新同伴呢，睡在床上，脸朝着壁头，在半明半暗的灯光下面，看不出他是一个怎样的人来，而我的心里早就制造出这样的公式：“同是天涯沦落人，相睡何必曾相识”，也就无须乎详细的观察和询问。（艾芜《人生哲学的一课》）

3. 仿调：煮豆燃豆萁，萁在釜下泣；我烬你熟了，正好办教席！（鲁迅《替豆萁申冤》）

**【训练方法】**

1. 仿词：比照现成词语，更换某个语素或词，临时仿造出意思类似或相反的新词语。

2. 仿句：模拟现成的句式，仿造出新的句子。

3. 仿调：模仿现成的篇章格调。

**【训练说明】**

1. 仿拟，是一种人们喜闻乐见的辞格，但不要滥用。一般一篇作品中，顺乎文意偶尔用上一次即可。

2. 选用的被仿体，都要尽可能是人们熟悉的名家名言名篇。

3. 仿句、仿调，尽可能选用简短、易读、易记的原句和原篇。

## 训练 6　比拟修辞训练

**【训练目的】**

掌握拟人、拟物的用法，并能够灵活运用。

**【训练材料】**

1. 拟人：

有的松树望穿秋水，不见你来，独自上到高处，斜着身子张望。（李健吾《雨中登

泰山》）

2. 拟物：

拟人为物：吴吉昌像久困在笼中的鸟，一旦获得解放，他就要立即展翅高飞了。（穆青等《为了周总理的嘱托》）

拟物为物：予观夫巴陵胜状，在洞庭一湖，衔远山，吞长江，浩浩汤汤，横无际涯。（范仲淹《岳阳楼记》）

**【训练方法】**

1. 拟人：就是拟物为人，即把人以外的事物当作人来描写。

2. 拟物：拟人为物，即把人当作事物来描写；拟物为物，即把 A 事物比拟为 B 事物。

**【训练说明】**

1. 要符合事物的特征。

2. 运用比拟，要与文章内容、环境气氛协调。

## 训练 7　夸张修辞训练

**【训练目的】**

掌握直接夸张、融合夸张、超前夸张、扩大类夸张、缩小类夸张的用法，并能够灵活运用。



**【训练材料】**

1. 直接夸张：我从乡下跑到京城里，一转眼就已经六年了。（鲁迅《一件小事》）

2. 融合夸张：船一下像流星随着怒涛冲下，一下又绕着险滩迂回浮进。（刘白羽《长江三峡》）

3. 超前夸张：粉面含春威不露，丹唇未启笑先闻。（曹雪芹《红楼梦》）

4. 扩大类夸张：白发三千丈，缘愁似个长。（李白《秋浦歌》）

秦无亡矢遗镞之费，而天下诸侯已困矣。（贾谊《过秦论》）

5. 缩小类夸张：就这一眼，满院子里便鸦雀无声，比皇帝出来还要静悄悄得多呢，连一根针掉在地下，都听得见响！

**【训练方法】**

1. 直接夸张：不借助其他手段，通过语句本身直接进行夸张。

2. 融合夸张：借助其他修辞方法进行夸张。

3. 超前夸张：故意将后出现的事物说成超前出现；或与前一事物同时出现；或把本来同时出现的事说成有先有后。

4. 扩大类夸张：将事物尽量向多、长、高、大、快、强、密等方面夸大。

5. 缩小类夸张：故意把事物向少、短、低、小、慢、弱、疏等方面说。

【训练说明】

1. 夸张要有客观实际作基础。

2. 要注意使用范围。

3. 要掌握一定的分寸，不可脱离实际而夸大过分。

## 训练8　反问修辞训练

【训练目的】

掌握反问的用法，并能够灵活运用。

【训练材料】

1. 以否定形式表示肯定意思：你不是希望做一个共产党员吗？（杨沫《坚强的战士》）

2. 以肯定形式表示否定意思：嗟乎！大阉之乱，缙绅而能不易其志者，四海之大，有几人欤？（张溥《五人墓碑记》）

3. 上述两种方法的综合使用：我什么也没有看见！这可骇人听闻了。难道我是一个愚蠢的人吗？难道我不够资格当一个皇帝吗？（安徒生《皇帝的新装》）

【训练方法】

1. 以否定形式表示肯定意思：材料1是林红在鼓励林道静要坚持斗争时对她说的一句话，是以否定表示肯定的反问。

2. 以肯定形式表示否定意思：在材料2中，叹惜阉臣魏忠贤当政时坚持志节者少之后，借助这一反问，目的在于突出五义士。

3. 先是用肯定形式表示否定的意思：在材料3中，先说我不是一个愚蠢的人；再用否定的形式表示肯定的意思：我是够资格当一个皇帝的。

【训练说明】

1. 反问可用来加强语气，表达强烈感情，增强文章战斗力，但不宜滥用，是否需要用反问，应根据表达的需要而定。

2. 反问是通过疑问的形式来表达确定的意思，这个“确定的意思”既可以是肯定的，也可以是否定的，表现的形式虽然是疑问，但实际是无疑问，这就要认真注意，不要把“确定的意思”弄反了。

## 训练9　对偶修辞训练

【训练目的】

掌握严对、宽对、正对、反对、串对的用法，并能够灵活运用。

【训练材料】

从出句和对句之间的结构看，对偶可分严对和宽对两类。

1. 严对：海内存知己，天涯若比邻。（王勃《送杜少府之任蜀州》）

2. 宽对：仰之弥高，越高，攀得越起劲；钻之弥坚，越坚，钻得越锲而不舍。（臧克家《闻一多先生的说和做》）

3. 正对：多想出智慧，深思能创新。（牛守贤《思考的威力》）

4. 反对：顺我者昌，逆我者亡。（臧克家《纳谏与止谤》）

5. 串对：惨象，已使我目不忍视；流言，尤使我耳不忍闻。（鲁迅《记念刘和珍君》）

**【训练方法】**

1. 严对：又叫“工对”，就是对偶要求非常严格工整，不仅字数、词性、结构要相同，而且平仄也要相对，没有重复的字。

2. 宽对：是放宽要求的对偶，只要求字数大致相等，结构大致相当就可以了，不必讲究词性、平仄，字也可以重复。

3. 正对：就是正意对偶的意思，即出句和对句共同说明一个意思相同或相近的事理。

4. 反对：就是反意对偶，即出句和对句的意义相反。

5. 串对：又叫“流水对”，就是出句和对句紧密相连串，不可分割，如同流水一样，并且出句与对句有因果、承接、递进、条件、转折或假设等关系。

**【训练说明】**

1. 应根据表达的需要运用对偶格，不要勉强拼凑语句的对称。要防止出句与对句在意义上的重复，如出现这种毛病，就是所谓“合掌”。合掌是对偶的一大忌。

2. 出句和对句之间要合乎情理，轻重、大小、强弱等要相宜。

3. 有的对偶，出句与对句的顺序虽然可以颠倒，但如无特殊需要，一般不宜颠倒，应按逻辑顺序排列。例如不能把“前人栽树，后人乘凉”颠倒为“后人乘凉，前人栽树”，不能把“顺我者昌，逆我者亡”颠倒为“逆我者亡，顺我者昌”等。

## 训练 10　转类修辞训练

**【训练目的】**

掌握名词转类、动词转类、形容词转类的用法，并能够灵活运用。

**【训练材料】**

1. 名词转类。

凤姐笑道：“你请我一请，保管就快了。”宝玉道：“你要快也不中用，他们该作到那里的，自然就有了。”凤姐笑道：“便是他们作，也得要东西，搁不住我就不给对牌是难的。”宝玉听说，便猴向凤姐身上立刻要牌，说：“好姐姐，给出牌子来，叫他们要东西去。”（曹雪芹《红楼梦》）

街道上花花绿绿的人脸庞像一枚枚晃动的烂西红柿。临街的一家什么公司很气派的一楼大厅传来一阵摇滚乐，使我为之一振，那儿还竖着一个巨大的广告牌，写着招聘服装模特什么的。我停住脚步，看见落地玻璃里面晃动着一群妙龄男女，好奇心驱使我跨上台阶，一个挺绅士的男人像从地底下冒出来似的给我开门，门口立着一个极标致的姑娘，她微微一欠身子，说欢迎我来应考男性模特。（刘毅然《摇滚青年》）

2. 动词转类：将动词用作名词或用作形容词。

动词用作名词：由于我们民族精神的发扬，由于我们反侵略精神的发扬，世界上富有反侵略精神的人士，爱好和平的人士，受了我们的感召，因而发出正义的呼声，所以与其说我们响应世界反侵略人士，毋宁说世界反侵略人士响应我们的反侵略行动。（郭沫若《和平必须建立在正义的基础上》）

动词用作形容词：诸位，这就是我说过的刘小姐。上次我们合作拍的广告成功极了。刘小姐是穿军装的缪斯，表演很投入，很纯情的。（张波《登高》）

3. 形容词转类：将形容词用作名词或用作动词。

形容词用作名词：这里，杨柳飘绿，夕阳的余晖送走归鸦，沿着高岗，三三两两的是一些傍水的人家。（唐弢《桥》）

形容词用作动词：周瑞家的因问："不知是个什么方儿？姑娘说了，我们也记着，说给人知道，要遇见这样病，也是行好的事。"宝钗笑道："不用这方儿还好，若用了这方儿，真真把人琐碎死了！东西药料一概却都有限，最难得是'可巧'二字：要春天开的白牡丹花蕊十二两，夏天开的白荷花蕊十二两，秋天的白芙蓉蕊十二两，冬天的梅花蕊十二两。"（曹雪芹《红楼梦》）

4. 其他词转类：主要指数词、代词、叹词的转类。

"啊！以后出去言语一声！别这么大咧咧的甩手一走！"他没言语。"会哼一声不会？不会，我交给你！"他哼了一声，没法子：他们知道娶来一位母夜叉，可是这个夜叉会做饭，会收拾屋子，会骂他也会帮助他，教他怎么也不是个味儿！（老舍《骆驼祥子》）



## 【训练方法】

转类实际上是词类活用中的一种形式，但并不是所有词类活用都是转类。因为有些词在使用时，只是在用法和意义上发生了变化，而词性并没有变化，那就不是转类。

## 【训练说明】

1. 在实际语言运用中，表情达意时确实需要运用转类。在运用中要反复推敲是否合乎具体的语言环境，否则宁可不用。

2. 能用作转类的词，主要是实词中的名词、动词、形容词。其他的实词也有转类，但使用比较少。

# 训练 11　反语修辞训练

## 【训练目的】

掌握愉快反语、讽刺反语的用法，并能够灵活运用。

## 【训练材料】

1. 愉快反语：屠夫又转回头来望着女儿说道："我早上拿了钱来，你那该死行瘟的兄弟还不肯，我说，‘姑老爷今非昔比，少不得有人把银子送上门来给他用，只怕姑老爷还不稀罕。’今日果不其然！如今拿了银子家去，骂这死砍头短命的奴才！”说了一会，千恩万谢，低着头，笑眯眯的去了。（吴敬梓《范进中举》）“该死行瘟”、“死砍头短命”虽是骂人的话，但无恶意，相反，耐人寻味地使人看到胡屠户在范进中举后，得了范进递给他“六两多银子”，遮不住内心高兴而说反语。

2. 讽刺反语：有几个“慈祥”的老板到菜场去收集一些菜叶，用盐一浸，这就是他们难得的佳肴。（夏衍《包身工》）“慈祥”是反语，有力地揭露了带工老板假仁慈真狠毒的嘴脸；把用盐一浸的烂菜叶说成是难得的“佳肴”，虽然也是反语，其用意是揭露包身工饮食的粗劣。

**【训练方法】**

1. 愉快反语：话虽反说，但并无恶意。这类反语多数是在比较愉快的心情或气氛中使用。

2. 讽刺反语：这类反语多用于讽刺、揭露、警告等情况。

**【训练说明】**

1. 要有正确的态度。根据不同的对象，采用不同的态度，对坏人坏事应毫不留情，鞭辟入里；对人民应规劝引导，惩前毖后，治病救人。

2. 一般来说，运用反语要让听者明白，应对正面意思有所交代。

3. 反语常加引号，使之与正面的意义区别开来。



## 训练 12　统括修辞训练

**【训练目的】**

掌握取字统括、取义统括的用法，并能够灵活运用。

**【训练材料】**

1. 取字统括：我认为做到以下“三勤”尤为必要：勤观察——做好心理预测；勤引导——灵活的教育方法；勤督导——防止反复的心理准备。（吴振峰《我做班主任的思想方法》）截取首字“勤”，加上项数，组成“三勤”的统括形式。

2. 取义统括：我国医学对病因有“七情”之说，即恐、怒、悲、思、喜、忧、惊。七情过极，就会致病。（邬志星《紧张与健康》）“恐、怒、悲、思、喜、忧、惊”七种情态，都是人们日常生活中情绪的反映，再用“七情”统括。

**【训练方法】**

1. 取字统括：把原词语中相同的反复出现的字或词抽取出来，再标以项数相同的数字组成。

2. 取义统括：通过概括原词语各组织部分的某种含义，再跟项数数字组成的统括。

【训练说明】

1. 运用统括，必须适应表达的需要，千万不要勉强凑数，否则将失去统括的作用。

2. 统括的概括力很强，但有一个前提，运用时必须统观全局，看是否适合运用统括。

3. 取义统括不直接从原词语中提取“字词”，而是通过概括原词语各组成部分的某种意思，再跟项数数词组成。因此，运用时必须注意组成统括的各项的某种意思是否一致。

## 任务三　态势语言技巧训练

### ◆知识储备◆

态势语言是以人的表情、姿态和动作等来表示一定语义、进行信息传递的一种伴随性无声语言，又称为体态语言或人体语言。

美国心理学家艾伯特·梅拉比安有一个公式：信息的总效果 = 7% 的有声语言 + 38% 的语音 + 55% 的面部表情。这足以表明，态势语言能有效地配合有声语言传递信息，能起到补充和强化有声语言的作用，运用得好不仅可以大大增强有声语言表达效果，而且能起到口头语言不能起到的作用。

### 一、态势语言的功能

（1）替代功能。可以替代语言直接表达思想。

（2）辅佐功能。可以配合有声语言，充分表达思想，加大语言的表现能力，收到良好的效果。

（3）强调功能。运用恰当的态势语言可以将表达的思想和感情凸现出来，使受话者更容易理解表达者的意思。

（4）调节功能。在交谈中感到拘束、紧张时，可以随手拿一件东西摆弄，以调整心态，消除紧张感。

### 二、态势语言的分类

#### （一）动 态

（1）面容表情包括面容、眉目和笑容。

①面容。就是在情感的驱使下，面部肌肉的运动和面部器官的互动所显示出来的综合表情。

②眉目。眉目常联合传情。眼睛是人类心灵的窗户，眼睛的一举一动反映了一个人的内心世界、所思所想。眼神的描述，包括注视时间的长短、注视角度的变化、注视部位的交替、注视的方式等。

③笑容。即人们愉快欢乐时呈现出来的面部表情。有微笑、大笑、狂笑、假笑、冷笑之分。

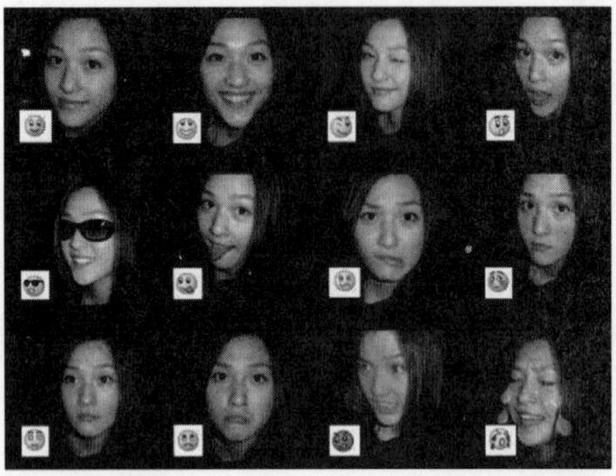

（2）手势是多种多样的，主要由发出手势的位置、手掌、拳头、手指与手型构成。

①发出手势的位置。我们将发出手势的位置分为一、二、三位，下巴部位以上为一位，一般用于号召、鼓动或宗教活动中；胸部到腰部为二位，这个体位一般用于社交活动与日常生活中发出手势，如果是双手在这个部位动作，就含有很强的交流交际色彩；腰部为三位，除表示无奈等相对消极的意思外，一般不从这个位置发出手势。腰部以下是手势语禁区。

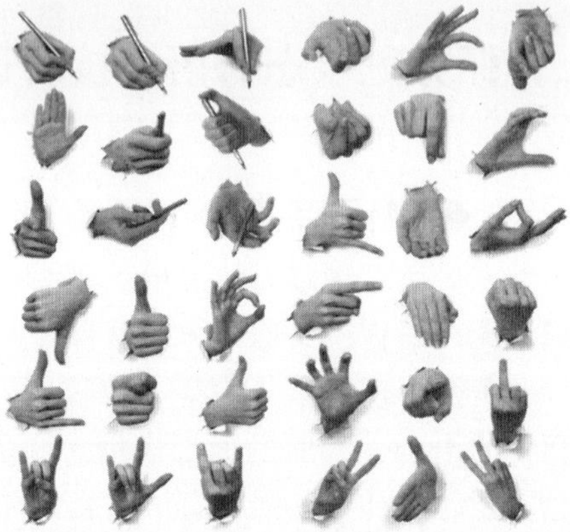

②手掌。手心向上，胳膊微曲，手掌稍向前伸：表示贡献、请求、赞美、欢迎等意思。手心向下，胳膊微曲，手掌稍向前伸：表示神秘、抑制、否认、制止、不喜欢等意思。两手叠加：表示团结一致、联合、一事依赖于另一事或命运攸关、休戚与共等意思。两手分开：表示分离、失望、空虚、消极等意思。手心向外的竖式手势：表示分隔、对抗、不相容的矛盾或互不同意对方的观点。

③拳头。握紧拳头：显示挑战、精诚团结、一致对外、警告等。举起双拳在空中晃动：号召人们起来斗争、奋斗。



④手指。表示人格判断：伸出拇指，表示称赞、夸耀；伸出小指，表示轻视、挖苦人。表示事物和方向：可用手指指某一事物或方向以让听众感知。表示数目：可用手指数来表示所讲事物的数目。

⑤手型。无论表达什么意思，男女的基本手型都是不能改变的。

男性基本手型：四指并拢，大拇指与四指呈正向或侧向垂直状态。

女性基本手型：四指呈并拢状，食指与手背同向稍外翘，大拇指自然与四指成小于90度的角度。

**（二）静态**

（1）体势包括站姿、坐姿和走姿。

①站姿。基本要领是：头正、颈直、肩平、挺胸、收腹、立腰、提臀、腿直、脚稳。

②坐姿。从根本上来讲．正确的坐姿主要与就座者下肢的体位相关。下肢体位就是指就座者入座后双腿所摆放的位置。一般情况下分为八种：双腿垂直式、垂腿开膝式、双腿叠放式、双腿斜放式、前伸后曲式、大腿叠放式、双腿交叉式、双腿内收式。

③走姿。正确的走姿的基本要点是身体协调，步姿优美，步伐从容，步态平稳，步幅适中，步速均匀，走成直线。一般男子步幅40厘米，女子步幅36厘米。

（2）服饰包括服装和饰品。

①服装。男士的正装有西服套装、中山套装、民族服装、特殊制服，其中西服套装最常用。

女士的正装有西服套裙、旗袍、民族服装、连衣长裙。相对来说，女士的正装选择要比男士选择多。

②饰品。在服饰的构成中，装饰用品虽然作为服装的辅助用品而出现，然而它又可以区别于衣服而独立存在。饰品可以分为装饰和实用两大类。耳环、项链、戒指、手镯等属于装饰类；帽子、鞋袜、眼镜、腰带、手包等属于实用类。

A. 戒指：戒指适用于男女，是爱情的信物、富贵的象征、吉祥的标志。选择戒指应与手型相配。

B. 项链：项链是女性常用的饰品之一，现代男性也有佩戴项链的。

C. 耳环：耳环是佩戴在耳朵上的一种饰品，因而戴与不戴以及怎样戴直接影响到整体脸部的造型效果，耳环的佩戴首要考虑佩戴者的脸型。

D. 眼镜：眼镜作为饰品的一种，不仅可以矫正视力，还可以调节脸型，使佩戴者的五官由不美转美，由美变得更美。适宜的眼镜与整体的服饰相配，能更添文质彬彬、温文尔雅的风度。应该以自己的脸型、肤色、年龄、服饰为依据，慎重选择眼镜。

## ◆范例分析◆

列宁在演讲中，时常运用富有个性色彩的态势语言。他喜欢以一手下压的动作，表示对资本主义腐朽制度的蔑视和愤怒，而用一只手向前方伸展的姿态，向听众展示光明灿烂的革命前途。

林肯经常在谈话途中停顿，当他说到一项要点，而且希望他的听众在大脑中留下极为深刻的印象时，就会倾身向前，直接望着对方的眼睛，足足有一分钟之久，却一句话也不说。突然而来的沉默和突然而来的嘈杂声有相同的效果，使得在场的每位听众都提高了注意力并警觉起来，注意倾听他下一句将说些什么。

## ◆任务要求◆

恰当运用态势语言，丰富表达。

### ◆情境训练◆

## 训练 1　表情训练

**【训练目的】**

掌握表情的正确表达方法，并能够灵活运用表情。

**【训练材料】**

1. 眉毛训练：

设计相应的眉毛表情，表达下列词语：喜悦、忧愁、沉思、鄙视、愤怒。

2. 眼神训练：

设计相应的眼神，表达下列词语：希望、羞愧、憎恶、幸福、厌倦。

3. 微笑训练：
设计相应的微笑，表达下列词语：羞涩、苦涩、尴尬、欣喜、无奈。
4. 面容表情综合练习：
通过表情词语，全班学生做相应的表情，进行练习。

| | | | | | | |
|---|---|---|---|---|---|---|
| 暴跳如雷 | 怒目而视 | 痛不欲生 | 手舞足蹈 | 目瞪口呆 | 眉飞色舞 | 大惊失色 |
| 手忙脚乱 | 依依不舍 | 没精打采 | 大发雷霆 | 欢天喜地 | 心如刀割 | 破涕为笑 |
| 捶胸顿足 | 一往情深 | 愁眉苦脸 | 屏息凝神 | 嫣然一笑 | 捧腹大笑 | 悲喜交加 |
| 大快人心 | 怒发冲冠 | 欣喜若狂 | 毛骨悚然 | 得意忘形 | 泪如雨下 | 自我陶醉 |
| 左顾右盼 | 愤愤不平 | 望而生畏 | 提心吊胆 | 咬牙切齿 | 眉来眼去 | 冥思苦想 |

**【训练方法】**

1. 眉毛表情：
（1）眉毛上挑且微微颤动，表示兴奋、喜悦；
（2）眉头紧缩，表示忧愁、心事重重；
（3）低眉，表示顺从、认错、沉思；
（4）横眉，表示鄙视；
（5）竖眉，表示愤怒。
2. 眼神：
（1）两眼向前注视，表示勇气和决心；
（2）轻轻上抬，表示高兴、希望、兴奋；
（3）向下，表示羞愧、胆怯、谦卑、悔恨；
（4）死死地盯着，但视而不见，表示着迷或疯狂；
（5）怒目而视，表示憎恶、讨厌、反感；
（6）两眼圆睁、滚动闪烁，表示恐惧、气愤及勃然大怒或兴高采烈；
（7）茫然凝视，表示绝望；
（8）半闭双眼，表示快乐幸福、喜不自胜；
（9）斜眼看，表示轻蔑、冷落、怀疑、厌倦；
（10）不予考虑时则眨眨眼睛偏向一边。
3. 微笑：
第一阶段：放松肌肉。

放松嘴唇周围肌肉就是微笑练习的第一阶段，又名“哆来咪练习”。嘴唇肌肉放松运动是从低音“哆”开始，到高音“咪”，大声地、清楚地说三次每个音。不是连着练，而是一个音节一个音节地发音。为了正确地发音，应注意嘴型。

第二阶段：给嘴唇肌肉增加弹性。

形成笑容时最重要的部位是嘴角。锻炼嘴唇周围的肌肉，能使嘴角的移动变得更干练好看，也可以有效地预防皱纹。如果嘴边儿变得干练而有生机，整体表情就给人有弹性的感觉，所以不知不觉中显得更年轻。伸直背部，坐在镜子前面，反复练习最大地收缩或伸张。

（1）大嘴：张大嘴使嘴周围的肌肉最大限度地伸张。张大嘴能感觉到颚骨受刺激的程度，并保持这种状态10秒。

（2）嘴角紧张：闭上张开的嘴，拉紧两侧的嘴角，使嘴唇在水平上紧张起来，并保持10秒。

（3）拢嘴唇：使嘴角在紧张的状态下，慢慢地聚拢嘴唇。当出现圆圆的卷起来的嘴唇聚拢在一起的感觉时，保持10秒。

（4）保持微笑30秒，反复进行这一动作3次左右。

用门牙轻轻地咬住木筷子。把嘴角对准木筷子，两边都要翘起，并观察连接嘴唇两端的线是否与木筷子在同一水平线上。保持这个状态10秒。

在第一状态下，轻轻地拔出木筷子之后，练习维持该状态。

第三阶段：形成微笑。

这是在放松的状态下，根据嘴巴大小练习笑容的过程，练习的关键是使嘴角上升的程度一致。如果嘴角歪斜，表情就不大好看。在练习各种笑容的过程中，你就能发现最适合自己的微笑。

（1）小微笑：把嘴角两端一齐往上提，让上嘴唇有拉上去的紧张感，稍微露出两颗门牙，保持10秒之后，恢复原来的状态并放松。

（2）普通微笑：慢慢使肌肉紧张起来，把嘴角两端一齐往上提。让上嘴唇有拉上去的紧张感。露出上门牙六颗左右，眼睛也保持微笑状态。保持10秒后，恢复原来的状态并放松。

（3）大微笑：一边拉紧肌肉，使之强烈地紧张起来，一边把嘴角两端一齐往上提，露出十颗左右的上门牙。也稍微露出下门牙。保持10秒后，恢复原来的状态并放松。

第四阶段：保持微笑。

一旦寻找到满意的微笑，就要进行维持那个表情至少30秒钟的训练。尤其是照相时不能敞开笑的人，如果重点进行这一阶段的练习，就可以获得很大的效果。

第五阶段：修正微笑。

虽然认真地进行了训练，但如果笑容还是不那么完美，就要寻找其他部分是否有问题。但如果能自信地敞开地笑，就可以把缺点转化为优点，不会成为大问题。避免嘴角上升时歪斜，还要避免笑时露出牙龈。

第六阶段：修饰有魅力的微笑。

如果认真练习，就会发现只有自己拥有的有魅力的微笑，并能展现那种微笑。伸直背部和胸部，用正确的姿势在镜子前面边敞开笑，边修饰自己的微笑。

4. 综合表情：

（1）愉快：嘴角向后及上拉，眉毛平展，眼睛微眯；

（2）抑郁：嘴角下垂，眉毛紧锁，面孔拉长；

（3）高兴：眉毛上抛，嘴角向上，口微张；

（4）蔑视：双眼微闭，视角下斜，抬面颊；

（5）痛苦：紧皱双眉，半眯双眼，嘴角下拉；

（6）生气：眼睛睁大，眉毛倒竖，微闭口唇，紧咬牙关。

**【训练说明】**

1. 恰到好处，适可而止。

2. 表情的表达要适时、适事、适度，不能总是挤眉弄眼、手舞足蹈。要伴随语言，该用时则用，不该用时则止。

## 训练2　手势训练

**【训练材料】**

手势语训练：根据内容，设计恰当的手势。

1. 慈母手中线，游子身上衣。临行密密缝，意恐迟迟归。谁言寸草心，报得三春晖。（孟郊《游子吟》）

2. 开花的时候：种子—发芽—花蕾—绽放—盛开。

**【训练方法】**

1.《游子吟》：

（1）慈母手中线，（左手拇指、食指相捏，左臂在第一位区向左前方抬起）

（2）游子身上衣。（右手五指并拢在中区放体前，指衣服状）

（3）临行密密缝，（单手在中区作缝衣状）

（4）意恐迟迟归。

（5）谁言寸草心，（右手五指并拢在第二位区放胸前）

（6）报得三春晖。

2.《开花的时候》：

（1）种子：将双手手心相对合掌于胸前，想象有一粒种子埋在土中。

（2）发芽：双手手心微开，想象幼芽萌发出来了，以手尖表示嫩芽。

（3）花蕾：手指微开，想象花蕾开始绽放了，同时脸上要露出笑容。

（4）绽放：花开放三分，花开了五分，花开了七分，脸上的笑容同时随之灿烂。

（5）盛开：手掌合拢，手指打到最开，感觉花儿完全盛开，笑容也最灿烂。

**【训练说明】**

手势的意义：

1. 竖大拇指，余指握拳：大多数是表示自己对某句话或某件事的欣赏；也表示对他人举动的感谢，感激他为你所做的事；也表示准备妥当。

2. 食指刮下巴：以食指背刮下巴，有如刮胡子一般，这是法国人特有的手势，女性对不喜欢的追求者表示拒绝时常用。常可在咖啡厅见到法国美女一面微笑一面以手指刮下巴，非常迷人可爱，而追求者一见，也多会识趣地走开。这个动作的原始意思就是令人厌烦的，因为在法语中，剃刀与厌烦同义，所以巧妙地以手指表示剃刀来表达自己的不喜欢之意。

3. V字手势：源自英国，因为V字在英国代表胜利Victory，所以用V来表达胜利的欢欣，用此手势时需让手指背向自己。

4. 耸肩：在美国最流行，表示无能为力、无可奈何以及爱莫能助的意思，搭配着瞪大眼睛、双手一摊的附加动作，更为传神。

5. OK手势：以英语字母O与K连接而成，表示没问题，准备妥当，一切就绪；也有我很好、没事、谢谢你的关心之意。但是在法国南部地区 OK 手势则表示零，表示某件事不值一提，表明自己不赞成。

6. 暂停手势：一般情况下用的人比较多，右手平放，左手伸出一个手指顶在右手手心，惯于使用左手的人另议。

## 训练 3　仪表风度练习

### 【训练目的】

掌握必备礼仪常识：站姿、坐姿、走姿、服装、饰品。

### 【训练方法】

1. 站姿训练：

（1）靠墙站立法。身体背靠着墙，让后脑勺、肩胛骨、臀部、脚后跟与墙面呈点的接触，靠墙站立 5 ~ 10 分钟练习，体会站立时的身体各部位的感觉。

（2）收腹立腰站立法：肩放松下沉，腰背自然挺立，双手叉腰，好像头顶中间有一根绳子从上面拉着，整个身体往中间收拢成一根根的感觉。站立一分钟左右就休息一下，反复练习几遍，对挺拔我们的身姿非常有效。

2. 坐姿训练：

走到座位前，转身后轻稳地从椅子左边入座。女子穿裙装入座时，应用手将裙稍稍拢一下，不要坐下后再站起来整理。双目平视，面带笑容，微收下颌。双肩平正放松；双臂弯曲放在膝上，或放在沙发的扶手上，掌心向下；双膝自然并拢，以一拳距离为好；双腿平行或前后稍错开；双脚并拢或交叠（男士可分开）；起立时右脚向后收半步，从椅子左边站起。谈话时可以有所侧重，此时上体与腿可同时转向一侧。久坐时男士可叠腿，但勿抖动。如果在长辈或上级面前，上身应微向前倾。坐时切忌大腿分叉、瘫坐在椅子上摆弄手指或其他东西。

3. 走姿训练：

（1）平衡练习：将一本书或是小抱枕放在头顶上，两眼平视前方，手叉腰或自然下垂，坚持走 2 ~ 3 米，纠正走路时，左右晃动或弯腰驼背。

（2）走直线练习：在地上放一条宽 5 厘米左右的带子，迈脚时脚跟内侧碰到带子，如果踩到带子就变成外八字了。这一练习可以让我们的走姿变得优美。

4. 服装：

严肃、庄重、愤怒、悲哀的场合，适合着黑色或深色的衣服；欢快、喜庆的场合，适合着浅色亮彩的衣服。但是要注意人物本色自然，服饰打扮不能过分，以免给人演戏的感觉。

5. 饰品：

（1）戒指：手指粗短者，不宜戴方形宽阔的戒指，最好选一些不规则图形如椭圆形、梨形戒指；手指纤细者，可适当选一些较为丰满的戒指佩戴，如圆形、心形等。戒指戴在不同的手指上含义也不同：戴在食指上表示想结婚即表示求婚；戴在中指上表示已有意中人，正在恋爱；戴在无名指上表示已结婚或订婚；戴在小指上表示单身。

（2）项链：选择项链时应充分考虑个体因素，个子偏矮且圆脸型的人，戴长项链至胸部可以拉长人的高度；个子高挑且颈部高挑的人．用粗短项链可以缩短颈长。

（3）耳环：脸型圆胖的女士，不宜戴圆形的耳环；相反，脸部修长的女士戴圆形耳环就比较合适。圆脸型的女士可选择长方形、叶形、“之”字形等垂吊式耳环，有助于拉长脸部。



【训练说明】

1. 适应语言环境，符合身份。

2. 体态语言表达式，应适应语言环境，要符合讲话者的身份，不同年龄、不同职业、不同性别的人，具有不同的体态语言，不能不管不顾。

## 训练4　态势语言综合练习

【训练材料】

在一下面两段文章中任选一篇，并根据内容设计态势语言。

### 当我老了

佚　名

当我老了，不再是原来的我。请理解我，对我有一点耐心。

当我把菜汤洒在自己的衣服上时，当我忘记怎样系鞋带时，请想一想当初我是如何手把手地教你的。

当我一遍又一遍地重复你早已听腻的话语，请耐心地听我说，不要打断我。你小的时候，我不得不重复那个讲过千百遍的故事，直到你进入梦乡。

当我需要你帮我洗澡时，请不要责备我，还记得小时候我千方百计哄你洗澡的情形吗？

当我对新科技新事物不知所措时，请不要嘲笑我，想一想当初我是怎样耐心地回答你的每一个“为什么”的。

当我由于衰老而无法行走时，请伸出你年轻有力的手搀扶我，就像你小时候学习走路时，我扶你那样。

当我忽然忘记我们谈话的主题时，请给我一些时间让我回想。其实对我来说，谈论什么并不重要，只要你能在一旁听我说，我就很满足。

当你看着老去的我，孩子，不要悲伤。理解我，支持我，就像你刚开始学习如何生活时我对你那样。当初我引导你走上人生路，如今请陪伴我走完最后的路。给我你的爱和耐心，我会报以感激的微笑，这微笑中凝结着我对你无限的爱。

### 匆　匆

朱自清

燕子去了，有再来的时候；杨柳枯了，有再青的时候；桃花谢了，有再开的时候。

但是，聪明的，你告诉我，我们的日子为什么一去不复返呢？——是有人偷了他们罢：那是谁？又藏在何处呢？是他们自己逃走了罢：现在又到了哪里呢？

我不知道他们给了我多少日子；但我的手确乎是渐渐空虚了。在默默里算着，八千多日子已经从我手中溜去；像针尖上一滴水滴在大海里，我的日子滴在时间的流里，没有声音，也没有影子。我不禁头涔涔而泪潸潸了。

去的尽管去了，来的尽管来着；去来的中间，又怎样地匆匆呢？早上我起来的时候，小屋里射进两三方斜斜的太阳。太阳他有脚啊，轻轻悄悄地挪移了；我也茫茫然跟着旋转。于是——洗手的时候，日子从水盆里过去；吃饭的时候，日子从饭碗里过去；默默时，便从凝然的双眼前过去。我觉察他去的匆匆了，伸出手遮挽时，他又从遮挽着的手边过去，天黑时，我躺在床上，他便伶伶俐俐地从我身上跨过，从我脚边飞去了。等我睁开眼和太阳再见，这算又溜走了一日。我掩着面叹息。但是新来的日子的影儿又开始在叹息里闪过了。

在逃去如飞的日子里，在千门万户的世界里的我能做些什么呢？只有徘徊罢了，只有匆匆罢了；在八千多日的匆匆里，除徘徊外，又剩些什么呢？过去的日子如轻烟，被微风吹散了，如薄雾，被初阳蒸融了；我留着些什么痕迹呢？我何曾留着像游丝样的痕迹呢？我赤裸裸来到这世界，转眼间也将赤裸裸的回去罢？但不能平的，为什么偏要白白走这一遭啊？

你聪明的，告诉我，我们的日子为什么一去不复返呢？

**【训练方法】**

面容表情、手势、体势、服饰等，要求必须有面部表情的变化，至少有两个以上的手势动作。每个学生均上讲台演练一遍，教师注意观察，然后对学生的表现进行点评、考核（如下表）。



**态势语言训练考核表**

| 姓名 | 静态 | | | | | | | 动态 | | | | | | | |
|---|---|---|---|---|---|---|---|---|---|---|---|---|---|---|---|
| | 眼神 | | 表情 | | 手势 | | | 走姿 | | 站姿 | | 服装 | | 饰品 | |
| | 正确 | 不正确 | 变化 | 无变化 | 恰当 | 不恰当列出问题 | 有无变化√或× | 标准 | 存在问题 | 正确 | 存在问题 | 得体 | 不得体 | 得体 | 不得体 |
| | | | | | | | | | | | | | | | |
| | | | | | | | | | | | | | | | |
| | | | | | | | | | | | | | | | |
| | | | | | | | | | | | | | | | |
| | | | | | | | | | | | | | | | |

【训练说明】

1. 配合语言，同步进行。

只有语言表达清晰、响亮、准确，感情充沛，同时配合得体的表情、动作、姿态，才能给人留下深刻的、立体的印象。如果态势与语言分离，那么，不管讲话者有多么高超的口语能力也会弄巧成拙。

2. 恰到好处，适可而止。

态势语言的表达要适时、适事、适度，不能总是挤眉弄眼、手舞足蹈。要伴随语言，该用时则用，不该用时则止。

3. 适应语言环境，符合身份。

体态语言表达式，应适应语言环境，要符合讲话者的身份，不同年龄、不同职业、不同性别的人应有不同的体态语言，不能不管不顾。

# 学习单元三

# 面试技巧训练

面试是个人口才的集中表现。在短短的十几分钟时间里，通过面试，个人的思想理论水平、综合分析能力、组织策划能力、机智应变能力、人际关系处理能力、情绪稳定能力以及言语表达能力等都会得到一个充分而又集中的体现。在人才的选用过程中，面试往往作为笔试的补充与深入。通过面试，可以较为真实而全面地了解考生的知识、能力、心理以及自然素质，弥补笔试的不足，有效避免“高分低能”情况的出现。

面试是测查和评价人员能力素质的最直接、最有效的途径，同时也是一种“优胜劣汰”的考试活动，其内容往往经过精心的设计与策划。尽管面试的题目千变万化，但其题型基本上是以自我介绍、综合分析和组织策划为主。虽然考生在面试前都不知道具体会考到哪些题目，但只要在平时训练时注意对这三种题型的理解与把握，有备而战，那么，无论是公务员录用面试、招工面试、招生面试，还是选拔面试、晋升职务面试、职称资格评定面试，都可以在面试时脱颖而出，有出色的表现。

## 任务一　自我介绍

### ◆知识储备◆

### 一、自我介绍题型概述

自我介绍，就是把自己的情况介绍给对方，如姓名、身份、职业、特长等，意在使对方了解自己，尽可能为自己提供方便，建立联系。在社会交际中，初次见面的人通常都会产生一种了解对方并渴望得到对方尊重的心理，及时而简明的自我介绍可以满足对方的这种渴望，为双方的进一步交往奠定良好的基础。

自我介绍也是面试中经常会遇到的问题。“请谈谈自己的情况如何”、“请介绍一下你自己”、“请简要介绍你的经历”、“请介绍一下你的大学（工作）经历”、“谈谈你的家庭情况”……这种类型的题目，其实都是考官在要求考生作自我介绍。自我介绍往往会作为面试时的第一个问题，一方面，这是考生熟悉的问题，容易回答，有助于消除考生紧张不安的情绪，使考生能把自己真实的一面呈现给考官；另一方面，通过这个问题的回答，也能让考官判断出考生自我认知能力的高低，并能尽快全面掌握考生的基本情况，了解环境因素等对考生的影响，接下来可以根据岗位任职要求或考生情况有针对性地提出问题。



## 二、自我介绍的特点

面试中自我介绍的目的性很强，就是希望考官能尽快了解自己，欣赏自己的优点并能最终聘用自己，所以自我介绍在侧重点、语言风格等方面都有着鲜明的特点：

### （一）内容多

由于自我介绍的目的是要让考官了解自己，因此，在内容上必然会涉及姓名、身份和自己的学历、工作经历、家庭概况、兴趣爱好、理想与抱负等个人基本情况，其中必不可少的是考生的优点和缺点、有何特长等，为了介绍的完整性和生动性，可以穿插一两个典型事例。而考虑到人才聘用上“人职匹配”的原则，在自我介绍时最好能明确告诉考官们自己具有应考职位所必需的能力与素质。总之，一个完整的自我介绍，要能让对方对自己的个人情况有一个概要而全面的了解，对自己的优点有一个清晰的印象。

### （二）时间短

虽然自我介绍涉及的内容很多，但由于场合的限制，时间应控制在两三分钟之内。面试本身就是一个让对方了解自己的过程，自我介绍只是其中的一个题目，因此，不可能把面试的全部内容都压缩在自我介绍的内容里面，考官接下来还会提出其他的问题，全方位地对考生进行了解，也可以检验考生在自我介绍中对自己的评价是否真实、准确。因此，面试时的自我介绍时间不宜太长。但有的考生在自我介绍时只是简短地介绍一下自己的姓名、身份、学历等，大约半分钟就结束了自我介绍。这样的自我介绍内容过于干瘪、苍白，不能让考官对自己有全面、生动的了解，也容易给考官造成一种“口才不好”、“不善于自我表达”的印象。



### （三）可塑性强

有的时候，面试中的自我介绍也会以其他的形式出现，例如：“很能概括你的三个词是什么”、“谈谈你的优点或缺点”、“请结合自己的经历，谈谈你报考现在的新职位有什么优势和不足”、“你认为你的学习和工作经历对你应聘本职位有什么作用”、“请谈谈你过去工作或学习中最满意的一件事”……这些类型的问题虽然不是直接让考生作自我介绍，但也能从考生的回答中了解考生的基本情况，尤其是考生的求职动机、职业理想、性格特点与竞聘岗位的匹配程度等，也可以看作是自我介绍题目的一种拓展形式。

## 三、自我介绍的技巧

面试中的自我介绍是一种人才的自我推荐，而面试是一种选拔性的考试，遵循的是优胜劣汰的自然法则，一个好的自我介绍不仅能使考生迅速舒缓紧张的心理状况，而且能给面试考官留下良好的印象，有利于后面问题的回答，更好地展示自己。因此，在面试时进行自我介绍，要尽量掌握以下技巧：

### （一）详略得当，条理清晰

虽然自我介绍的内容包括姓名、身份、学历、工作经历、家庭概况、兴趣爱好、理想与抱负等个人基本情况，但这些内容并不是平分秋色、同样长短的。通常来说，姓名、身份在简历材料中都有，可以简单地一带而过；而对于自己的学习经历或工作经历，如果涉及的内容比较多，可以选取最高的学历进行介绍；介绍的重点要放在性格、兴趣、特长、理想、家庭成长环境等方面，必要时可举例说明，因为这些内容往往可以拓展到与所报考岗位的匹配程度上。例如，如果要报考警察职位，在性格上可以说自己疾恶如仇、刚强勇敢等；如果要报考公关员职位，可以强调自己特别善于处理人际关系、已经取得公关员一级证书等。总之，就是要使对方能认为你的情况非常适合所报考的岗位。

**（二）扬长避短，巧谈缺点**

面试时的自我介绍是一种自我推销，应该着重介绍自己的专长和成绩。但如果考生只是一味强调自己的优点，效果可能会适得其反。尤其是针对“谈谈你的优点或缺点”这类问题，就不得不介绍自己的缺点了。但在介绍缺点的时候要注意技巧，一方面要只讲一些无关紧要的小缺点，不要过于暴露自己能力结构中的重大缺陷，例如在校学生可以讲自己年龄小、社会经验和工作经验不足等，这是在校学生的普遍情况，无可厚非；另一方面可以谈及一些与所报考职位无关或关系不大的缺点，例如若报考的职位是某单位资料室的档案管理员时，可以大方承认自己“组织大型社会活动的能力较差”。另外，还可以转换角度，对自己的缺点不要作正面的描述，而是采取巧妙的方法，“化腐朽为神奇”地把缺点扭转成优点。例如，“我的缺点是有时做事过于较劲，碰上自己不懂的问题就非要弄懂不可，有时甚至连饭也忘了吃”，表面上看是在介绍自己的缺点，其实是在表明自己做事认真。

**（三）适当举例，突出重点**

在面试的自我介绍中，姓名、身份、学历、工作经历、家庭概况等内容往往早在报名时就已经填入表格，能使面试考官进一步了解自己情况的应该是介绍自己的优缺点、性格爱好、理想抱负等。要注意的是，在介绍自己的优点的时候，不要夸夸其谈，光说我有这个能力、那个能力还不行，要讲到实处，究竟是怎样具有这个能力的，该能力是如何体现的。比如说“我在校期间努力学习，取得了优良的成绩”，这个成绩是如何“优良”的呢？最好说一下各科平均成绩是多少，或者在班级中排名第几。这样，不需要自夸“优良”，考官也能形成这样的印象。如果时间允许，最好能举一两个能够说明自己性格特征的例子，这将有助于加强考官的印象，也使自我介绍走出简单罗列式的“一、二、三、四”的框框，使考生的个人形象更加生动形象，起到“画龙点睛”的作用。



## 四、自我介绍的步骤

**（一）首先请报出自己的姓名和身份**

虽然考官们可以从报名表、简历等材料中获得这些内容，但考生仍需在自我介绍时主动提及，这是礼貌的体现。当然，在报出自己的姓名和身份之前，也可以适当表达对考官的问候，说一两句表达谦虚的话语，如：“各位尊敬的考官，早上好。很荣幸我能参加今天的面试，这既是一个展现自己的机会，更是一个向各位考官请教和学习的机会，希望能给各位考官留下好的印象。我叫……”这样的开场白谦逊有礼，也可以加深考官对你的印象。

**（二）介绍自己的学历、社会实践经历或工作经历**

这部分内容在介绍时可以以时间为线索，一定要做到条理清晰。一个结构混乱的介绍会给考官们留下杂乱无章、逻辑性差的不良印象，削弱考官继续进行面试的兴趣和注意力。如果涉及的内容比较多，可以有针对性地选择一些有代表性的经历进行介绍。例如，如果应聘的是管理职位，在介绍时可以说说自己在校期间曾经当过××学生干部，有一定的组织管理能力。

**（三）介绍自己的个性特征、职业理想**

要注意的是，对这部分内容的选择应该根据“人职匹配”的原则展开。例如，应聘公安、司法警察职位的考生，在介绍自己的个性特点时可选择介绍“有原则性”、“组织观念强”、“吃苦耐劳”等与警察职业道德要求相适应的性格；而应聘公关、销售职位的考生，则可以强调自己“活泼开朗”、“善于处理人际关系”的优点。应聘一些带社会服务性质的岗位时，可以强调自己的职业理想是“尽自己的能力帮助他人”、自己的优点是“乐于助人”等。总之，要体现出自己的个性特征是与所应聘岗位相适应的，自己就是最适合在这个岗位上工作的那个人。

## 五、自我介绍的注意事项

**（一）内容上坚持实事求是的原则**

面试时的自我介绍考查的是考生的自我认知能力，因此，考生在进行自我介绍的时候，应该侧重于对自己作一个恰当的能力分析。虽然在技巧上要多介绍优点、少介绍缺点，但在介绍的时候必须从实事求是的原则出发，千万不要胡编乱造。因为求职的目的是获得这个职位，任何职位都要求任职者是一个可靠的人。而且假的真不了，杜撰的东西一旦被人家识穿了，那就会给别人留下一个“不诚实”、“虚伪”的坏印象，这对于你的求职只有坏处，没有好处。另外，在介绍自己的专长和成绩的时候，也要注意不要夸大其辞，不要把话说得太满，像“我对法律知识非常了解”、“对各种司法工作十分熟悉”、“极其擅长于撰写各种法律文书”，这样的话千万不要讲，以免让人家觉得你是井底之蛙、夜郎自大。

**（二）语言风格上要严肃而不呆板**

由于面试是一个严肃庄重的场合，因此自我介绍的风格比较单一，基本上只能是有一说一、有二说二，采用的语言也以书面语为主，不能像交友式的自我介绍一样有多个切入点，还可以适时地来点小幽默，调侃一下自己，那会给人不严肃、不尊重主考官或者是不尊重这个职位的印象。但也不要把自我介绍讲得太呆板，不要讲成背诵课文或夸张成诗朗诵，以平常的语调如实介绍就可以了。

**（三）做好准备工作**

自我介绍虽然是考生熟悉的问题，内容涉及的是考生的基本情况，但也不可掉以轻心，最好在面试前写出一份书面的自我介绍讲稿。与其他面试题目不可预知不同，报考动机、优缺点等是普遍性的问题。这些题目在考试之前一定要准备好，如“对于××事件（或现象等），结合自己的情况谈谈你的看法”、“你有什么业余爱好”、“你有何特长”、“谈谈你报考这个职位的原因”等，这一类题目涉及的都是自己的情况，只需要把自我介绍中相关的内容套用过来就行了。虽然题目可能不一样，但是答案其实基本上是一样的。

## ◆范例分析◆

**案例一**：请介绍一下你自己。

**【分析】**这是常见的自我介绍题目，只需按面试前准备好的内容把自己的姓名、学历、性格、求职动向等基本情况如实介绍即可。

**【参考答案】**

各位考官好，今天能够站在这里参加面试，有机会向各位考官请教和学习，我感到非常的荣幸。希望通过这次面试能够把自己展示给大家，希望大家记住我。我叫×××，今年××岁，汉族，法学本科。我平时喜欢看书和上网浏览信息。我的性格比较开朗、随和，能关注周围的任何事，和亲人朋友能够和睦相处，并且对生活充满了信心。我以前在检察院实习过，所以有一定的实践经验。在外地求学的四年中，我养成了坚强的性格，这种性格使我克服了学习和生活中的一些困难。成为一名法律工作者是我多年以来的强烈愿望。如果我有机会被录用的话，我想，我一定能够在工作中得到锻炼并实现自身的价值。同时，我也认识到，人和工作的关系是建立在自我认知的基础上的，我认为我有能力也有信心做好这份工作。公务员是一个神圣而高尚的职业，它追求的是公共利益的最大化，它存在的根本目的是为人民服务、为国家服务。雷锋说过：人的生命是有限的，为人民服务是无限的，要把有限的生命投入到无限的为人民服务当中去。这也是我对公务员认知的最好诠释。所以，这份工作能够实现我的社会理想和人生价值，希望大家能够认可我，给我这个机会！

**案例二**：你有何特长？

**【分析】**这虽然不属于自我介绍，但对于自己的特长的介绍也是自我介绍中的一个内容，直接从自己事先准备好的自我介绍中引用过来即可。

**【参考答案】**

我这个人特长说不上，但还是有一些优点的：

（1）我的性格较强，思想上进，待人热情，彬彬有礼，办事稳重认真，有事业心。本人为一名中共党员，在校期间一直担任班内团支书职务，负责召开班内团日活动和给入党同志出具团组织意见等工作，有很强的交流能力和组织协调能力；本人在校期间曾多次获得校内优秀团员、优秀班干部、三好学生等称号。

（2）我的学习能力较强，在校期间学习成绩优秀。大一通过全国计算机等级考试（二级 C 语言）；大二通过大学英语四、六级考试，同年，获得全国大学生英语竞赛三等奖；大三自学 ACCA（英国特许公认会计师），现为第二阶段考生；大四开始对金融投资感兴趣，报名了 6 月的 CFA（Chartered Financial Analyst）考试。

（3）我比较注重实际工作能力的培养和提高。在社团活动方面，本人在学生会中担任过学习部副部长，曾经组织第二届英语口语大赛等活动，在活动中体现出了很好的领导能力和团队合作能力。另外，本人曾经在天津工业大学财务处结算中心实习，实习中表现突出，得到领导的好评。此外，本人曾经在学校财会信息中心勤工俭学一年，参与实验室组建工作和日常的网络维护工作。

## ◆任务要求◆

训练学生掌握自我介绍的语言表达技巧。

## ◆情境训练◆

### 训练 1　条理性训练

**【训练目的】**

把自己的学习和工作等经历以简单的语言、合理的逻辑清晰地表达出来。

**【训练材料】**

考生个人的学习、工作经历。

**【训练方法】**

1. 介绍自己在某一天的活动经历。
2. 介绍自己的学习经历，把事件按时间顺序逐一介绍。
3. 介绍自己的社会实践经历，围绕着某项核心能力（如组织能力、策划能力等）展开。

**【训练说明】**



1. 个人简历是自我介绍中必不可少的内容，但由于紧张等原因，考生在面试时可能会遗忘自己的部分学习、工作经历，或者是过于啰唆，使这部分内容占据过多的时间。因此，考生最好在面试前先准备好一份个人简历的文稿，以时间为线索或者围绕某项能力，把自己的学习、工作经历表达出来。在介绍的时候，语言要简单精练，条理要清晰。

2. 在训练模式上可以采取两人一组，互相进行自我介绍，也可以请同学到讲台上进行自我介绍；或者采取模拟面试的形式，让一个人面对七个“考官”进行自我介绍。相比较而言，后两种模式更能训练考生的心理素质（面试口才的训练都可以采取这几种模式，后面不再冗述）。

### 训练 2　讲故事训练

**【训练目的】**

以列举典型事例的方式突出强化自己某一方面的优点，训练自己突出重点的能力。

**【训练材料】**

1. 举例说明你有何特长。
2. 举例说明你有何技能。
3. 举例说明你性格上的优点。

【训练说明】

1. 相对于学习、工作经历来说，自我介绍中的具体例子是使考生的回答能出现新意的地方。一方面，这些例子在简历材料中不可能涉及，能使考官获得更多关于你的信息；另一方面，典型的事例能使你的个人形象更生动、更鲜活，能加深考官对你的印象。

2. 事例的选取要典型，尤其要迎合“人职匹配”的原则。要根据自己报考岗位的要求选取恰当的例子，这样往往能起到事半功倍的效果。

### 训练3　化“短”为“长”训练

【训练目的】

训练巧妙介绍自己缺点，尤其是把缺点表达成优点的能力。

【训练材料】

1. 我的缺点是有时过于固执己见，容易得罪人（转化为原则性强）。
2. 我的缺点是胆小怕事（转化为谨慎）。
3. 我的缺点是心肠太软（转化为乐于助人）。

【训练说明】

1. 世上没有十全十美的人，任何人都不能说自己没有缺点。因此，面试时涉及谈论自己的缺点的问题时，不能避而不谈，但也不可以因此而暴露出自己与岗位需求不相符的缺点，可以采取巧妙的方法把自己的缺点表达成优点。

2. 与介绍自己的优点、特长等相同，要较好地实现缺点向优点的转化，也必须遵循“人职匹配”的原则，转化的过程中也可以适当举例。

3. 要慎用把缺点转化为优点这种技巧，面试时通常只用一次即可，否则，经验丰富的考官会觉得你“油嘴滑舌”，效果适得其反。



## 任务二　综合分析

### ◆知识储备◆

### 一、综合分析题型概述

综合分析类面试题是面试中最难的一种题型，也是考核考生素质最全面的题型。在考官评分考核表中，对于综合分析题型是这样定义的：对事物能从宏观方面进行总体考虑；对事物能从微观方面对其各个组成部分予以考虑；能注意整体和部分之间的相互关系及各部分之间的有机协调组合。

综合分析强调对客体本身内部规律的发现，可以借此判断考生的思维是否敏锐、严密，能否系统、全面、准确地分析事物，能否透过现象看本质并善于解决难题。对事物进行综合分析的目的是为了认清事物、解决问题，因而就涉及解决问题的能力。

因此，面试中的综合分析类题目不仅仅是考查考生能否对问题有一个明确、全面、透彻而有条理地加以综合分析，并能够作出正确判断的能力，还伴随着对解决问题能力的考核，可以说是一篇小型的申论。因而，综合分析问题的能力在各地的面试中往往是必考题，而且所占权重往往是最高的。



## 二、综合分析题目的类型

在题目的具体形式上，综合分析型题目往往是先介绍某种现象或是讲述某一名言观点，再问考生对此有何看法。但是在具体题型上则可以包罗万象，侧重的要点也各有不同，常见的题型有以下五种：

1. 时事热点类。即题目中首先提出一个近一两年来国内外发生的热门话题，如“随着城市化快速发展，农民工的合法权益和社会保障问题凸显，你怎么看待这个问题”。时事热点类的话题往往与当今的国家政策或者方针有着密切的联系，如食品安全问题、房地产价格问题、校车安全问题等。

2. 名言观点类。即题目中首先提出一句名言警句，如“‘德不孤，必有邻’，你对此有何看法”。这类题目又分两种情况。一种是提出的名言是以文言文形式出现的，涉及对古文的理解，因此往往较难；另一种则是现代的哲理名言或外国名人的名言警句，这类名言往往通俗易懂，较为简单，如“嫦娥卫星发射圆满成功。但当记者向工程师祝贺成功时候，工程师说：‘别人感冒我吃药。’对此谈谈你的看法”、“拿破仑曾经说过‘不想当将军的士兵不是好士兵’，对此你怎么看”。

3. 哲理故事类。这类题目往往先列举一个发人深省的例子，引起考生的思考，再问考生的看法是什么。例如 2012 年国税公务员面试题为“一个人一开始发现有人偷果子，他大声呼叫，后来没人理，于是他也加入偷果队伍。对此谈谈你的看法”。对于这类题目，考生要善于“透过现象挖掘本质”，能由故事或者哲理内容引发到另外一个主题，这需要考生有丰富的知识储备，并且需要形成正确的思维方式。



4. 政策管理类。题目中往往先提出一个涉及国计民生、管理体制、经济发展、文化弘扬等各方面内容的问题。例如：“铁道部从 2011 年下半年开始实行网络订票，对此请谈谈你的看法”、“微博‘免费午餐’从民间发起，到政府参与、支持，谈谈你的看法”。这类题目主要是考查考生对于大政方针的理解和把握能力，需要注意的是，对于中央政府的决策，以支持、肯定为主，强调其意义；而对于地方政府的决策，则要辩证地看待，侧重于如何改进和完善。

5. 社会现象类。这类题目与时事热点型较相似，只是涉及的问题更侧重于平时的新闻或者生活中都会涉及的事，并且也很好理解并进行判断，如“我国大学生自主创业占 1%，而国外占 20%，你怎么看”、“轻轨周围出现黑三轮现象，周边居民由于经济能力不好靠此谋生，如何看待这一现象”。

## 三、综合分析型题目的解题方法

综合分析型题目所考查的要素包括认识问题、分析问题和解决问题。据此，其解答方法也可对应地分为“三步走”：

1. 认真审题，筛选关键信息。这是答题的前提，即首先要认识问题。其实不仅是综合分析型题目，其他类型的题目也必须要审清楚题目的要求，抓住题目的考查重点，筛选出题目所提供的关键信息。这样才能采取切实可行的方法对题目涉及的问题表明态度并加以分析。

2. 亮明观点，分析理由。在理解题意的基础上，可以亮明自己的观点。对题中所论述的观点，如果同意则分析其正面影响、作用、意义；如果反对，则分析其负面影响、作用。这里要注意的是，除了中央政府的政策我们要立场明确地表示支持、拥护之外，其他的题目，在表明观点的时候尽量不要把话说得太绝对。因为综合分析型题目本身就是要考查考生能否从宏观和微观两方面对问题进行考虑，有没有辩证的思维能力。因此，在答题的时候往往都是要辩证地分析，既要看到合理的一面，也要看到不利的一面，需要对问题进行全面的分析，切忌对社会现象一味地支持或者反对。另外，如果考生是参加公务员面试，还要注意自己的角色定位，要建立从国家的立场上思考问题的习惯，站在人民的利益一方看待问题，从国家的角度解决问题，从大局的一面否定不利的一面。

3. 联系实际，升华主题。这就是要解决问题了，一般可以从态度、思路、方针、原则等着手，具体手段可以从教育、行政、管理、法治、监督、宣传、投入上下手。在答题时如果能把题目所涉及的问题拓展开来，特别是能够联系实际进行联想，再举上一个典型事例或者名人故事等，既丰富了内容，也能使主题得到升华，增加了“亮点”。

## 四、综合分析型题目解答时的注意事项

1. 与自我介绍型的题目可以事前做好准备不同，综合分析型题目不可能事前做到万无一失的准备，每一道题目对于考生来说基本上都是“新”的。因此，在面试时，拿到题目之后，必须要认真审题，条件允许的话可以打草稿，把要点写下来，形成答题的思路；正式回答的时候再加以理论的充实，也可以适当举例加以说明观点。

2. 每题的思考时间不要太长，1 ~ 2 分钟为宜，可以打草稿，写出自己的思路要点。如果面试时没给准备时间或者准备时间不够，即使没有思路，也可以先答想到的内容，想到一点答一点，边想边答，尽量不要“冷场”。此外，也可以重复一次题目为自己争取思考的时间，也表示对答题的重视。

3. 考生对于题目的回答并不是内容越多越好。通常情况下，如果面试考生回答问题能够紧扣主题、突出重点、逻辑性很强，可以说是回答的内容越多，得的分数相对就会多一些。但如果离题千里、语无伦次，即便回答的内容再多，也是得不了高分的。尤其要注意的是答题时要分层次，尽量用“第一、第二、第三……”等句式，进行要点式答题，以显示自己的思路清晰、有条理，也便于考官明明白白地去听你的回答。答题完毕时，还可以再加上一句“综上所述”、“由此可见”之类的总结性话语。

4. 面试的一个较普遍现象是考生在规定的时间内回答的内容较少，或者是理论高度不够，或者是只有要点而没有材料的充实。毕竟，在面试考场那种比较严肃的氛围中，考生普遍感到比较紧张，并且回答问题时准备时间较短，也不可能回答出更多的内容。因此，考生应该注意在面试前的知识积累。例如一些名言警句、名人成功故事或者是自己亲身经历的故事，都可以作为回答问题时的内容。

5. 虽然综合分析型的题目不像自我介绍那样可以提前准备，但针对时事热点、社会关注问题这类题型，还是可以在面试前加以准备的。这就要求考生平时对重大的国

内时事一定要多关心，多看新闻，尤其是评论性的内容要特别加以关注。在面试时，这些“他山之石”往往就会成为自己通往面试成功之路的铺路石。



## ◆范例分析◆

**案例一**：当一辆满载乘客的汽车驶入车站时，久等的候车者都希望能立即挤上这辆车；而已经上了车的乘客则高喊着：“别再上了，等下辆车吧！”你如何看待这种现象？

**【分析】**这是属于社会现象类的综合分析题。现象的实质是公共交通资源不能满足大众的需要，而解决的措施是：一方面政府要加大公共交通资源的投入，另一方面则要提高公民素质，营造一种礼让互助的良好乘车环境。当然还可以适当延伸一下，例如可以引申为某些热门行业，许多人都想进去分一杯羹，但早已入职的人却不愿有更多的人来分享利益。

**【参考答案】**

（1）这种现象反映了城市公共交通的一些问题。发展公共交通无论从环保、资源还是其他方面都已经成为世界各国的共识，尤其在我国人口众多、市民收入不高的情况下，发展公共交通就显得更为重要。然而我国的公共交通显然没有达到供需的平衡。乘客多车辆少是一个普遍的问题，在乘客出行要求得不到有效满足的情况下，车辆超载已成为必然的结果。这就暴露出另一个问题，即交通安全的问题。车辆超载是一个安全隐患。公交部门和乘车顾客都应该有安全意识。司机可以采取适当措施防止车辆的超载，乘客在看到超载的情形下也应该自觉地不再上车。但总的来说，公交部门加大投入是解决问题的根本途径。



（2）这种现象还反映出公民道德素质的问题。在公共交通资源有限的情况下，不排队上车的不文明现象时有发生，而上了车的乘客则高喊着：“别再上了，等下辆车吧！”这固然是因为他们赶时间和个人空间上的基本要求，但也暴露了他们缺乏一种礼让互助的道德素养。因此，公民的道德素质有待进一步提高。

（3）这种现象在社会生活的其他方面也有所体现，除了上面相同的几点外，我觉得还有一个隐蔽的角落，例如中国的电信业，大家都想进去，但在里面的人又不想别人来分享自己的利益。这也反映了垄断行业的问题。要加强垄断行业的管理，使既得利益集团能够让利于民。

**案例二**：当前对有些单位实施的“末位淘汰制”，人们有不同争议，你怎么看待这种用人措施？

**【分析】**这是属于政策管理类的综合分析题。对此问题要辩证地分析，既要指出其合理的地方，如有利于竞争的开展、提高效率等，也要指出其不合理的方面，如容易造成人际关系紧张等，最后还要提出如何完善这种制度。

**【参考答案】**

第一，“末位淘汰制”是市场经济条件下人才竞争的一种方式，对激励人才、评估人才会起到一定的作用。尤其是我国某些政府部门机构臃肿，工作人员人浮于事，工作效率低下。采取这种“末位淘汰制”有利于竞争的开展，使工作人员在竞争的压力下努力提高自己的工作能力，虚心地学习，友好地处事，从而提高工作效率。

第二，虽然“末位淘汰制”有利于引入竞争，提高工作效率，但使用这种方式也要因情况而异，不能“一刀切”。在规模较大、人数较多的单位实行，然后实施竞争机制，未尝不可。如果在规模小、人数少的单位实行，效果就不一定好，因为也确有些单位人数不多，几乎所有人员都很努力，成绩都不错，甚至难分上下，如果实行这一制度，就会造成人心惶惶、人际关系紧张的不利局面。

第三，对“末位淘汰制”的使用，要有相应的措施和办法。“末位淘汰制”的实行，其目的应该是奖优罚庸，建立一种激励机制。因此，首先在考评项目的设置上要科学合理，能够真正调动工作人员的工作积极性；其次可以采取政务公开、设立监督机构等方式使评判的过程公开、透明，防止因过多的人为因素造成的负面影响。

**案例三：**温家宝总理说：“手中有粮，心中不慌。”你如何理解这句话？

**【分析】**这是属于名言观点类的综合分析题。首先对于题目中涉及的名言作出分析，可以从粮食在国民经济中的地位、在保护市场稳定中的作用、在国际国内粮食供求关系中的作用等方面进行分析。此外，还可以把名言中的“粮”引申为“能力”，强调人才的培养。

**【参考答案】**

古人云：“民以食为天。”温总理引用毛主席的经典名言“手中有粮，心中不慌”，意在警醒大家重视粮食生产。因为粮食安全不仅是经济和民生问题，也是发展和安全问题。在全球粮食危机中，作为拥有13亿人口的大国更应该未雨绸缪。

第一，这句话告诉我们，一定要始终做到“手中有粮”。我国作为世界上人口最多的发展中大国，吃饭问题是最大的民生问题。农业是国民经济的基础，而粮食安全则是基础中的基础，保障国家粮食安全是对世界最大的贡献。我们必须牢固树立长期立足国内确保粮食基本自给的指导思想，任何时候都要做到“手中有粮”。

第二，这句话告诉我们，保持粮食市场的稳定关键在于“手中有粮”。当前一段时期，“粮荒”波及世界许多地方，导致一些国家粮食供求关系紧张。与国际市场相比，我国国内粮食市场价格相对平稳，主要得益于党中央、国务院始终高度重视“三农”工作，牢牢掌握粮食安全的主动权，未雨绸缪，不断加大对农业的扶持力度，着力构建确保粮食安全的长效机制。保证农产品供应充足、价格稳定，才能做到手中有粮、心中不慌。

第三，这句话告诉我们，复杂多变的国际国内粮食供求形势要求我们高度重视“手中有粮”。随着国内粮食市场与国际市场接轨的程度加深，国际市场对国内粮食供求和市场的影响越来越大，保持国内粮食市场和价格基本稳定的难度加大。粮食等农产品价格一头关乎农民利益，一头关乎消费者利益，必须统筹兼顾。我们在粮食安全问题上要始终保持清醒头脑，努力提高粮食宏观调控能力和水平，力求不大涨、不大落，既不能影响消费者生活，又不能影响农民的生产积极性，科学应对复杂多变的国际国内粮食供求形势，确保我国粮食等农产品市场平稳运行。

第四，“手中有粮，心中不慌”这句话不仅仅是指粮食问题，也是每一个人的能力培养问题。现在社会经济飞速发展，对人才的需求巨大。作为一个学生，在校学习期间应努力学习专业知识，同时注意多方面培养自己的策划组织能力、人际关系协调能力、社会交往能力等，这是我们手中的“粮”。我们拥有的知识越多、能力越强，在踏入社会求职应聘的时候才会“心中不慌”。因此，大学生们在校学习期间也要“广积粮”，培养自己多方面的能力。



## ◆任务要求◆

训练学生综合分析的语言表达技巧。

## ◆情境训练◆

### 训练1 提炼观点能力训练

**【训练目的】**

培养对所提供材料进行观点提炼的能力，要求能用简练的语言把材料的主旨表达清楚，并能围绕这一主旨展开自己的论述。

**【训练方法】**

本训练可以采取先由教师或提问者简单讲述某个社会现象或某个哲理故事，然后提问考生的看法的模式。以下为参考命题：

1. 最近，某市住宅租赁管理服务中心工资表被曝光，其员工年薪最高达68万元，最低25万，被称为“最牛工资单”。事后，该单位作出回应说，被“晒”的工资表仅是内部讨论草案，早已被中心领导否决。对此，你怎么看？

2. 相传古代有个叫柳下惠的人夜宿旅店，因天骤冷，一住店女子冻得快不行了，柳将其抱入怀中，一直坐到天明，没有非礼之举。解析这个“坐怀不乱”的故事对领导干部从政的启示。

3. 房地产价格偏高，青年买房贷款，债务沉重，你怎么看待这一现象？

4. 有媒体报道，有一个贫困大学生在校期间从事大量的兼职工作，不仅自己交纳学费，还经常反哺自己的家庭，有人夸他自立自强，有人说他不务正业，你怎么认为？

5. 腐败问题是全社会都十分关注的问题，过去讨论比较多的是即将退休的人搞腐败的“59岁现象”。现在有人把年轻人工作了几年，掌握了一定的管理权以后搞腐败的现象，称作“26岁现象”，请你对这种“26岁现象”谈谈自己的看法。



**【训练说明】**

本训练着重培养考生对于所提供的材料进行观点提炼的能力。给定材料的内容可能是多方面的，包含的意思可能是多层次的，反映的观点可能是差别甚大的，这就需要考生抓住主要矛盾，有所侧重，有所选择，准确提炼出材料的中心观点。

### 训练2 辩证思维能力训练

**【训练目的】**

培养考生能从正、反两方面辩证分析问题的能力。

【训练方法】

本训练可以采取由教师或提问者规定命题的模式，以下为参考命题：

1. 有人说失败是失败之母，也有人说失败是成功之母，你如何理解，为什么？

2. 某地把2012年确定为“公务员队伍作风建设年”，并规定，“要按1%的比例选出作风后进人员”。请谈谈你对这种做法的看法。

3. 古有孟母择邻而居，今有孟母为子择校而居，谈谈你的看法。

4. 某站点上网友发帖说：“当前年轻人甚至有些高学历的年轻人都缺少传统的美德和优秀品质。”你觉得他的观点对吗？谈谈你的看法。

5. 有人说“无知者无畏”，请就这句话谈谈你的理解和看法。

【训练说明】

1. 综合分析型题目的考查重点是考生对于问题的分析能力。分析问题的方法有很多种，比如，重要性分析法，主要是针对事物或者政策的重大价值和影响加以分析；矛盾分析法，坚持对立统一的观点，坚持两点论和重点论的统一；原因分析法，主要原因和次要原因、内因和外因、直接和根本原因等。本训练着重培养考生的辩证思维能力，要求考生对于所提出的问题能够从正、反两方面进行综合的分析，既要看到不利的方面，也要看到有利的方面，避免偏激的观点。

2. 大体上说，在综合分析型题目中，除了腐败问题明显是需要批驳的，其他的问题往往具有两面性，只从一方面分析就会有失偏颇。因此，要养成对问题从正、反两方面辩证分析的思维习惯，在语言形式上可以采取“一方面……另一方面……”，或者“正确（合理）的地方在于……错误（不合理）的地方在于……”的形式。



## 训练3　深入思考能力训练

【训练目的】

培养对问题作深入思考的能力和透过现象看本质的能力。

【训练方法】

本训练可以采取由教师或提问者规定命题的模式，命题的范围参见“综合分析题目的类型”，以下为参考命题：

1. 你如何看待社会上的“跑官”现象？

2. 有人把工作当工作，有人把工作当事业，你怎么看？

3. 当前舆论对有些单位实施的“末位淘汰制”有不同争议，你怎么看待这种用人措施？

4. 你对“道高一尺，魔高一丈”有什么看法？

5. 你对加班有什么看法？

6. 当前青少年犯罪呈上升趋势，在社会上引起了很大关注，你如何看待这一现象，并谈谈你对这一问题的解决思路和措施。

【训练说明】

1. 分析问题的目的是为了解决问题，因此，综合分析型题目更着重考查考生能否透过现象看本质并善于解决难题的能力。在对问题进行思考的时候，可按“提出问题—分析问题—解决问题”的思路进行分析。

2. 观点是考生与考官交流的主要内容，准确而鲜明的观点往往让考官眼前一亮。在面试考场中，考生因为社会阅历不足，在观点上常常会栽大跟头。因此，在表明自己观点的时候不要偏激，例如对于社会丑恶现象的批判要点到则止，更要纵深分析其存在的原因与解决的方法。

3. 社会热点问题类的综合分析题往往是面试中的“熟客”，常考常有，但也是比较难的题目。因此，在备考这类题目的时候，考生平时必须要多关注时事热点，多阅读人民网、新华网或者收看新闻联播，就会对此类事件有个大致的了解，尤其是留意一些专家学者对此热点问题的评论，在面试时即使一时紧张提不出自己的看法，也可以借鉴他人的评论。

## 训练4　联想能力训练

【训练目的】

培养对于所提出的问题进行发散性思维、联系实际进行联想的能力。

【训练方法】

本训练可以采取由教师或提问者规定命题的模式，也可以自己以生活中遇见的人、事、物作为参照物进行联想。以下为参考命题：

1. 有的单位有种现象：两个和尚抬水喝，一个和尚挑水喝。请你谈谈自己的看法。

2. “仁、义、礼、智、信”是古人推崇的为人基本准则，请挑其中一个方面进行论证。

3. 谈谈你对“计划赶不上变化”的理解。

4. 一种吃小虫的动物，每次都吃一部分，留下另一部分，每次都不吃完。你是怎么理解的?

5. 有句古话“木秀于林，风必摧之；堆高于岸，流必湍之”，对此，你怎么看?

【训练说明】

1. 通常来说，对于综合分析型题目，能按照“提出问题—分析问题—解决问题”的思路进行回答，答案的框架不会存在什么问题。但要想使自己的回答出现“亮点”，避免在罗列了要点之后“无话可说”的尴尬，最好能联系实际进行分析，由题目本身进行发散性思维。

2. 对题目涉及的问题进行联想的时候，可以多角度地进行思考，例如对于一些古文诗句的理解可以联想到中华文化的特点，再联想到当今社会的热点事件，还可以联想到古今中外的名人名事等。例如对于“‘仁、义、礼、智、信’是古人推崇的为人基本准则，请挑其中一个方面进行论证”这个题目，我们可以挑“信”进行论证，论证时可以先阐述一下诚信的含义，再联想到古人的诚信故事，然后联想到当今社会缺乏诚信的现象（如食品安全问题）等，再综合分析一下诚信的重要作用。这样的回答，立论清楚，论据充分有力，自然能获得好评。

## 任务三　组织策划

### ◆知识储备◆

#### 一、组织策划题型概述

组织策划类面试题是面试的常考题型之一，也是直接考查考生能力的面试题型之一。在考官评分考核表中，对于计划、组织与协调题型是这样定义的：依据部门目标，预见未来的有利机会和不利因素，并作出计划；看清冲突各方的关系；根据现实需要和长远效果作适当选择；及时作出决策；调配、安置人、才、物等有关资源。

组织策划类的题目一般根据招考职位的要求来设计试题，主要是通过了解考生在特定的情境下开展工作的思路，考查其在完成任务过程中考虑问题的全面性、原则性和灵活性，能否根据特定问题的性质和主次来安排好工作，避免顾此失彼，进而判断考生解决问题的能力。

#### 二、组织策划题目的类型

组织策划类面试题往往直接交给考生某项虚拟的任务，通常就是要组织某个活动、开展某项工作，要求考生就此活动设计方案，提出计划。根据具体任务的不同，可以细分为以下几种类型：

1. 职位型。即把你当作本部门的一员，要求你组织本部门的活动，如："领导让你组织一次本单位的青年摄影图片展，你打算怎么组织?"

2. 活动型。即让你开展某个具体活动，如："本地近期多次发生信用卡诈骗案，为了引导市民提高防范意识，检察院准备召开一次新闻发布会，你怎么策划?"

3. 方案型。即先介绍某一具体事件，或者是交代某一具体工作，然后要求你制订一个方案，如："某地发生地震灾情严重，抗震救灾完毕以后，市里要编一个抗震志，把这个任务交代给了你，你如何做?"

4. 协调型。即如何处理两个或多个部门间的矛盾，偏向于人际关系处理，如："志愿者管理规定征求意见稿公布，志愿者组织里的一些成员有意见，但是有人表示反对，作为志愿者组织的负责人，你该怎么办?"

其实，以上四小类题型之间的差别是很细微的，其考查点都是通过观察考生如何对自己、他人、部门的活动作出计划、排出日程、提出调配资源的方案，并对冲突各方的利益根据一定的标准进行协调的行为，来判断考生在组织、计划、协调方面的能力，注重对考生实际工作能力的考查。但由于相当一部分的考生并没有这方面的实际经验，因此很难给出非常吸引人的答案。

#### 三、组织策划型题目的答题套路

总的来说，对组织策划型题目的回答，无非就是"准备—实施—总结"三步曲。

在回答的时候按这个步骤进行策划，就能显得符合事物发展的逻辑过程，但在具体细节方面必须加以发挥，把计划深化、细化，不能仅停留在表面，这样才能体现出自己的特色。

1. 准备阶段，也就是制订计划之前要做好准备工作，这是非常重要的一步。具体来说，在制订计划之前，要明确组织事项的主题或者活动的宗旨。在这方面，要强调先与领导沟通，体现对领导的尊重，也利于明确组织事项的主题或者活动的宗旨，做到心中有数。接着组织人员开会，分工协作，进行调查，了解情况，然后一起制订计划，确定人员、时间、地点，预算经费，制订详细的流程，并且根据可能出现的突发或意外情况制订应急预案等，做好计划后和领导沟通、汇报，制订最终的计划方案。

2. 实施阶段。按照先前制订的计划有条不紊地实施计划。在此过程中，要注意协调好各部门的工作，及时解决问题，尤其要注意对某些突发情况的应急处理。例如组织本部门人员外出参观考察，如果活动过程中有人受伤怎么办？这就强调要及时向领导汇报并按照相应的应急预案执行。如果在计划实施过程中发现原方案的内容或方法有不妥的地方，还要及时纠正。

3. 总结阶段。这是画龙点睛的一步。在活动顺利结束之后，要将组织活动的结果总结成文，报领导审核，同时做好活动简报和活动后信息的编写工作，并做好相关精神的传达落实工作。

以上三个步骤排列密切，逻辑合理，在答题的时候千万不可混淆。

## 四、组织策划题型解答时的注意事项

按照以上三步曲，组织策划类的题目比较容易上手，但如果在面试的时候只会生搬硬套这三个步骤，机械地照搬模式，往往答不出自己的特色。因此，在遵循以上套路的基础上，还需要注意以下几点：

1. 回答时各环节的内容要深化、细化，不能仅停留在表面。前面介绍的答题套路只是组织策划的顺序，就如同人的骨骼。如果考生只是回答事前制订计划，事中实施计划，事后总结汇报，这样就会给考官一种流于形式，套路化、模块化的痕迹明显的不好感觉。考生需要做的是按照准备、实施和总结的顺序，把每一个环节进行细化，在套路的骨骼上长出“血”和“肉”，才能成为一个真正的“人”。例如要全面考虑各种要素，如人、财、物、地、时等，还要注意确定活动的形式和流程。最好能抓住整个活动中的某一个或某几个环节，具体展开论述。如果能非常详细地说出这些，就不会留给考官套路化的印象。

2. 计划要真实可行。虽然是虚拟的活动，但因为很多考生并没有这方面的实践经验，所以在解决问题时往往会异想天开，自认为设想很好，却没有解决实际问题、达不到预期的效果，造成失分。例如：“要对农村进行计划生育宣传，作为负责人的你将如何开展工作？”有一些考生回答要对农村展开宣传工作、发放宣传单等，这样显然是没有经验的做法，不切合农村实际情况，没有考虑农民兄弟受教育程度普遍不高、文化素质不高这一特点。一旦离开了真实性，这类面试题就失去了其考查的意义，所以在答题时一定要具有真实性、可行性，适合题目中设置的场景和假定的身份，不能让中央领导参加一个组织单位内部的活动，也不能设置远远超出预算的奖项等。

3. 计划要彰显活动的主题。每个活动都有其主题内容，在进行计划的时候必须考虑到这个主题是什么。例如，“策划一次军烈属的慰问活动”与“组织一次捐赠活动”的主题就不同。确定活动的主题之后，还要注意活动的形式。例如，“单位里要组织一次‘五四’青年节纪念活动，由你负责，你该怎么做?”“五四”青年节纪念活动可以用晚会的形式，可以用体育比赛的形式，也可以用植树活动的形式……选定形式不同，组织实施的具体内容就会不同。

4. 工作中采取的方法、手段要具有个性。与“计划要彰显活动主题”相响应，计划中的具体工作所采取的方法、手段等可以根据主题的不同而具有个性。比如，让你组织一场竞赛，除了邀请媒体和领导嘉宾以外，可以在竞赛结束的时候，根据竞赛的规模、预算等情况设置适当的奖项，也可以制作竞赛录像、纪念册，还可以把竞赛的成绩交给相关部门，作为竞赛者工作考核的一个指标等。再如：“单位里要组织老干部去旅游，由你负责，你该怎么办?”原本只是一个简单的旅游活动，但是加了“老干部”这个词，这就要求考生在实施阶段的旅游线路、时间、安全防护等方面要考虑“老干部”这个特殊主体，在活动结束的时候，还可以在预算内发放一些纪念品等，使得整个活动更具有人文关怀的意味。这样的回答，才能给考官眼前一亮的感觉，才能跳出答题套路的框框。

## ◆范例分析◆

**案例一**：领导让你组织全县救灾捐款活动，你如何规划?

**【分析】**策划活动通常就按照“计划—实施—总结”的步骤进行，答题的关键在于抓住活动的主题——救灾，在各个步骤中都要突显出这一主题，还要注意细节，如宣传的特点、实施过程中的注意事项等。

**【参考答案】**

“一方有难，八方支援。”组织救灾捐款活动具有非常重要的积极意义。向灾区伸出自己的援助之手，给灾区人民募捐资金和物资，是我县人民社会责任感的体现。所以我一定会高度重视，认真开展此项活动。

为确保此次捐款活动顺利开展，我要精心策划，周密部署，从细处着手，做到有备无患。成立领导小组，明确分工，责任到人。积极听取同事的意见和建议，群策群力。

首先，要结合灾情和我县工作实际，选择好募捐的主题、时间、地点。确定通俗易懂、易于记忆、具有较强感召力的募捐主题。根据募捐的预估规模和期望效果选择合适的活动举办地点和活动时间。其次，要做好宣传工作，访问灾民及救灾英雄、录制宣传短片、编写宣传资料，尽可能号召更多的人关注灾情、献出爱心。再次，要准备好募捐箱、桌子及音响等设备，编写一些具有号召力的宣传标语，如“一双手，一分力量”、“众志成城，善行天下”、“捐出一分爱心，留下一片希望”等，并做成横幅以便在活动现场张挂。这些准备工作做好后，形成一份书面计划，报领导审批。

募捐实施阶段要注意以下几点：第一，要完善场地设置，提前到达募捐地，挂好横幅，摆好桌子、募捐箱、音响等设备；第二，注意募捐活动不能影响了正常的工作生活秩序，并根据天气情况及时采取措施；第三，在现场播放宣传短片，发放有关灾情的资料，宣扬救灾口号，调动现场的气氛以感染更多的人参与到活动中来；第四，专门安排人员对每笔捐款的数额做好登记，以便核对；第五，加强人力管理调配，维护好现场秩序。同时，务必做好募捐活动的全程监督工作，形成透明、公开、高效的工作机制，让每一笔善款都能完完整整送到灾民手中、用到灾民身上。

活动结束后，清点款项、统计募捐的具体数额，与灾区相关组织联系，按照法定程序进行捐赠，最后总结这次募捐活动的不足和经验，形成文字报告相关领导。



**案例二：**单位领导让你负责组织一次“读一本好书”的活动，你怎么做?

**【分析】**同样是策划活动，具体过程可参照案例一，但要注意的是活动的主题是“读一本好书”，可以围绕此主题提出一些具体的方案。

**【参考答案】**

我国政府在努力建设学习型政府，读书学习可以丰富知识、开阔视野、提高能力和水平。在我单位组织一次“读一本好书”的活动，既有利于营造一个很好的学习氛围，也丰富了我单位同事的文化生活。对于该项活动，我打算从以下几个方面来展开：

第一，要确定好此次活动的形式，并做好全面的准备工作。通过向举办过类似活动的同事请教，广泛地征集大家的意见，确定此次活动的形式，可采用座谈会分享的形式。明确我们此次活动的时间，不影响工作；根据单位人数的多少确定座谈会的会议室；为了此次活动能够举办成功，还可以邀请相关的专业人士参与，给予指导意见，要提前确定好被邀请人员名单及列席领导名单；根据座谈会所需物品及综合该活动的所有花销，作出经费预算。将以上内容写成书面报告，报领导审批。

第二，领导审批后，立刻成立活动小组，下设几个分组，做好分工。至少包含以下小组：后勤组，负责座谈会的物资准备、会场布置等工作；接待组，负责专家的邀请和接待等；会务组，负责会议主持、进程把控、记录等工作；宣传组，负责会前活动宣传和会后的宣传。



第三，在单位内部大力宣传该活动，提高大家的热情和参与度，调动大家的积极性。希望大家在座谈会上将自己最近读的一本好书拿出来分享。活动开始后，作为负责人，要保证会议按照既定的流程进行。主动和接待组、会务组、后勤组等进行沟通，传达精神并了解情况，出现问题要及时地予以解决。我认为该活动的重点就是让大家畅所欲言，分享自己的好书。所以，会前的宣传和会上主持人的选择是至关重要的，一定要选择互动性强、经验丰富的主持人。

第四，座谈会结束后，欢送专家及领导，对会场进行整理，将现场视频、文字资料进行归档，并将此次活动的举办过程、获得成效等做成书面报告上报领导。如果此次活动能取得不错的成绩，则建议建立长效机制，提高我单位的学习氛围。

## ◆任务要求◆

训练学生组织策划的语言表达技巧。

## ◆情境训练◆

### 训练1　合理安排事件能力训练

**【训练目的】**

培养把众多事件按特定顺序合理安排的能力。

【训练材料】

1. 以“我的一天”为题目进行即兴演讲，把自己一天内要做的事情进行一个合理有序的安排。

2. 拟订一个本学期的学习计划。

3. 拟订一个社会实践计划。

【训练说明】

组织策划型题目的解答中，往往涉及对众多事件进行合理安排的问题。这种能力训练应在日常生活、学习中进行锻炼。通过对自己日常所涉及的学习、生活问题进行合理有序的安排，能锻炼自己处事的条理性，提高策划能力。

## 训练2　合理配置资源能力训练

【训练目的】

培养围绕某一目标，把人、财、物等资源进行合理配置的能力。

【训练材料】

1. 以“假如我有一百万”为题目进行即兴演讲，把自己获得的这一百万进行合理利用。

2. 假如班级本周末要到郊外进行野炊活动，班级成员有50人，经费有3 000元，请你拟订一个经费使用计划。

3. “学雷锋小组”计划周六上午到街道慰问孤寡老人，小组成员15人，活动经费500元，请你拟订一个行动计划。

【训练说明】

任何活动都离不开对人、财、物等资源的配置安排。作为学生，社会经验比较少，因此对于资料的合理配置经验不足，可以尝试从身边的小事着手，培养这方面的能力。要注意，在对资料进行配置的时候，应遵循利益最大化原则，同时还要配合活动的主题。

## 训练3　组织策划能力训练

【训练目的】

培养对大型活动进行组织策划的能力。

【训练材料】

1. 单位要举行一次歌咏比赛，让你来做准备，请说说你的计划。

2. 学校有同学得了白血病，家庭困难，你是学生干部，要组织一次捐款，你该怎么做？

3. 外地有人过来参观、学习，你如何组织会议？

4. 组织到西部支教、助教活动，由你负责具体组织，你如何组织这项活动？

5. 你所在社区要选举社区委员会代表，获取投票数45%以上者获选，你怎么组织？

**【训练说明】**

缺乏经验是计划组织协调题的大障碍，所以一定要注重实际经验的积累。但大多数人都会在组织策划大型活动方面欠缺经验，即便是在大学期间参加过学生会的相关工作的学生干部，这方面的能力依然欠缺，在回答的过程当中往往不能切中要害，回答简单幼稚可笑，导致工作的盲目和盲从。这样的人显然得不到高分。因此，为避免闭门造车空想式的不切实际的回答，我们必须要注重平时的经验积累。虽然未必人人都有机会组织大型活动，但可以通过网络、亲朋以及与有相关经验的专家交流学习相关知识，在答题的时候移花接木地套用过来，使你的回答增色不少。

# 下编　监狱工作口才专项训练

# 学习单元四
# 监狱工作交谈口才

## 任务一　倾听

### ◆知识储备◆

### 一、倾听的概念

倾听，细心地听取（多用于上对下），就是凭借听觉器官接受言语信息，进而通过思维活动达到认知、理解的全过程。在监狱工作中，倾听是指监狱人民警察在交谈活动中，细心地听取和接收工作对象的信息，并根据不同的工作目的主动鼓励、引导或阻止对方的表达。

### 二、倾听的作用

在口才交际过程中，“听”是一个非常重要的环节。学会倾听是提高交谈口才的前提。通过“听”可以了解对方的观点、认识、思想水平和行为个性；可以了解双方观点分歧的焦点所在；可以及时了解情况，捕捉信息；还可以帮助自己了解人生，扩大自己的知识面，提高自己认识主观世界、客观世界的能力和水平。在口才交际过程中，“听”与“说”可以说是两大主干环节。如果说“说”是为了向外部发布信息，那么，“听”则是为了从外部接收信息。只有听得准才能说得好，可以说，“听”是为了更好地“说”，“听”服务于“说”。因此，一个人在运用口才时，不仅要会说话，更要会听话。但倾听并非是去听对方说的话，而是去听对方话中的意思。只有了解对方所要表达的意思，了解对方的思想现状，才能作出有针对性的反应。在监狱工作中，多数敌情动态、犯情信息来自于监狱干警与服刑人员及其他人员的交谈和监狱耳目的汇报。因此，细心地听取和接收谈话对象的信息，及时与服刑人员交流思想，才能更好地解决监狱管理中出现的各种问题。

### 三、倾听的步骤

有效的倾听一般分为听取信息、解释信息、评估信息和回应信息四个步骤。

**（一）听取信息**

听取信息就是在谈话时掌握说话人的意向，从而了解对方的观点、认识、思想水平和行为个性。在监狱工作中，就是监狱人民警察与工作对象说话时，或者是在对方约请监狱人民警察面谈时，思考对方为什么要来找我或为什么要我过来？他要对我说哪些事情？对方为什么要跟我说这些话？他说这些话的用意是什么？这些疑问在谈话之前就要进行思考，谈话的过程中也要思考，带着这些疑问与谈话对象进行谈话。根据与谈话对象谈出的“蛛丝马迹”、谈话内容的“前因后果”和当时的一些“非语言”的信息，进行准确的判断和验证，从而掌握说话人的意向。

在听取信息的过程中，要特别注意捕捉“非语言”信息。“非语言”信息是指通过交谈对象的眼神、表情、动作等表达出来的信息，虽然这些无声的态势语言我们“听”不见，却可以通过我们的眼睛进行观察和读取。细心地捕捉和准确地分析这一类信息可以帮助我们扩大信息量，检验有声信息的真伪。另外，在听取信息时，还要时刻关注说话人的心理状态，因为只有明白对方前来谈话的心理，才能在交谈中一针见血地说到对方的心中去。这就需要在听取信息时注意观察：一是观察对方的行为、举止、个性、教养、文化水平等，以便交谈的内容和语言适合交谈对象的接受水平；二是观察交谈对象可能因环境、时间、地点和话题等因素造成的心理波动。因为有时这些客观因素的变化可能会使人产生与平时不同的特殊心境，只有了解了对方的心态，才能更好地采取交谈的策略，使用交谈的技巧，获取更为有效的信息。

**（二）解释信息**

解释信息就是要在谈话过程中不时地将听取来的信息进行摘要，对谈话对象的散乱观点进行整理，把握话语的主干或脉络，对对方话语的意图进行总结和提炼。

善于倾听的人总是注意对听到的内容进行分析、理解、判断和处理：哪些内容是主要的，哪些是次要的；哪些内容是正确的，哪些是错误的；哪些内容是完整的，哪些是残缺的。有些时候，服刑人员出于某种目的或原因为我们提供的信息可能是虚假的、支离破碎的；有些时候，由于谈话对象自身的表达能力不佳，我们获得的信息可能夹杂很多冗余的成分，这些冗余的成分包括啰唆、重复、不着正题、东拉西扯甚至病句。听话人在听取的过程中，如果不能有效地将这些重复啰唆与病句成分加以整理，势必影响对说话人的意图和目的的理解，以致影响谈话的成功。在日常生活中最常见的就是越扯越远的现象：当一群人坐在一起闲聊时，常常会发现后来所谈的内容与刚开始的话题早已“风马牛不相及”。所以，在解释信息的时候尤其要注意把握说话人的话语主干，虚化旁枝末节。在全部听取说话人所说的话语后，对于其中某些旁枝末节暂时不予过多关注。在监狱工作中，监狱人民警察更要具有解释信息的能力，在与工作对象交谈时能够去粗取精、去伪存真，抓住话语的整体意图，提取事实背后的主要意思，不被个别枝节所吸引而造成不必要的误解。

**（三）评估信息**

评估信息就是对话语表面意义和话语表面意思之外的隐藏意义进行辨别与分析，也就是我们平时所说的要听出话外音，即“言外之意”、“弦外之音”。中国人的语言文化有“不明言”、善于“点拨”和“响鼓不用重锤”等特征，所谓“听锣听声”、“听话听音”，在对话语的表面意义进行辨析的同时，还应当结合口才交际的场合、交际双方的关系、说话人的个性与心态、说话目的等多方面的因素，在进行交叉分析的基础上，对说话人的真正目的实现更进一步的准确把握。

在口才交际中，评估信息一般可分为两种情况：

1. 话中有话。说话人由于某种原因，对自己的真实意图难以直言相告或者认为直言相告不足以有效地达到自己的目的，于是欲盖弥彰、顾左右而言其他地以话中有话的方式说出来，或者含沙射影地把话绕一个圈子说出来。这时，听话人就要能够正确地辨析出说话人的真正意图和目的。如果听话人没有听出“言外之意”，那么，口才交际就可能要失败；相反，如果听话人听出了话中有“话”，但是如果对该“话”作出的反应可能对自己不利，有时也可以采取只按照话语表面意思理解的方式予以回避。

2. 话外无话。在交谈中，说话人和听话人往往都有着不同的观点、立场、情绪、利益与利害关系，加之不同的人表达方式和理解能力有所差异，所以，听到同样的一番话，不同的人可能会作出不同的反应。听话人将对方本来“话外无话”的语言理解成“话中有话”的情况也比较常见。如果听话人再按照自己的错误理解对“话外之话”作出反应，或者碍于情面、身份、场合、时机，虽然没有当即作出应答，也可能会在心里留下不快甚至疙瘩，那么，这样的谈话必然是失败的。

在监狱工作中，监狱人民警察如果不能掌握评估信息的技巧，就无法真正与谈话对象进行交流和沟通，也无法正确掌握监狱的敌情动态、异常犯情和正常犯情，势必会对监管工作造成影响。因此，积极地培养自身评估信息的能力、准确地把握说话人的真正目的是倾听的基本要求。

### （四）回应信息

回应信息是倾听的最后一个环节，即对说话人的话语作出相应的回馈和反应。谈话是双边或多边活动，交谈的过程实际上是交际双方相互的信息反馈的过程，交谈者不仅要把自己想说的表达清楚，而且还要根据从对方那里反馈的信息调整自己表达的内容和方向。这种反馈是对应的。如果一方的表达得不到对方的回馈，交谈就将中断。只听不讲或只讲不听，都不利于交谈的进行。

听人说话，不只是被动地接受。听话人应该作出会心的呼应，及时地将自己的信息反馈回去。在与对方谈话时，听话人应细心体会对方的感觉，并积极产生相应的反应，尽量做到与说话人同喜同忧。倾听时可以采用赞同、复述对方话语、简短评论、提问等方法，鼓励对方说下去；也可以利用目光、表情、动作与说话人进行情态上的交流，适时地点头、应声，都可以表明自己在注意倾听、积极思考，从而增加对方交谈的兴趣与信心，提高交谈的效率。交谈中，善于听人说话并及时作出反应，可以在说话人心理上造成“酒逢知己千杯少”的共鸣，有时还会得到意想不到的收获。但是，如果在听的过程中漫不经心地做一些小动作，例如抓头发、抠指甲、看手表、左顾右盼，甚至由于精神不集中而答非所问，不仅不能使交谈较好地进行下去，反而会引起对方的反感，使谈话中断。可见，良好的回应信息可以决定谈话的成败。

## 四、倾听的技巧

### （一）警惕“一言堂”

交谈中不应旁若无人地只顾自己高谈阔论。一个不听人言、自说自话的人，多半不是一个好的口才交际者。自顾自地“畅所欲言”不但无法获得大量有效的信息，而且会使与之交谈的人产生厌恶的情绪，进而中断交谈。

### （二）不要随意打断对方的谈话

在与人交谈的过程中，除非必要，否则在对方讲话时不要打断对方，而是要全神贯注地聆听。这样，才会使对方感觉受到了尊重，并认为你对他的言论产生了兴趣，从而使说话人克服紧张等心理障碍，知无不言、言无不尽，进而使听话人达到获取最大信息量的目的。

**（三）准确把握对方的谈话重点**

有些说话人可能由于情绪紧张或表达能力不强，往往在谈话中夹杂很多冗余成分，甚至出现语病，这就需要监狱人民警察具有去粗取精的能力，能够把握说话人所说内容的脉络。对于叙事部分，能把握事件的起因、经过和结果等具体环节；对于抒情部分，能把握情绪的发展、起伏和跌宕等波动曲线；对于议论部分，能把握总论点和分论点之间的内在联系。

**（四）控制情绪，适时地表达自己的意见**

情绪化会使人变成聋子。当听到自认为不正确的意见或不利于自己的言论时，即使忠言也逆耳，有一种情绪会阻止你继续听下去，甚至将你的注意力转移到进行反击的思想上去。

另外，先入为主的固定看法也会影响倾听。谈话时，因为已有固定的看法而不注意倾听别人的意见是一种常见现象。先入为主只能让听话人失去听取他人表达真正意思的机会。因此，在倾听他人讲话时，不仅要注意听懂语言，更要揣摩其思想。在监狱工作中，监狱人民警察对于自己已经知道的信息，如已经掌握的犯情，在听取他人汇报的过程中也应该保持耐心，不可露出厌烦的神色；对于还没有掌握的信息，更要认真听取，仔细分辨真伪。如果该信息和自己掌握的信息有出入或者发现说话人汇报的情况不属实，也不可断然插话或立即进行严厉的斥责，而应该等说话人将全部事情叙述完毕后再发表自己的意见，或在说话人说话过程中揭露其矛盾，适时发问。同时，在听的过程中也要注意分析汇报人提供虚假信息的原因。





**（五）不可一心二用**

一心二用，转移和分配注意力是影响倾听效果最主要的原因。研究指出，人的思维的速度比人的说话速度快3~9倍。当听别人说话的时候，个人的思考活动常处于等待状态，如果此时注意力转移，去思考另外的问题，那么听到别人谈话的内容是时断时续的，结果听者的头脑里只留下只言片语，却丢掉了别人说话的详细内容。有的人在听别人讲话时，一边听，一边翻报纸、听广播或看电视，也会导致注意力分散，听的内容往往是不连贯的，听的内容不全面，甚至什么都没有留下。也有的人在听别人讲话时，将注意力集中在说话人的外貌和举止上，对于讲的内容反而没有留意。因此，在倾听时应该让自己的注意力集中在倾听和思考讲话者的语言内容及其深层的心理状态上。

**（六）肯定对方的谈话价值，配合表情和恰当的肢体语言**

在倾听的过程中要及时对说话人的谈话价值予以肯定，这种肯定可以通过语言的交流，也可以通过非言语进行沟通。

1. 语言的运用。它主要包括以下五点：

（1）发问。可以提些诸如“你认为这就是问题所在”、“你的意思是……”和“你能说得明白一些吗”等问题。这些提问有助于你获得更多信息，并理解问题的各个方面。

（2）中立。像“嗯”和“真有意思”等中性评价性语言能表示你对谈话内容感兴趣，并鼓励对方继续说下去。

（3）重复。可用“按我的理解，你的计划是……”和“你是说……”及“所以你认为……”等句式。这些说法表明你在倾听，并明白对方的意思。重复的重要性在于让你尽早发现有无曲解对方。

（4）回应。常用的说法有“你的感觉是……”和“你是不是认为自己没有得到公平的待遇……”等。听对方所言和知对方所想完全是两回事。

（5）总结。试着用“你的主要意思是……”和“如果我的理解没错的话，你认为……”等说法。不要急于下结论，先听他人的结论可能更有价值。

2. 非言语的运用。非言语的沟通包括面部表情、音调和姿态的运用，即我们通常所说的肢体语言。在与人面对面的沟通过程中，那些来自于语言文字的社交意义不会超过35%，换言之，有65%是以非语言的信息传达的。非言语信息往往比言语信息更能打动人。非言语信息包括沟通者的面部表情、语音语调、目光手势等身体语言，比如微笑、握手、点头一类的肢体语言。研究证明，感官对刺激的印象程度，视觉占87%。由此可见，眼睛对刺激的反应最强，因而在倾听时的非言语沟通对于交谈双方至关重要。通过目光、动作、表情、手势等非言语的交流对说话人的谈话内容进行肯定，会得到比运用语言更为有效的效果。

## 五、倾听的要求

### （一）对交谈环境的要求

为了达到交流的目的，交谈双方要设法营造出一个和谐、融洽的交谈氛围。在监狱工作交谈中，监狱人民警察更要发挥主动性。一个人说话胆量的大小、说话水平的高低，往往与周围环境有关。我们经常见到有些人与熟人在一起可以谈天说地、兴致很高，而一旦见了陌生人就无法张嘴说话。可见，谈话气氛轻松，人的兴致就高，情绪也变得高昂，自然会放下心理包袱倾心畅谈。相反，如果交谈气氛沉重压抑，人的情绪就很难调动起来，自然觉得乏味，失去谈话的兴致。所以，在监狱工作的谈话中，监狱人民警察要努力给交谈创造宽松、平和的气氛，双方尽量不受拘束，从而增强相互的好感，畅所欲言。另外，如果在谈话室或者办公室谈话，也尽量要让说话人放松，最好两个人都坐下来，并且在同一高度上面对面，距离可以比一般的社交距离稍近些。

### （二）对倾听者的要求

1. “不要”的要求。作为倾听者，不要以自我为中心和自以为是，在表达意见的时候不要总是谈论自己的经历和强调自己的想法，也不要总想在谈话中占主导地位来喧宾夺主；不要随意打断对方的谈话，尤其不要因为深究那些不重要或不相关的细节而打断对方的谈话；尽量不要边听边琢磨对方下面将会说什么，这样很容易一心二用而错过对方完整的话语，或者因为先入为主而误解对方的真实意思；不要把精力放在思考怎样反驳对方所说的某一个具体的小的观点上；不要激动和情绪用事，不要对谈话内容匆忙地下结论，不要急于评价对方观点的正误，不要急切地表达自己的建议，不要因为与对方有不同的见解而产生激烈的争执，更不要把话题扯开；不要使你的思维跳跃得比说话人还快，不要试图理解对方还没有说出来的意思；不要试图了解自己不应该知道的东西，不要做小动作，不要走神，不要十分介意别人讲话的特点。

2. “要”的要求。倾听时身体要前倾，这样可以表示出对谈话感兴趣；要“所答即所问”，这表示你关注说话人并愿意与之交流。在倾听的过程中，要适时加上自己的见解，以使给予和吸收两个方面平衡，以头部动作和丰富的面部表情回应说话人。如果说话人一开始就情绪激动，无法把事情说清楚，作为同性，此时可以拥抱和拍抚对方帮助其稳定情绪；倾听中，要目光专注柔和地看着对方，适时地给出回应，比如点头和“嗯”，表示你正在专心倾听；没有听懂或弄清楚的地方要及时提出并沟通，以免造成误解；对方说完后，有条件的话，可以让他喝一点热水或热茶，也许此时对方需要感受到被人关心，热的东西也容易让人重新振奋起来。

## ◆范例分析◆

**案例一**：罪犯吴某，21岁，四川人，2010年12月入监，因盗窃罪被判处有期徒刑5年。她外在表现孤僻怪异，家中无人探望，未打过电话给任何人，也从未有人给其汇过款。冬天，该员宁愿挨冻也不愿意穿别人赠予的衣物。警察找其谈话，希望了解其家庭和交友情况，探索其行为怪异的原因。

警察：你老家在哪里？家里都有些什么人？

吴某：我是四川人，但你问我的“家”，是指我住在哪里吗？我在深圳的住址你可以去查我的资料，我不想回答。（说罢，该犯斜眼看了一下警察）

**——从这段对话，我们可以解读到几个方面的问题：一是该犯的家庭生活不幸福；二是该犯思路清晰，没有明显的精神问题；三是该犯意图挑衅，测试警察的反应。**

警察：（不以为意地笑笑）来到这里也有一段时间了，你适应了吗？衣服够不够穿？

**——转移话题，一方面表达关怀，体现警察的气度；另一方面引领话题的继续，以便了解我方想要探索的内容。**

吴某：（愣了一下，缓和了态度）够了，我不冷。

警察故意瞄了一下她仅穿凉鞋的脚。她不自觉地挪动了一下。

警察：监区有一些防寒衣物，你可以申请领用，出狱时归还即可。鞋子我给你找一双吧。

吴某：谢谢警察，不需要。

警察：你家里有哪些人啊，是在四川老家还是在广东？

吴某突然暴跳如雷，杀气腾腾地指着警察说：你也跟那个人一样！问我家里人的人都该死！你去死吧！死了就可以知道我家有什么人了！

**——该犯的反应一方面说明其家庭必有变故，而从其剧烈的情绪变化可以看出其有极深的怨恨，但这个怨恨针对什么，其是否曾经做过什么事，还需要进一步了解。另一方面，该犯的行为已经严重违反了监狱规定，是对警察管理的极大挑衅，也随时有袭击警察的可能性，必须马上处理。**

警察目光如炬地盯着她，从气势上压倒她。

警察：让我去死？你是在恐吓警察！你想袭警吗？我就站在你面前！

**——此时可上前一小步，在气势上压倒她。**

警察继续施压：你知道袭警是犯罪吗？袭警要被加刑，你知道吗？

该犯气焰被打下，老实地站着一动不动，但仍盯着警察。

警察逼视该犯，施以威慑，然后以极慢的速度围绕该犯走，边走边说：以你的行为，我可以马上给你上手铐并且关你禁闭！

吴某：我做了什么吗？我什么都没做！

警察指着监控摄像头：监控录像也记录下了你的行为，要我放给你看吗？

吴某害怕被禁闭，完全偃旗息鼓了，开始不停地向警察道歉，希望不要关她禁闭。

**——此时，该犯的气焰被打下，正是我方可以深入了解情况的时候，要注意乘胜追击。**

警察并不答复，只是面无表情地看着她。

该犯渐渐有些手足无措。

警察突然说：那就要看你的表现了。首先要看看你的认错态度，然后是你是否可以遵守场所的规章制度。

吴某点点头说：我可以写保证。

让该犯写下保证，然后按下指模。

警察：我暂且给你这个机会，但我保留追究的权力。现在我们继续刚才的话题，希望你做到有问必答。

警察：谈谈你的家庭情况。

吴某：为什么你们警察都爱问我的家庭情况呢？我没什么情况。从我出生父母就去外面打工了，很久才回来看我一趟。到我十二岁他们就再也没有回来，我是吃邻居的饭长大的。我也不知道我家里还有什么人。（说完颇为讥讽地笑了一下）

警察：家里没有爷爷奶奶了吗？你跟爸爸妈妈从没联系吗？

吴某：（讽刺地一笑）你帮我找找呀，我也想找他们。

警察：那你的朋友呢？也没联系吗？

吴某笑笑说：我没有朋友。你是想找人给我寄钱吗？我不需要！既然你们把我抓到这里，就该负责我的所有开支，政府把钱给了你们的，不是吗？

警察：你说的“那个人”是指谁？他也问你父母的情况吗？

吴某：是抓我的警察啊！他非说我偷了东西，要送我坐牢！我没偷东西，我是去商场买东西，东西太多了拿不动，就放了一部分在包里，出门付钱的时候把包里的忘记了而已。他非说我偷了东西，也问我家里有什么人。

……

**——从这段谈话，我们可以听出以下几点：一是该犯极度自卑却又表现出很要强的样子；二是严厉的管理措施对其是有效的；三是其对犯罪事实不承认，对法院判决不服，怨恨当地公安干警，连带地对管理的警察也有怨气；四是该犯的成长过程对其心理健康造成了严重影响，但从该犯的言行未看出其有任何精神病方面的症状。**

**案例二：**服刑人员王某，入监以后经常消极怠工，谎称自己生病，甚至用喝盐酸的方式自伤自残，干警反复找他谈话，都没有效果。这天王某又像往常一样声称自己胃痛，躺在车间不干活。周干警见他不像是有病，便让他蹲在一边，故意不理他。半小时以后，周干警抬起头对王某问道：“怎么啦？有什么事慢慢说吧，别紧张，权当聊天。”王某听到“聊天”二字，动了动身子，半低着头，声音颤抖地说：“周干警，我其实也不是个一无是处的人。我十几岁就会武功，学习了中医保健，原来我也有车、有楼、有钱，有很多女朋友。如果不是因为吸毒，我怎么会沦落到今天这个地步？

唉!”周干警没有打断他，只是静静地听着。王某叹了一口气，说：“我进来以后，家里人一直不来接我，连信也没有一封。我很想念他们，于是消极怠工。为了引起干警的注意，我就装病。后来医生查出我没病，搞得我很没面子，既害怕干警找我算账，又怕其他服刑人员嘲笑，所以，索性豁出去喝了盐酸……”王某讲了很多，包括他入监前的生活状态、犯罪的经历、入监后的心情和服刑期间遇到的困难等。在这个过程中，周干警始终没有打断他，只是有时候点点头，有时候皱皱眉，耐心地听着王某的讲述，充分地表现出对王某的尊重、支持和理解。在王某尽情倾诉的同时，倾听他的心声，改善了与王某之间的人际关系，减轻了他的心理压力，打开了和王某沟通的大门。

这次谈话之后，周干警有针对性地对王某的问题进行了分析，解开了王某的心理矛盾，解决了他在服刑中遇到的困难。从此以后，王某的表现一直很好，进步也很快，不仅能积极主动地参加生产劳动和各种学习活动，还被选为卫生员。

## ◆任务要求◆

训练学生听取信息、解释信息、评估信息和回应信息的能力。

## ◆情境训练◆

### 训练1　全文复述式听话训练

**【训练目的】**

1. 培养学生机械记忆与即兴复述的能力。
2. 克服瞬间记忆的干扰和表述中的心理障碍。

**【训练材料】**

一篇政论文。这里节选陶铸的《崇高的理想》中的一段：

一个人有了崇高的、伟大的理想，还一定要有高尚的情操。没有高尚的情操，再崇高、再伟大的理想也是不能达到的。刚才已经讲过，共产主义这一最崇高、最伟大的理想之所以能够实现，就是因为找到了一个实现这一理想而斗争的社会力量，这就是具有高尚的情操的无产阶级。我们说，一个有高尚情操的人，一定是一个有崇高理想的人。像现代无数的革命烈士们，他们不怕坐牢，不怕杀头，不计名利，不图享受，为劳动人民的解放，为共产主义的远大理想，流尽了最后的一滴血。我们只要重温一下《革命烈士诗抄》里的那些诗，就可以从中得到激励和鼓舞，得到无限的精神力量。这些诗，都是烈士们用自己的生命和鲜血写成的。这些诗集中地表现了一个理想，就是即使在生命到了最后的时刻，他们也是坚决地相信着自己的牺牲是有代价的：革命事业一定会得到胜利，人民群众一定会得到解放，共产主义社会一定会得到实现。敌人虽然摧毁了他们的躯体，但是永远摧毁不了他们的伟大理想。《革命烈士诗抄》里那些诗句所表现出来的那种宁死不屈的磅礴气魄，对无产阶级事业的无限忠诚，正是一种最高尚的情操。而这样高尚的情操，是与对自己的远大理想抱着坚定不移的信念联系着的。中国革命的胜利，就是靠着无数具有高尚情操的革命民志和革命先烈们的斗争才能取得的。现在，我们要在我们这个“一穷二白”的国家里，进行社会主义革命和社会主义建设，还要为实现共产主义而奋斗，这都需要做更为持久的、极其艰苦的斗争；要取得这个斗争的胜利，必须要求我们每一个人首先是共产党员和先进青年都具有高尚的情操。

【训练方法】

1. 教师任选一部政论文选或文集，按学号逐一要求学生听读。

2. 教师慢速朗读3~5行文字，连读3遍后，请被试学生起立，背诵复述全部文字内容。

【训练说明】

1. 政论性材料比记叙文、散文、说明文等其他文体的记忆难度更大，较适合高校学生。

2. 学生在听读时不得用笔进行记录。

3. 除被试学生外，其他学生可以在教室看书，不得发出声音，不得对被试学生进行提示。

4. 教师可以根据训练要求自己选取其他论文。

## 训练2　要点复述式听话训练

【训练目的】

1. 在机械记忆的基础上培养学生记忆要点及复述的能力。

2. 克服表述中的心理障碍。

【训练材料】

一篇政论文。这里节选毛泽东的《改造我们的学习》中的一段：

中国共产党的二十年，就是马克思列宁主义的普遍真理和中国革命的具体实践日益结合的二十年。如果我们回想一下，我党在幼年时期，我们对于马克思列宁主义的认识和对于中国革命的认识是何等肤浅，何等贫乏，而现在我们对于这些的认识是深刻得多，丰富得多了。灾难深重的中华民族，一百年来，其优秀人物奋斗牺牲，前仆后继，摸索救国救民的真理，是可歌可泣的。但是直到第一次世界大战和俄国十月革命之后，才找到马克思列宁主义这个最好的真理，作为解放我们民族的最好的武器，而中国共产党则是拿起这个武器的倡导者、宣传者和组织者。马克思列宁主义的普遍真理一经和中国革命的具体实践相结合，就使中国革命的面目为之一新。抗日战争以来，我党根据马克思列宁主义的普遍真理研究抗日战争的具体实践，研究今天的中国和世界，是进一步了，研究中国历史也有某些开始。所有这些，都是很好的现象。但是我们还是有缺点的，而且还有很大的缺点。据我看来，如果不纠正这类缺点，就无法使我们的工作更进一步，就无法使我们在将马克思列宁主义的普遍真理和中国革命的具体实践互相结合的伟大事业中更进一步。首先来说研究现状。像我党这样一个大政党，虽则对于国内和国际的现状的研究有了某些成绩，但是对于国内和国际的各方面，对于国内和国际的政治、军事、经济、文化的任何一方面，我们所收集的材料还是零碎的，我们的研究工作还是没有系统的。二十年来，一般地说，我们并没有对于上述各方面作过系统的周密的收集材料加以研究的工作，缺乏调查研究客观实际状况的浓厚空气。"闭塞眼睛捉麻雀"，"瞎子摸鱼"，粗枝大叶，夸夸其谈，满足于一知半解，这种极坏的作风，这种完全违反马克思列宁主义基本精神的作风，还在我党许多同志中继续存在着。马克思、恩格斯、列宁、斯大林教导我们认真地研究情况，从客观的真实的情况出发，而不是从主观的愿望出发，我们的许多同志却直接违反这一真理。其次来说研究历史，虽则有少数党员和少数党的同情者曾经进行了这一工作，但是不曾有组织地进行过。不论是近百年的和古代的中国史，在许多党员的心目中还是漆黑一团。许多马克思列宁主义的学者也是言必称希腊，对于自己的祖宗，则对不住，忘记了。认真地研究现状的空气是不浓厚的，认真地研究历史的空气也是不浓厚的。其次说到学习国际的革命经验，学习马克思列宁主义的普遍真理。许多同志学习马克思列宁主义似乎并不是为了革命实践的需要，而是为了单纯的学习。所以虽然读了，但是消化不了。只会片面地引用马克思、恩格斯、列宁、斯大林的个别词句，而不会运用他们的立场、观点和方法，来具体地研究中国的现状和中国的历史，具体地分析中国革命问题和解决中国革命问题。这种对待马克思列宁主义的态度是非常有害的，特别是对于中级以上的干部，害处更大。

**【训练方法】**

1. 教师任选一部政论文选或文集，按学号逐一要求学生听读。

2. 教师慢速朗读 6 ~ 10 行文字，连读 3 遍后，请被试学生起立，复述该部分文字的几个要点。

**【训练说明】**

1. 政论性材料比记叙文、散文、说明文等其他文体的记忆难度更大，较适合高校学生。

2. 学生在听读时不得用笔进行记录。

3. 除被试学生外，其他学生可以在教室看书，不得发出声音，不得对被试学生进行提示。

4. 教师可以根据训练要求自己选取其他论文。

## 训练 3　听话过程中的正误辨析训练

**【训练目的】**

1. 培养学生在记忆、理解基础上的及时判断能力、辨析能力和反应能力。

2. 帮助学生克服表述中的心理障碍。

【训练材料】

1. 通知：

**通　知**

各班体育委员：

你们好！

经研究，定于四月二十日下午二时召开各班体育委员座谈会，请做好发言准备，准时参加会议。

此致

敬礼！

光明中学学生会

2. 寻人启事：

**寻人启事**

孙××，男，十四岁，身高1.5米。南方口音，痴呆。留平头，皮肤微黑带白，左肩部有黑痣。穿黄背心，白色运动短裤，黑塑料凉鞋。×年×月×日在中山路走失，有知情者请与我联系，多谢。

联系人：孙××
×年×月×日



3. 申请书：

**申　请　书**

校抗“非典”宣传组：

近来，SARS病魔在我国肆虐，严重危害群众的生命安危。我国人民在党中央国务院领导下，众志成城抗击“非典”。在这场没有硝烟的战斗中，我校师生也积极行动起来，每天打扫卫生、清除垃圾、测量体温。在校团委和学生会倡导下，校内还成立了抗“非典”宣传组，开展内容丰富、形式活泼的抗击“非典”的宣传教育活动。

我是班上的宣传委员，有一定的组织和宣传能力。很希望为抗击“非典”出一点力。

此致

敬礼

申请人：初三（×）班××
2003年4月××日

4. 短文：

生存是一门艺术，它的第一法则就是合作。急中生智，因一己之私而践踏合作法则，从短时间看是损人利己，从长远看，却是害人害己，自取灭亡。相反，你照顾和维护了别人，别人也会感恩你，你因别人而受益，别人也会因你而受益。

【训练方法】

1. 教师准备一些广告词、寻人启事、失物招领、会议通知之类的简短文字材料，每份材料制造2～3个语法、逻辑等方面的错误，按学号逐一要求学生听读。

2. 教师将一份材料连读3遍后，请被试学生起立，指明错误所在。

【训练说明】

1. 同一篇材料中的错误不能太多，否则会影响学生对全文的理解。

2. 同一份材料，在同一个班的教学中，最好只使用一次。

3. 学生在听读时不得用笔进行记录。

4. 除被试学生外，其他学生可以在教室看书，不得发出声音，不得对被试学生进行提示。

## 训练4　总结要点式听话训练

【训练目的】

1. 培养学生在听的过程中虚化冗余话语、总结话语中心思想的能力。

2. 帮助学生克服表述中的心理障碍。

【训练材料】

1. 唉，我就是在太和打工差不多一年多了拿不到钱，我们都到，我到法院去，劳动局搞那个仲裁，搞那个仲裁，劳动局啊，我们现在是没有合同。没有那个合同。他停工的时候给我开了一个结账单，结账单，那个劳动局说没有用。劳动局（说）没用。他说我到法院里去起诉。法院不受理，我现在很困惑，不知道该怎么办。

2. 有这样一个故事：可能是在春秋时候吧，不，不是，可能是战国时候，有一个人叫东郭先生。啊，不对，是南郭先生。你瞧，我这记性，一碰到古代的事，我就糊涂。那会儿更可笑，司马光小时候打破水缸的故事，我却把它按到司马迁头上去了。南郭先生是齐国人。齐国的国王喜欢听竽。竽是一种乐器，不是鱼虾的“鱼”，有人老爱把“滥竽充数”写成“烂鱼充数”，拿烂了的鱼充数，我弟弟就是这么写的。看，又扯远了。齐宣王不爱听一个人吹，每回都叫三百个乐师一块儿吹，南郭先生不会吹竽，也混在里头充数，领一份薪水。后来齐宣王死了，他的儿子齐缗王接了班，他喜欢听一个一个单独吹。南郭先生怕露了马脚，就连夜逃走了。

【训练方法】

1. 教师准备一些带有冗余信息的简短口语材料，可以含有重复、啰唆、结构方面的病句和东拉西扯等问题，按学号逐一要求学生听读。

2. 教师将一份材料用口语读一遍后，请被试学生起立，归纳话语要点及材料所要表达的中心思想。

【训练说明】

1. 材料中的冗余信息可以含有重复、啰唆、结构方面的病句和东拉西扯等问题。

2. 同一份材料，在同一个班的教学中，最好只使用一次。

3. 学生在听读时不得用笔进行记录。

4. 除被试学生外，其他学生可以在教室看书，不得发出声音，不得对被试学生进行提示。

## 训练 5　模拟谈话训练

**【训练目的】**

培养学生的表达和综合倾听能力。

**【训练材料】**

1. 更换劳动岗位的请求。
2. 服刑思想汇报。
3. 离监探亲的请求。

**【训练方法】**

1. 由教师在一周前布置训练项目，要求每两个学生为一组，共同商定一个话题，并明确身份（如话题为“更换监舍的请求”，一方为服刑人员，一方为监狱人民警察）。

2. 话题限定为一方向另一方提出请求并阐述理由，尽力达到自己的愿望；另一方尽量回避对方的请求，帮助其找到问题的症结所在，尽量使对方放弃原请求。



**【训练说明】**

1. 训练开始前，双方按各自规定立场准备理由，互相不能通气。
2. 虚构的理由一经说出，就视为真实，双方都不得指责对方虚假。
3. 学生在训练过程中也可模拟激动、愤怒等言行，教师要注意控制场面。

# 任务二　调解

## ◆知识储备◆

### 一、调解的概念

矛盾是客观存在的，没有矛盾的世界是不存在的。监狱是一个多重矛盾并存的地方，改造与反改造、监管与被监管、服刑人员之间、社会人员与服刑人员之间的分歧、隔阂、冲突、怨恨，处处都存在着不协调的因素。而这些不协调的因素不仅直接影响着犯群关系，也妨碍着监狱改造事业的健康发展。因此，要处理这些不协调的因素，化内耗为共进，调解就是监狱人民警察必须掌握的一种口才技能。

监狱调解工作是指在监狱人民警察的主持下，以国家法律、法规和政策以及社会公序良俗为依据，对纠纷双方进行劝说，促使他们互谅互让，在平等自愿的基础上达成协议，解决纠纷的活动。中国当代的调解制度有很多种类，监狱调解工作主要是在服刑人员之间、社会人员和服刑人员之间进行“和解”，通过摆事实、讲道理的方式平等、自愿、公平、合理地解决矛盾和争议。

通过调解可以掌握纠纷动态，有效地防止纠纷激化升级，可以把复杂疑难的问题转化成简单的问题，将纠纷在早期阶段就化解掉；通过调解可以在监狱大力宣传法制，在服刑人员中普及法律常识；通过调解可以对服刑人员进行社会主义道德教育，把教育引导与服刑人员的实际困难结合起来，帮助服刑人员释疑解惑、明辨是非，做到“调解一案，教育一片”。此外，调解工作在维护监狱稳定、构建和谐监狱、促进服刑人员对监狱人民警察的信任等方面都具有重要作用。

## 二、调解的特点

### （一）调解的主要特点

1. 对象的多边性。调解的对象必须至少存在两人或两方，而且双方存在一定的联系。只有一方是没有办法造成矛盾的，所以是根本不存在的。没有联系的双方也无须进行调解。

2. 观点的分歧性。调解不仅要求调解对象上两人或两方，而且双方在观点、利益或行为方式上必须存在着矛盾或分歧，甚至是冲突。因为，不存在矛盾或冲突，大家观点一致，就无须进行调解。

3. 结果的导向性。所谓结果的导向性就是调解的最终结果往往会对社会其他成员起到一种价值导向作用。比如服刑人员王某，入狱前与女友感情甚好，入狱后将早日出狱与女友结婚作为自己的改造动力，改造表现突出。但近日女友提出分手，王某因此悲观失望，整日消沉度日，多次违规违纪，甚至计划脱逃。经过监狱人民警察多次调解，王某认识到自己行为的偏激，又重新振作起来，王某女友也回心转意，两人重修旧好，并约定王某出狱当天登记结婚。这种结果在监狱里引起了很大的反响，对其他服刑人员起到了激励、引导和教育的作用。

### （二）调解的语言特点

1. 大众化、明朗化、通俗化。使用大众化、明朗化、通俗化的语言，可以更接近调解对象的生活实际和认识水平。简短、明确、流畅的话语可以使调解对象一听就懂，不会产生误解。适当地运用民间俗语、言语说明对某些问题的看法，可以使调解对象更容易理解调解员所讲的道理。

2. 言辞真诚恳切，符合调解对象心理。一般情况下，监狱纠纷并没有冲突特别严重的矛盾，所以，最好的途径就是和平解决。这就要求调解的语言必须真诚恳切，言之有物，实实在在地说理。用温和的语言表达自己不希望看到冲突的意愿，向他们展示自己要帮助双方化解纠纷的诚意。既不能喋喋不休，也不能讲空话、套话、大话；既要符合法律规范，又要符合调解对象特定的心理。有时调解的语言虽然合理合法，但是未必合“情”。不根据纠纷双方的实际情况盲目地进行调解，就算是磨破嘴皮，也只能以失败告终，搞不好还可能将纠纷升级，出现不可收拾的局面。可见调解的语言没有固定的模式，不能生搬硬套，必须根据调解对象不同的心理特点，选择不同的调解语言。

3. 晓之以理，忠言顺耳。虽然“良药苦口利于病，忠言逆耳利于行”，但是，随着社会的迅速发展，人们自我意识的不断增强，将苦口的良药裹上“糖衣”也未尝不可。所以，忠言也可以顺耳。调解并不是对纠纷双方错误的大肆指责，而是要从维护双方的利益和名誉出发，晓之以理，动之以情，使忠言表达得深刻得体，让纠纷双方都可以接受，并从中探求共同的利益，达成和解。尤其对那些自尊心强、爱面子的调解对象，更该如此。

4. 先表“赞同”，后诉分歧。监狱人民警察特殊的调解身份，往往造成调解对象紧张、戒备甚至对立的情绪。要使自己的意见都被双方接受，可以先采用“赞同”的方法，找出纠纷双方在某一方面的“一致性”，强调共同的愿望，肯定调解对象某一点意见的正确。当对方消除了对立心理之后，再指出分歧所在。调解对象委屈、愤怒的心理得到平衡，自然能理智地、心平气和地接受自己的意见。

## 三、调解的技巧

### （一）选择调解地点的技巧

监狱各种矛盾十分复杂，出现的纠纷也多种多样，调解工作必不可少。一个正确合适的调解场所可以切实做到因地制宜地调整调解策略和方法，收到更好的调解效果。但是我国绝大多数监狱没有专门进行调解的场所，因此，掌握正确地选择和安排调解场所的技巧十分必要。

监狱调解场所的选择是非常灵活的，有些纠纷可以在谈话室、审讯室等严肃的场合进行调解，这些场所会使服刑人员肃然起敬，使有理的一方感到踏实，无理的一方心虚理亏。严肃的调解场所比较适合监狱伤害、侵权等调解对象，以及一方不讲理、蛮横霸道而另一方遵纪守法的纠纷。在调解家庭婚姻等纠纷时，可以选择融洽型的场所，比如服刑人员家属的住处等，在这些地方进行调解，气氛会比较融洽，有亲和力，能拉近监狱人民警察与调解对象之间的感情距离。如果服刑人员家属不通情达理，故意胡搅蛮缠，也可以选择在调解对象比较注重自己的表现和形象的地方进行调解，比如调解对象的单位。这种场合可以让调解对象表现得有风度、通情理。在进行帮助将释人员安排就业、就学等问题的调解时，可以选择到调解对象的单位进行。有时候与纠纷有关的特定场合可能会使调解对象触景生情，所以，对于需要调动当事人特殊情感的调解，也可以选择这些场所进行。

### （二）因人而异的调解技巧

在调解过程中，调解对象的性格、年龄、职业、社会经历、文化程度等都存在很大的差异，能够适当地运用这些特点，可以使调解取得事半功倍的效果。

一般来说，文化水平较高的调解对象比较理智，分析和理解问题的能力比较强，也比较全面，所以在对这一类人进行调解的时候，要侧重以法服人，以法律规定为武器，为其讲清利害关系和针对此类纠纷的法律、法规及相关规定，可以促成调解的成功。对于讲感情、重义气的调解对象，要侧重情感的渲染，这类人比较直爽，对利益之争并不十分在意，调解时可以用一些触动情感的语言，将其现实困难和作出的妥协让步充分表达与渲染，用真情实意去拨动其心弦。对于蛮不讲理、胡搅蛮缠的调解对象要侧重于威慑，这类人情绪往往不稳定，行为、语言表现得十分激烈，对一般的劝解和说服听不进也不配合，但其内心是十分清醒的。对这类人进行调解时要明确表明我们的决心和态度，用原则性和针对性的语言攻击他们的弱点与心虚之处，攻势要猛，使他们产生不配合就无法过关的感觉，用正义的言辞威慑他们与我们配合。对缺乏主见、优柔寡断的调解对象，要侧重利弊分析。这些人往往在达成协议的关口拿不定主意，这时，监狱人民警察要有理有据地帮助他们把事情的利弊分析清楚，打消他们的疑虑。对于自尊心强、好面子的调解对象，要给予他们充分的尊重，表扬他们的长处，使他们产生自豪感和满足感，这样很容易使他们在利益问题上作出很大的让步，从而促成调解的成功。

**（三）运用调解语言的技巧**

1. 平心静气。纠纷双方产生纠纷后，情绪一般都不稳定，有的粗暴蛮横，有的郁闷痛苦，有的急躁不安，有的火冒三丈，甚至可能会萌发轻生的念头，这些异常的心理状态，都不利于化解纠纷，所以在调解初期要使用平心静气的话，例如“请相信政府，相信我们，你的问题会得到公正的处理”等，可以使调解对象稳定情绪，顺气灭火，心灵得到抚慰，恢复常态，这样可以有效地化解纠纷。

2. 幽默风趣。调解开始阶段气氛往往比较紧张，调节对象也多为拘谨不安，这种气氛容易使矛盾激化。而幽默风趣的语言可以增加轻松愉快的气氛，使调解对象从诙谐生动的话语中得到启示，探求哲理，更可以适时进行思想教育，还可以个人以友善温和之感，使调解对象体会到监狱人民警察的善意。这样，调解语言就容易被调解对象接受，也可以使三方的关系变得融洽。

3. 欲抑先扬，欲擒故纵。在调解的过程中，及时地、充分地对调解对象的优点、长处予以表扬和激励，可以满足调解对象的心理需求，形成良好的调解气氛，使被褒扬者作出一定的妥协和让步。但是，在调解中表扬和肯定，不等于不批评、不训诫。对于一些是非观念薄弱、无理取闹、胡搅蛮缠、胡作非为、固执己见、不听劝告的调解对象就要直面矛盾，敢于批评，严厉指出其继续坚持错误观点的后果，也可以以法律政策为依据反驳对方的错误观点，使其知晓利害，知难而退。“扬”和“抑”在调解的过程中要根据实际情况适时替换使用，“扬”中有“抑”，“抑”中有“扬”。

**（四）运用调解策略的技巧**

1. 使调解对象一方主动退出。在调解过程中，可以考虑主攻调解对象一方，让他主动退出争执和矛盾，另一方没有了冲突对象，纠纷也就自然化解了。具体来说，可以对调解对象的一方进行夸奖，唤起他的自豪感和荣誉感，使他为了顾全自己的面子而退出争执，但是在使用这种策略的时候不可以伤害到另一方的自尊心，所以最好不要当着另一方的面进行夸奖，否则会事倍功半；也可以让调解对象的一方感觉到自己的地位和价值，唤起其理性思考，转移其注意力，都可以达到使一方退出争执、化解冲突的目的。

2. 公平公正。作为调解者，进行调解要一碗水端平，做到公平公正。要从各个方面尽可能详细地把情况摸清楚，力求把话讲到调解对象的心坎上，准确地解除其心上的疙瘩。还要分清矛盾的主次方面，对措辞激烈、吵得过分的一方重点做工作，这样比较容易平息纠纷。反之，如果对言辞平缓的一方重点做工作或者平均使用力量，就会使对方感觉有失公平，从而失去心理平衡，易使调解失败。

3. 淡化不同点。当调解者所要表达的意见与调解对象发生矛盾冲突的时候，特别是要让调解对象放弃其原有的意见而接受调解者的意见时，千万不要说对方的观点是错误的。正确的做法是机智、巧妙、婉转地将你们之间的不同点加以淡化，然后把调解对象引到你的观点上来，从而使他淡忘甚至完全忘却自己原来的意见。

## 四、调解的要求

### （一）调解的基本要求

1. 原则问题要分清是非。调解者在调解过程中，必须体现出公道正派的做人态度。如果调解者是非不分，无原则地当“和事佬”，就不会取得调解对象的信任，也就无法达到协调的目的。即便将冲突平息，也是表面上保持了一团和气，解决不了实质问题。所以，调解者必须在原则问题上分清是非。

2. 调解方法要具体问题具体分析。调解矛盾没有万能的方法，而要根据不同的事、不同的时间、不同的人和场合采取不同的方法，就是因事而异、因时而异、因人而异、因地而异。不同的事有着不同的质，不同的人有着不同的身份、年龄、个性、经历，不同的场合有着不同的氛围，这些不同，要求调解者采用不同的协调方法，一把钥匙开一把锁，具体问题具体分析。

3. 调解态度要不卑不亢。调解者的态度很大程度上决定着调解的成败。如果调解者遇事说软话，随风倒，唯唯诺诺，不讲原则，看似谁也没有得罪，但也什么问题都不能解决；相反，语气强硬、唯我独尊、让别人唯命是从的态度，很可能会激化矛盾，导致更大的风波。因此，要成功地调解矛盾，在态度上应该做到不卑不亢，通过摆事实、讲道理，使问题最终得到解决。

4. 分析矛盾时分清主次。任何矛盾的产生和发展，都有主要矛盾和次要矛盾之分，都有主要责任一方和次要责任一方。在调解时，如果调解者能抓住矛盾的关键或抓住矛盾的主要一方来进行调解，问题就会迎刃而解。



### （二）调解的语言要求

1. 通俗易懂。监狱调解工作，面对的大多数都是服刑人员之间、服刑人员与社会人员之间的小矛盾和小冲突，而且监狱调解工作中，很多调解对象的法律知识和文化水平都不是很高，所以通俗易懂就成为调解语言的一个基本要求。如果调解者的话让调解对象根本听不懂，那么调解的效果就无从谈起。因此，调解人员在进行调解时，要尽量避免使用太多的文言文、书面语，也不要使用过多的华丽艰涩的辞藻，更不能故弄玄虚，卖弄学问，堆砌抽象的原理和专业性很强的术语，让调解对象摸不着头脑。如果需要解释有关法律规定，调解者应该深入浅出，以贴近实际生活的小故事、俗语、歇后语等大众化的语言来阐明道理，更容易使调解对象接受。

2. 准确鲜明。只有能够将内心的愿望、想法、要求通过准确鲜明的语言表达出来，才能使对方清楚明白地理解。因此，调解人员在进行调解时，对事实的陈述要简明扼要、层次分明；说服、教育要有理有据、富有逻辑。否则，含糊其辞、模棱两可、似是而非的表达只能造成误解和双方交流的障碍。

3. 少说多听。通过倾听，可以了解情况、查明事实，可以使调解对象宣泄情绪、平静心情，可以暂缓表态，避免授人以柄。相反，如果缺乏倾听，而急于表达自己的见解和意见，不仅会失去获取信息的机会，调解对象也未必听得进去，而且容易造成“言多必失”的不利后果。所以，在调解过程中要慎言多听，不要急于下结论，不要随意承诺，不说不负责任的话，不说违背法律和政策的话。

4. 留有余地。在调解过程中，调解人员说话要有分寸、留余地，不要把话说得太死、太绝对。调解的任务是促成当事人达成协议、解决纠纷，这就要求调解人员对调解对象的是非评判应有分寸，同时对纠纷处理结果的预测应有分寸。在回答一些指向性问题时，可以有一定的倾向性和说服性，但是要避免绝对化。

## ◆范例分析◆

**案例一**：罪犯黄某，36 岁，二进宫罪犯，前一次是因吸毒、贩毒而被判刑，这次是因为盗窃罪被判处有期徒刑 4 年。罪犯徐某，48 岁，有哮喘病。因为黄某不小心踩到徐某的脚，两人互不相让，于是吵了起来。

警察首先将此二人分开，同时让她们在一旁思过。待此二人情绪平复后，逐一找来谈话。

警察：你说说看，你们为什么吵架？

黄某：（委屈的表情）我只是不小心踩到她的脚，我还没来得及道歉，她已经开骂了。我本来不想跟她吵的，因为我对规定很了解，知道吵架要扣分。但是她越骂越过分，还骂我妈，我才忍不住跟她吵的。我知道错了。

警察：作为二进宫罪犯，你应该知道这种行为要扣多少分。

黄某讨好地求警察少扣一点，表示愿意马上写检查和保证，以后绝不再与人吵架。

**——黄某作为二进宫罪犯，对监狱的规章制度很清楚，依然跟人吵架属于恶习难改，不可被其貌似诚恳的态度所蒙骗，要通过日常了解和事发后的调查来了解事情的真相，这样才能做好调解工作。**

警察：我知道你的性格很跋扈，而且我也跟别人了解过，事情好像跟你说的有些出入。（逼视该犯）

警察继续一字一顿地说：你也知道认错态度对处理的力度影响很大，考核分对你也很重要。

**——在掌握的证据上作合理的推断，然后在谈话中试探该犯。**

黄某：（讪讪地笑笑）我觉得跟个新进来的道歉很没面子。

警察：我知道你吸毒时染上的习性很难改，但你现在在这个特殊场所，必须改掉坏毛病！

黄某：（点点头）还是警察了解我。

警察：从上次跟你接触，我知道你是个敢作敢当的人，难道这次变孬种了？

**——用激将法进行询问。**

黄某马上说：我当时真是不小心踩到她的，但我想着是小事，就没理她，也没给她好脸色。没想到她却不依不饶，我心里很气，也想给她点颜色瞧瞧，就跟她吵起来了。但我知道打架处罚很重，就没有动手。

警察：等我全面调查了解后，若你已诚实交代清楚，我会酌情处理。

**——要给自己留足空间，不可轻易给处理意见。**

接下来，单独找徐某问话。

警察：说说事情的经过。

徐某：我的脚本来就很疼，她那么大力踩了我的脚，却不道歉！警察，你不知道她当时的表情多么可恶！她踩得我那么疼，却还是那么欠扁的表情，我真的很气很气！（该犯依然非常激动，大声地喘着气）

警察：你明知道自己有哮喘病，却因为这样芝麻绿豆的小事跟人争吵，到现在还那么激动，要是病情发作怎么办？为了这个事要是搭上性命岂不是可怜？

**——一针见血地指出该员在意的方面，以引导其情绪，避免出现意外。**

徐某一听马上努力平复自己的情绪，说：我会注意的，谢谢警察提醒。

警察看该犯情绪稍稍平复，继续说：被人踩到脚是小事，你之所以愤愤不平，只是因为你不依不饶的性格，还有就是逞口舌之勇，想压倒别人。

徐某：我也是因为脚本来就有点肿了，被她踩得非常疼，但她态度还那么差！

警察：你先骂人的，而且用粗话骂得很难听，是吗？

徐某：（不好意思地点点头）是。

警察：你骂完开心了？脚不疼了？因此被罚分，你不觉得不值得？

徐某：我当时没想那么多。

警察：你们有没有动手？

徐某：没有，周围的人都劝我们，不相信你可以去问。

**——通过谈话从另一个当事人了解事情的经过，并互相印证，同时对其进行教育。**

之前是调查了解和单独教育阶段。在了解了事情的经过，并让两人都认识到自己的错误后，要将两人叫到一起，进行面对面的调解，并宣布处理意见。

警察：你们各自说说自己错在哪里？

徐某和黄某各自当面承认了自己的错误。

警察：徐某，你说你的行为违反了哪条纪律？

徐某背诵了自己违反的纪律，然后请求警察从轻处理。

警察宣布了对两人的处理意见，然后要求两人好好反省，若再次出现类似事件，则会从严处理。

**——进行调解前，一定要先控制场面，然后适当隔离，最后根据其性格特点逐个进行调解谈话。**

## ◆任务要求◆

训练学生的调解表达技巧。

## ◆情境训练◆

### 训练 1　调解技巧的训练

**【训练目的】**

1. 培养学生识别和应用调解技巧的能力。
2. 加强学生整理思路、组织语言的技能。

**【训练材料】**

一位前来咨询婚姻危机的女当事人称其和丈夫结婚四年了，房子是在结婚之前买的，房产证上是丈夫的名字，但结婚后大部分的房贷是自己支付的。最近和丈夫发生矛盾时，对方经常开口闭口就叫她滚出去，说房子是他的，是婚前财产，并且要求离婚。虽然每次都是自己在忍耐和退让，希望能继续维持婚姻关系，但也会常常想自己的婚姻是不是真的走到了边缘。

针对这样的情况，心理咨询师先是从法律角度进行了分析：“现在的情况的确对你很不利，因为法律规定结婚前的个人财产不会转化成夫妻共同财产，而且虽然你付出得多，但是因为证据上的不足，也会导致你在分割财产上的不利。至于结婚时候你出的财礼，原则上应当属于你，结婚后购置的财产属于双方共同财产。如果能证明对方在婚姻持续期间存在过错，可以在分割时候少分或不分。其实我能感觉到你对他、对这段婚姻还是很有感情的，只是你遇到了一个不能理解你付出的人。但不论怎么样，因为你很独立，所以这也造成他的一种不自信。从你们的婚姻看，你们的问题并没有到非要离婚的地步，而且通过调解，如果双方能理性地认识到现在问题的本质，你们今后的婚姻应该会很幸福的。从心理学的角度，如果一个人总在想什么，那么他可能就会遇到什么。这是因为如果你总在想一种场景或结果，就会给自己形成一种暗示，并在潜意识中引导自己向那个方向去发展，并导致那样的结果。如果你整天想着离婚和离婚后的结果，那么你很可能就会真的离婚了。所以，你现在应该努力地去调整和他的关系，并可以作深入的分析，找到现在双方存在的问题。因为，现在寻求帮助要比真正危机到来时的效果更好。针对现在的情况，能够感受到你们的婚姻的确存在着一些问题，但很多时候人们往往因为对自己婚姻所存在的问题作出错误的判断，而作出了不理智的决定。而且在现实中，我遇到好几个案例本来是要起诉离婚的，但经过专业的心理辅导和帮助，他们认识到了问题，最后又回去继续生活，而且关系大为改观。”通过调解，当事人认识到了问题的所在，在她的努力下，她的丈夫也来进行婚姻危机评估，双方都从中受益。

心理咨询师使用了哪些调解的技巧？在使用这些技巧时应该注意哪些问题？




### 【训练方法】

1. 教师以提问的方式请学生回答上述问题。
2. 教师进行点评和讲解。

### 【训练说明】

1. 该训练主要是使学生掌握调解的技巧和相关要求。
2. 材料中使用了不止一种调解技巧，要求学生仔细识别。
3. 教师还可以根据训练目的选取其他材料进行训练。

## 训练2　调解策略的训练

### 【训练目的】

1. 培养学生对于不同性格的调解对象运用不同调解对策进行调解的能力。
2. 加强学生掌握调解策略、组织语言的技能。

### 【训练材料】

对不同性格类型的调解对象应采取不同的调解对策，请为以下八种不同性格的调解对象设计调解对策：

1. 理智型：情绪表现理智，言行举止不易冲动，但由于感知能力、记忆等缘故对纠纷形成不正确的认识；存在不合法、不合理的需求，产生不正确的动机；或者对于法律缺乏了解，有对法律片面甚至是错误的理解。

2. 情绪型：知觉和观察能力比较敏锐、迅速，但往往是混乱的、无组织的。这种类型的人不善于考察、分析现象的细节，也不善于概括地反映现象的本质，对客观刺激表露出过强的兴奋。

3. 独立型：有个人信念，善于独立发现、思考和解决问题，遇事沉着、冷静、自信、果断、有主见，能独立判断是非，不易受暗示。

4. 顺从型：不善于独立思考，易受暗示，不加思考地接受他人的意见，容易按别人的意见行事。

5. 纯理论型：能冷静地认识、评价纠纷的性质，看待自己和对方当事人，但是对问题的认识常常出现片面性甚至错误。

6. 纯经济型：对一切事物都只从经济的观点出发，又从实际功利来评价事物的价值，以获得财产、追求利益为生活目的。

7. 外倾型：性格外向，心理活动溢于言表，感情外露，不拘小节，情绪变化明显，易冲动，处事果断，随和，独立性较强。

8. 内敛型：感情不外露，不轻易暴露各种心理倾向，抵制外部影响，孤僻，不喜欢交际，顾虑多，处事谨慎，适应环境困难，缺乏自信心，对批评敏感。

**【训练方法】**

1. 教师以提问的方式请学生回答上述问题。
2. 教师进行点评和讲解。



**【训练说明】**

1. 该训练主要是使学生掌握针对不同对象进行调解的策略。
2. 提问前要给学生充分的时间进行思考和准备。

## 训练3　调解辅助技巧的训练

**【训练目的】**

1. 培养学生运用除语言之外的目光、面部表情、形体动作、语音声调等辅助语言技巧的能力。
2. 加强学生掌握调解技巧、传递无声语言的技能。

**【训练材料】**

1. 交叉着双手，眼睛紧盯着对方，身躯挺得笔直，双腿交叠。

2. 一个人很快地走进屋里，却没有立即坐下。别人请他坐下，他却选了一个尽可能与众人远离的位置，然后翘起脚，两手交叉着望着窗外。

3. 一个人用手或用笔在桌上敲打，腿抖动，脚跟或脚尖在地板上打拍子，双眉时时皱紧，嘴闭合。

4. 坐着的人，解开外衣的纽扣，放下交叉的腿，坐到椅子的边缘，并紧靠使他与调解人员隔开的书桌。

5. 手臂交叠，身体移开，交叉双腿，头向前倾，紧锁双眉，有些人还从眼镜上方窥视，好像要把对方的话“看”得更清楚些。

6. 以侧身对着调解人员，并开始摸摸鼻子，或捏捏鼻子，频频弹烟灰，一根接一根地抽烟等。

7. 双膝分开，上身后仰，十指交叉，搂住后脑。

8. 双脚伸直交叠在一起，并仰靠在沙发背上，点上烟后却很少抽。

**【训练方法】**

1. 教师请八位同学模仿上述材料所表现的动作和表情。
2. 以提问的方式请学生根据模仿的动作，揣测做动作的人的内心活动。
3. 教师进行点评和讲解。

**【训练说明】**

1. 语言沟通时的目光、面部表情、形体动作、语音声调等可以起到强化交流信息的内容，表达调解人员的情感和掌握调解对象心理活动的作用。
2. 学生模仿的动作和表情不宜太过夸张。
3. 教师可以根据训练目的选取其他材料进行训练。

## 训练 4　分析错误调解的训练

**【训练目的】**

1. 培养学生识别常见的错误调解的能力。
2. 加强学生正确掌握调解技巧的技能。

**【训练材料】**

在北京参观的时候，N 小姐跟带队的领导提了一个建议，反映公司的薪水偏低。公司当时的效益非常好，但是薪水确实偏低，已经有很多人反映了。其实 N 小姐也并不是自己想加薪水，她提出这个问题，其实也是害怕自己部门的优秀员工流失。当时一位领导开玩笑地说：“你们这么年轻，又没有结婚，要这么多钱干吗?”虽然是开玩笑地说，但是因为是一个高层领导说的，常言道：“言为心声”，N 小姐觉得被深深刺伤了，当即就打报告离职。

N 小姐是该公司老板 M 先生手下的一位得力干将，所以听到 N 小姐要离职的消息，M 先生觉得好笑。年轻人，冲动啥呢? 这时候，X 先生是北京分公司的经理，N 小姐行政上隶属于他，M 先生就请 X 先生去劝 N 小姐。X 先生找 N 小姐了解情况，知道了事情的原委后，一方面也有些不痛快，另一方面也很担心自己下属的优秀员工就这样走了。他感到事态严重，就跟那位高层谈了谈。X 先生跟这位领导说，N 小姐其实是代表员工才这样说的，作为主管，能提出这个问题，一定是真的希望公司做好。因为主管一定是公司里最核心的人，如果主管不愿意反映一些问题，那对公司的发展是相当不利的。结果这位高层反过来劝 X 先生。谈到后来，领导抛下了这么句很有杀伤力的话："你是不是也想加薪啊？你是不是觉得她讲的是对的？你是不是也想离职啊?!"就这么一句话，X先生一股热血涌上来："我也想离职了！如果公司不去改正，大家都想离职了!"

M老板一听说自己的爱将X先生要离职，马上把人召了回去，俩人认认真真地谈了一次。X先生叙述了事情的原委，M先生就劝他："你不用去管别人的话嘛。我觉得你是一个天生的Sales，你的个性就是喜欢挑战，北京公司做得这么好，大家也学习过了，估计你也没什么感觉了。这样吧，我派你去韩国，打回总部！我们去韩国跟他们作战，就派你去!"X先生听了挺有感觉，哎呀，去韩国，是挺有挑战的，当即就表示了同意。M老板又趁热打铁，为X先生做了一个规划："那你这半年先不用去北京了，公司出钱，先送你去读书，学习一下韩语，为去韩国做准备。"谈着谈着，爷俩茅塞顿开，所有的不快都烟消云散了。M先生以为这事儿已经过去了，感到很开心。谁想才过了两天，再次见面的时候，X先生又把辞职信交到了M先生的手上。M先生非常惊讶：明明已经谈好了，怎么又要走了？其实当时的谈话并没有彻底扭转X先生内心深处的想法，X先生觉得除了M先生，其他人其实并没有转变看法。后来他最终还是答应了其他公司的加盟邀请。就这样，X先生和N小姐几乎是前后脚离职。N小姐去了珠海，X先生去了深圳。

是什么造成了N小姐和X先生的离职？你认为，那位高层领导和M先生的调解各有哪些错误？如果你是这个公司的领导，应该怎样处理N小姐的请求？

**【训练方法】**



1. 教师以提问的方式请学生回答上述问题。
2. 教师进行点评和讲解。

**【训练说明】**

1. 该训练主要是使学生识别常见的错误调解，掌握正确的调解方法。
2. 材料中有多处错误，要求学生仔细辨别。
3. 教师可以根据训练目的选取其他材料进行训练。

## 训练5　监狱工作调解实战能力训练

**【训练目的】**

1. 锻炼学生在监狱实际工作中的调解交谈能力，培养调解的口才。
2. 加强学生监狱调解技能的训练。

**【训练材料】**

1. 服刑人员常×，经常违反监规纪律，多次受到服刑人员小组长王×的批评。常×怀恨在心，并对王×说："你又不是警察，你凭什么管我？"于是经常在监舍里故意找王×的麻烦，还扬言要对王×进行报复，并私自将一根小铁棒带入监舍。王×也利用服刑人员小组长的身份，多次刁难常×，两人的矛盾愈演愈烈。为了转变两犯的错误思想，防止常×实施行凶报复行为，作为监狱人民警察，你认为应该怎样进行调解？

2. 服刑人员胡×原因盗窃被劳动教养2年，现因入室抢劫罪被判有期徒刑12年，其家属认为该犯无药可救，与其断绝了关系，始终不来监狱探视。入狱以来，胡×时常呆立，沉思不语，经常半夜突然起床，面墙而泣，后被送入监狱心理门诊室。在耐心的诱导式心理咨询中，该犯展示了心理矛盾冲突的症结。作为监狱人民警察，你认为应该如何调解胡×与其家属的矛盾，让胡×的家属来监狱进行会见？

【训练方法】

1. 学生自愿组队，选择上述一则材料，按材料要求明确角色身份（监狱人民警察、服刑人员王×、常×、胡×、胡×家属等）。

2. 学生根据自己的角色进行模拟，由监狱人民警察进行调解，化解纠纷，解决矛盾。

3. 由其他学生对他们的表现进行点评。

4. 教师总结。

【训练说明】

1. 学生按材料要求设计调解的情节，要合情合理。

2. 模拟调解对象的学生可以设置各种障碍，阻止调解人员将自己说服；模拟监狱人民警察的学生要尽量使用各种调解技巧，争取将矛盾化解。

3. 每组调解时间不超过25分钟。



## 任务三 劝说

### ◆知识储备◆

### 一、劝说的概念

语言沟通的最高境界是什么？不是口若悬河，也并非出口成章，而是能够成功地运用语言说服别人。所以，提高口才能力必须学会如何劝说。在监狱工作实践中，监狱人民警察为了引导工作对象的态度和行为朝理想的方向发展，也必然离不开反反复复与其进行劝说性的沟通。

监狱交谈工作中的劝说是指监狱人民警察运用多种传播方式，努力地影响工作对象接受监狱组织的观点，或促使工作对象主动地采取某种行动的语言交流形式，是改变或者强化工作对象的态度、信念或行为的过程。

工作对象对监狱人民警察的劝说会产生不同层次的影响：

第一，积极影响和消极影响。这是根据劝说所造成的影响效应所作的分类。当工作对象接受监狱人民警察的劝说时，在态度和行为上就会有所好转，这是积极的影响。相反，当工作对象对监狱人民警察的劝说产生叛逆和抵触时就会导致负面效应，即消极的影响。

第二，暂时影响和长久影响。这是根据监狱人民警察对工作对象的说服性影响是限于一时一地还是长久地持续所作的分类。对工作对象的态度、行为所产生的影响是暂时性影响，而对工作对象人格、世界观、人生观、价值观的影响就是长久的影响。

监狱人民警察的说服性沟通是否有效，要看他是否采取了行之有效的途径。正确的步骤和方法可以增加说服力，下面就介绍一下监狱人民警察劝说的步骤和方法。

## 二、劝说的步骤和方法

劝说不是简单地告诉对方该怎样做，而是让对方信服并按劝说者的目的采取行动的过程。这个过程要依循一定的步骤和方法：

**（一）消除对方的戒备心理，吸引对方的注意力**

在与人交谈时，经常会遇到这样的情况：交谈对象对话题心不在焉，只是随声附和或者干脆沉默，不表达自己的意见；当进入劝说主题时，谈话的速度突然缓慢下来；谈话时经常将视线转向别处等。这些都是对方心存戒备的表现。为了让对方同意自己的观点，首先就应该消除对方的戒备心理，吸引劝说对象的注意，使其将注意力集中到自己设定的话题上。比如用“这样的事，你觉得怎样?”“这对你来说，是绝对有用的……”之类的话转移他的注意力，迎合对方的心理动向，找出对方和自己相同的看法，同时注意调整自己的视线和态度，这样就可以让对方愿意并有兴趣对你说的话听下去。

**（二）明确表达自己的思想**

明白、清楚的表达是成功劝说中不可缺少的要素。对方能够认真地倾听你的想法和计划，主要取决于你是否能将自己的所想准确地表达出来。支支吾吾、若隐若现的话语只能搞得对方一头雾水，进而失去与你交谈的兴趣。说话的速度、声音的大小、语调的高低、停顿的长短、口齿的清晰程度、适当的表情和肢体语言，都是决定你所要表达的思想是否能够让对方充分理解的重要因素。

**（三）改变对方的意志**

劝说前，必须能够准确地揣摩出对方的心理，了解他的基本所想，这样才能打动人心，使其改变原有的想法。当试图说服一个人时，对方最担心的可能是是否会受到伤害，因此在思想上先砌了一道墙。这时，不管你怎么讲道理，他都是听不进去的。解决这种心态最有效的办法就是用诚挚的态度、满腔的热情来征服他，使他从内心受到感动，从而改变自己的态度。劝说者应该意识到说服的主角不是自己而是对方；说服的目的不是压倒对方，而是借对方之力为己服务。因此，劝说时一定要用感情去打动对方、征服对方。如果对方对你心存反感或者存有成见，不如索性承认自己是个被人“讨厌”的人，并且让对方知道自己的“自知之明”。必要的时候，可以承认自己的过错，让对方了解你的真意，渐渐消除抵触的情绪，改变原有的思想。

**（四）表明具体做法**

在前面的工作做好之后，一般就可以提示对方该如何行动了，也就是让对方明白接下来他应该做什么、怎样做、做到何种程度等。到了这一步，对方往往就会很痛快地按照你的指示行事了。

## 三、劝说的技巧

### （一）先听后说，寻找突破

不了解对方的想法，只是单方面地谈论自己的见解，不但无法打动对方，反而会使交谈关系疏远。强迫性地让对方接受自己的观点只能使其在情感上产生不悦。因此，劝说的首要技巧就是学会倾听。与其自己先发言，不如先听对方说。让对方多说话，借着相互间的交谈来透视对方：一方面从对方的言谈中可以了解他的想法、困惑、痛苦、兴趣、喜好以及性格、个性和“三观”；另一方面，给予对方发表意见的机会，可以缓和他的紧张情绪，进一步使他对你产生亲切感。更重要的是，可以根据对方的谈话找到说服的最佳突破口。

要找到说服的突破口，就要抓住最佳时机，在对方的思想、情绪容易发生变化或者可能出现问题的关口及时进行劝说。在监狱实践中，可以抓住岗位调动、家庭事件、婚恋受挫、子女就学、患病救治、出监安置等问题寻找最佳突破口。这些都是进行劝说的好时机，因为监狱工作对象在这些时候极易产生思想波动，抓住这些问题进行劝说，可以达到事半功倍的效果。

寻找劝说的最佳突破口，不单单是要把握最佳的时机，我们还可以从对方最得意的事情说起。每个人都有自己得意并引以为豪的事情，如果我们能了解劝说对象的得意之处，在有意无意之间很自然地讲到该事，在正常的情绪下，劝说对象原有的戒备心理必定会消除得无影无踪，也一定会十分高兴地听你说，并滔滔不绝地发表自己的意见，这样一来，劝说自然就轻松多了。

### （二）取得信任，发挥专长

说服他人的前提是劝说者要使人觉得可信。当劝说者用貌似亲密的态度、甜美的语言而实际上缺乏可信性的态度向对方接近时，往往达不到说服的目的，反而会引起对方的警戒和反感，自然也就无法打开对方的心扉，与其坦诚交流。在劝说的过程中，建立和保持信任的关系是必不可少的条件。只有得到他人的认同，不辜负对方的信任，进而发挥口才的专长，才能达到圆满的结果。

信任必须建立在以下三个层面上：第一，劝说者的个人信用。古人云：“言必行，行必果。”言出必行是建立一个人信用程度的最好方法。第二，劝说者观点的可信程度。监狱工作中，监狱人民警察的立场和观点必须是正确的，尤其是当监狱人民警察的观点引起劝说对象的争议时，必须能够通过强有力的证据或者无可辩驳的事实让劝说对象信服，以此获得对方的信任。第三，劝说者所代表的机构的信用程度。监狱工作实践中，就是指监狱机关的信用程度。

### （三）迂回劝导，恩威兼施

有时候，当我们对一个问题进行交涉时，对方可能会采取不配合的态度或者抱有坚定不移的立场，使我们难以从正面说服对方。这时候我们就可以采用绕远路、迂回接近的技巧，巧妙地避开正面问题，而从某一个侧面发动进攻，一步一步接近目标，最终达到劝服的目的。这样做可以自然地创造和谐的环境和轻松的气氛，以迂为直，进而借机转入正题，展开说服。

恩威兼施是针对不同劝说对象采取不同的技巧。一般情况下，只要我们能够以诚相待、将心比心，多为对方考虑，施之以恩，就会很容易说服对方。但是，当对方无理取闹、顽固不化时，我们不妨施之以威，让其归服。“恩”与“威”共同使用往往可以有效地提高劝说的效率，但是，使用这种技巧是有条件的。如果对方是具有丰富社会经验的人或者当形势对自己不利的时候，恩威兼施难以达到理想效果。反之，在形势对己有利而对对方不利的时候，特别是对方缺乏足够的经验或者对方对达成某项协议的心情较为迫切的情况下，恩威兼施的效果才会比较好。因此，在监狱工作中，这种劝说技巧比较适用于与未成年犯的交谈中。

**（四）攻心为上，将心比心**

“攻心为上，将心比心”是指劝说者针对对方的个性特征和心理状态，进行思想、政策、法律、形势和前途等方面的劝解，把自己放在与对方同等的位置上，设身处地、推心置腹地从心理上征服对方，使其改变原有思想，接受劝说者的观点并改变自己行为的劝说技巧。

在劝说过程中，具体的体现就是把对方的希望和愿望变成自己的希望与愿望，努力使对方说出自己的想法，而且按照他们的预期进行协商。在说服别人时，仔细洞察对方的心理状态，谋其所谋、忧其所忧、喜其所喜，多想一下对方的处境和感受。你希望别人怎样对待你，你就最好先去那样对待别人。你想让他接受你的建议，就应该设身处地为对方想想他的困难和苦恼，这样劝说才能成功。

**（五）委婉暗示，适当让步**

在对服刑人员进行劝服时，由于种种原因不好直接点出对方的意见和观点是错误的时候，就可以通过旁敲侧击、借此说彼的方法对对方进行暗示。暗示可以含蓄、巧妙地向对方发出某种信息，以此来影响对方的心理，使其不自觉地接受劝说者的意见、信念并改变自己的行动。暗示可以通过开玩笑、讲故事、岔话题等方式进行。

劝说成功也即达到双方都满意的结果。如果双方都各据其理、相持不下，只能使谈话陷入僵局。但是，如果劝说者能够适当地让步，进而使对方作出更大的让步，势必可挽回局面，促成劝说的成功。换句话说，就是劝说者要让对方产生“这次是因为我让步，他才能成功地说服我”的满足感。

## 四、劝说的要求

**（一）说服别人一定要有耐心**

没有耐心的劝说者是无论如何也说服不了别人的，善于劝说的高手都是在说服的过程中运用强烈的说服决心使对方乖乖就范的。在劝说中，劝说者应该明白，“冰冻三尺，非一日之寒”，一个人的想法、看法和做法不是一日就形成的，所以，要对方改变看法也绝非一日之功。正确的做法就是要有耐心。在监狱工作中，当不能说服对方，甚至被对方抢白一顿的时候，不要生对方的气，更不能认为自己无能。要做好长期说服的工作准备，逐步解释劝说中出现的细节和要点。同时，要认清说服对象的阵营规模。在监狱中，某一个工作对象的背后可能存在庞大的力量。劝说对象本来已经有所动摇，但是被人怂恿几句，思想就又会出现波动。这时，你面对的可能不是一个人，而是一群人。面对这种情况，作为劝说者更要做好打持久战的准备。

**（二）要说服，不能压服**

人与人地位的不同决定着权力的差别，明智的劝说者不是以个人的权威来压服对方，而是有理有据地让对方心服口服。监狱工作中，监狱人民警察是管理者，服刑人员处于相对弱势的地位，所以，在监狱谈话工作中，更要注意说服不是压服，要通情达理地把自己的意见加以表达才能让工作对象真正服气。

劝说也不代表批评。虽然劝说和批评之间有很多相同之处，但也有不同之处。虽然这两种表达方式都是对人施加思想影响，意图从心理上征服对方。但是，批评的态度往往比较严厉和严肃，说话的语气也比较重、比较强硬，贬义词多于褒义词、否定词多于肯定词。而说服的态度较为温和，语气也轻松、委婉，说服的话语褒贬皆可。批评过多可能会使谈话对象产生逆反心理或者自我否定，接受劝说者的观点也往往会很勉强，而不是自觉自愿，达不到“根治”的效果。所以，在谈话中万不可将批评当成劝说。

批评在某些时候可以辅以劝说，劝说有时也带有批评，但是要注意主次。比如在解决矛盾纠纷、统一思想认识的时候，劝说就带有批评，而且多于批评。这样可以使人际关系和谐，人心团结向上，社交往来活跃。反之，如果批评多于劝说，就可能导致人际关系紧张，人心貌合神离，社交生活沉寂。

**（三）劝说要切中对方要害**

要想说服对方，取得劝说的胜利，就必须在对方身上下功夫、找点子。就是说，一定要了解对方的要害所在，切中要害，打开突破口，劝说一定会大获成功。对于不同的人可以采取不同的方法。比如，有些人喜欢听别人的称赞，那么，以赞扬的方式开始劝说，就好像给对方打了一针麻醉剂，虽然被劝说者仍然要忍受放弃自己观点之苦，却可以消除被劝说之痛；如果对方情感丰富，就可以巧妙地刺激对方的情绪和感受，触动对方的内心隐患，使其将内心想法完全透露出来；如果对方有十分感兴趣的人或事，就可以利用这一点间接打动对方，激起对方的兴趣。

**（四）使对方变被动接受为主动反思**

要想使劝说对象彻底放弃原有的想法、改变自己的行为，最有效的方法就是使对方变被动接受为主动反思。被动地接受只能出现暂时的效果，而主动的反思会让人在思想深处检讨自己的过错，正视自身的问题，从而转变思想，改正行为。劝说者可以利用以事喻理、以小见大、反诘设问、迂回引导、谈心渗透、点到为止、言行结合等多种方式对被劝说者进行说服，促其反思。

## ◆范例分析◆

**案例一**：罪犯叶某，女，43岁，打亲情电话时不停哭泣，打完后痛哭失声，一整天茶饭不思，更跟亲近的犯人说“活着真累，不想活了”之类的话。警察带领该犯到谈话室，放舒缓的音乐给该犯听。

**——此时，警察不应太早介入，应该给其时间宣泄、整理自己的情绪，待其情绪稍稳定时，再展开谈话。在这种情况下，如何引导其说出真实的情况，是劝解能否成功的关键。**

警察：刚才你打电话给谁？为何那么伤心呢？

叶某：打给我婆婆。（说完再次流下眼泪）

警察：（待其情绪再次平复后问）家人身体不好吗？还是家里出了什么事，愿意和我谈谈吗？

叶某：（抹了把眼泪，摇摇头）你难道能让我出去吗？你帮不了我！

警察正色道：我不可能放你出去，我认为你也不会想过着整天东躲西藏、担惊受怕的日子。但是，我愿意在政策允许的范围内给你最大的帮助！

叶某摇摇头，说：谁都帮不了我，没用的！

警察故作无意地说：你们在这里一待就是几年，家里难免会有一些变故：有些人家里有人病故或出了意外；有些人老公有了外遇甚至提出离婚；有些人家人不肯原谅她，把家里的电话号码换了，让她联系不上家里……唉，这样的情况我见多了。虽然你犯了法来到了这里，但是大家都是女人，我了解你的不易。你不愿意说就算了，等你想讲的时候，你再说吧。

**——每说一种可能的情况时，注意观察该犯的反应，有利于我们了解她遇到的是哪一方面的问题。此例中，发现该犯在说到丈夫的可能性时有反应，但仍不肯说出自己的问题。此时，尝试以退为进的方式，试探该犯的反应。**

叶某低头不语。警察也不再说话，给其时间考虑。

**——观察该犯的肢体语言，看出该犯有所松动，但仍不愿意主动告知情况。如此，我们只有采用迂回的方式，引导其谈自己的问题。**

警察：婆媳相处真的很考验人。你跟你婆婆的关系怎样？

叶某：不是很好，婆婆一直嫌弃我，说我配不上她的儿子，经常劝我老公跟我离婚。现在我做了这样的事，她就更讨厌我了，每次打电话回去她都恶狠狠的。

警察：那你老公的态度怎样？有没有受你婆婆的影响？

叶某微微笑了一下：我老公倒是对我还不错，也没理他妈怎么说。这次，是我自己想给孩子挣点钱，也想打破婆婆的成见才跑出来打工的。结果却……唉，早知道就不出来了……（一脸的懊悔）

警察：世上没有后悔药卖。现在关键是你要争取早点回去，做个好妈妈、好妻子、好媳妇。

叶某：没有机会了。（说完就流下了眼泪）刚才我打电话回去，我婆婆说我老公已经另娶他人，还让我出去以后不要再回家里了，小孩也不肯给我！（该员眼中充满痛苦和绝望）

**——此时，该犯哭泣的原因已经明了。继续引导其倾诉，同时给其指出一些关键的问题。这样，既可以让该犯思考各种可能性，并且舒缓情绪，又可以让警察全面了解情况，为下一步帮助该犯面对、解决问题提供依据。**

警察：你得到丈夫亲口证实了吗？

叶某：没有。自我出事以来，每次打电话回去都是我婆婆接的。她不肯让我老公和小孩来听电话，每次都说他们不在家。我每次追问我老公和小孩的手机为什么都停机了，她也不肯说！（该员显得非常气愤）

警察：那你为什么不叫娘家的人帮你问一问？

叶某：我娘家跟婆家的关系也不太好，所以很少联系，也不知道我老公的近况。

警察：你的娘家跟婆家离得那么近，为什么不拜托他们帮你单独问问你老公？我想，只要他们愿意，肯定可以找到你老公的。

叶某：他们不会帮我的，我已经试过了……

**——由此可见，该犯跟娘家的关系也因为这次的事破裂了。**

警察：你丈夫另娶他人，在法律上便犯了重婚罪。你出去后可以告他，以维护自己的合法权益。

叶某：（懊悔地说）不会犯重婚罪。因为我们之前曾开玩笑说去离婚，后来就真的去离婚了。我老公说他依然当我是他的老婆，生活上我也还是跟他们生活在一起。当时大家都觉得只要两个人感情好，有没有结婚证都一样！他还承诺会爱我，一直对我好！

**——从中听出他们离婚另有隐情，但此时不宜纠结这个问题，我们要做的是开解该犯，并帮她解决问题。**

警察：刚才听你说，你跟婆婆的关系并不好，是吗？

叶某：是的，这次我也是因为跟她争吵，才会意气用事，离家到广东打工的。

警察：既然如此，你婆婆话中的真实性就值得怀疑了。

叶某眼中突然燃起了希望：也对，也许她是为了让我误会我老公，对他死心，才这么说的。

**——此时，警察不应一面倒地附和她，应该让她对形势有全面的估计，才能让她长期保持应对挫折的能力。**

警察：你说的可能性是存在的，所以你现在要做的是想办法了解事情的真相。你可以委托你娘家或当地的朋友帮助你！

叶某：我出事以后他们都怪我，不肯原谅我。

警察：那你就先请求他们的谅解，我可以把你在这里的表现告诉他们，并帮你劝说他们。

叶某：谢谢警察。（起来给警察鞠躬）

警察扶她坐下，说：你老公对你好吗？

叶某毫不犹豫地说：好！

警察：那你就让娘家人直接去他上班的地方找他，看他怎么说。

叶某：可他是个孝子，我又出了这样的事，不知道他……（又开始哭泣）

警察：既然他以前对你好，那么无论他有没有另娶他人，都一定会对你们的事有个说法。我想，既然你们离了婚他都还像以前那样对待你，也还让你住在家里，那就说明他对你还是有感情的，而且愿意承担起照顾你的责任。勇敢一点！结果再坏也就是像你婆婆说的那样。问了，也许结果会不同。我想，他会给你一个交代的！

叶某点点头不说话。

警察：有一点我希望你注意，你毕竟是做了违法的事，而且坐牢在你们那里是非常严重的事情，他可能会因为这一点对你不谅解。

叶某露出痛苦的表情：那我该怎么办？

警察：事情已经发生了，你只能勇敢面对。你获得他的联系方式后，一定要锲而不舍地请求他的原谅！不管结果如何，你都必须付出百分之百的努力。另一方面，你的悔改表现很重要，相信如此了解你的他可以看到你真心的改变。

叶某：我错了！我会用我的余生来补偿他。

警察：小孩是你们之间的纽带，争取他们的谅解也很重要！

叶某：我对不起我的孩子！（掩面哭泣）但我做这一切，也是为了挣钱给他们上学啊！

警察：君子爱财，取之有道！你知道你的行为可能给孩子带来多大的影响吗？你知道他们在家里承受了周围多少舆论的压力吗？你的出发点是好的，但方法大错特错了！你一定要在这里改造成一个全新的自己，这样才能被家人接受。

叶某：谢谢警察！我一定加强学习，好好改造！

警察：你能这样最好了！不管你们的婚姻以后会怎样，但孩子是你十月怀胎生下来的，你要多为孩子想想！

叶某：我感觉自己来到这里改变了很多，以前我什么都不懂，但是你们给我们讲课，让我们学习，我感觉好像来到了学校。我一定不会辜负你们的期望，给孩子一个全新的妈妈！我相信血浓于水的亲情是斩不断的，为了孩子，我也会努力！

**——通过谈话，基本消除了该犯自杀的可能性，也将她的思维带上了理智、正确的轨道！**

**案例二**：罪犯周某，33岁，因为赌博罪于2012年3月入监。该犯在入监队就显得有些精神恍惚，出现适应不良的现象，经过警察多次谈话教育，效果不明显。从入监队调入常规监区后的第二天晚上，该犯躲在被窝里用裤子勒脖子自杀，被警察发现制止。结合日常观察，警察安排他到宣泄室宣泄情绪，然后找其谈话。

周某向警察走过来，脸上还有泪痕，用手捋着头发，试图把头发整理好，脖子上没有勒痕。

警察尽量使表情柔和，故意忽略他曾经的自杀行为，询问道：你刚调入我们监区，周围的人对你怎样，生活上还适应吗？

周某：我很不习惯！这里的饭菜也差。我本来就有胃病的，现在天天都疼！我真的是胃里长了东西，不信我的话，可以让家里人把检查结果寄过来。这里要进行生产劳动，我根本不可能完成任务的。

警察：你有胃病，可能是因为以前经营赌档，饮食方面不注意，现在这里生活很规律，说不定对你病情的恢复更有利。你入监区这么久，应该知道我们这里有医生给罪犯看病，你有病就要及时看医生，千万别硬撑着。家里有检查结果可以让家人寄或送过来，相信对医生的诊断会有帮助。

**——从以上观察和谈话可以初步判断，该犯是因为身体不适，对场所不适应，害怕完成不了生产任务才选择自杀的。从言行可以看出，该犯是很爱护自己的身体的，也是享受型的人，“自杀”只是胁迫警察的一种手段。**

周某：我的胃里长了个东西，所以吃完很快就饿了，不知道能不能活着出去！

**——该犯再次给警察加压，试探能否保外就医。**

警察：没有那么严重，我看你的入监检查并未检查出什么问题，而且之后做B超也没有显示异常，所以不要太担心。情绪差也会影响身体，神经紧张，会衰老得很快，别等到出去时老婆都不认识了。(半开玩笑地说)

周某笑笑说：在家的时候什么都好，现在，特别是每天晚上胃疼的时候，我实在是难受得都不想活了。还要劳动，怎么受得了！(情绪再次低落)

**——从此可以看出，该犯并非真想自杀，只是想达到逃避劳动、保外就医的目的。**

警察带该犯在监区生产车间走了一遍，然后跟他说：你看到了吗，这里绝大多数的人都比你年纪大，他们当中有20%是长期病号，但是依然在这里用汗水洗刷自己的罪，争取早日回到家人身边。你的外在条件比他们可强多了！我相信你可以做到！

周某：但是我的病很严重的！我可以出去看病吗？

警察：符合条件的可以。

警察把外诊和保外就医的条件告诉该犯，并逐条对照讲解。

警察严肃地说：我不知道你的病情怎样，但我相信你自己知道，所以你可以自己评估一下，你有没有可能保外就医。我必须负责任地告诉你，你若想通过自伤、自残、自杀的方式来达到保外就医的目的是不可能的！你入监时应该学过相关的规定，我们也将就你此次的行为给你作扣分处理。

周某显得很紧张：可以不扣分吗？给我一次机会吧！

警察：分是必须扣的，但如果你的认错态度好，我可以跟监区反映一下，争取少扣一些。你以后若再有类似的行为，我们就只好限制你的活动范围，必要时就要让人24小时跟着你了。

周某：不用了，我没那么傻的。

警察：希望你以后做事要三思而后行，不要做如此伤害自己和家人的事。

**案例三**：服刑人员黎某多次因自伤自残被监狱处分。这次，黎某又因用制衣车间的剪刀划伤胸口被送往监区医院，伤口包扎处理后，其主管干警张警官将其带到监区谈话室，问道："白天你的情绪还挺正常，现在是怎么回事？你的脑袋到底在想些什么？这已经是这个月的第二次了，上次被处分你说是鬼使神差、不由自主，这次又怎么了？你对自己的身体就那么不负责任？"黎某耷拉着脑袋，目光呆滞，神情黯然。这时，张警官真想狠狠地抽他几巴掌，痛打他一顿，但是经验告诉他，越是这种时候，粗暴的方式越会适得其反。

"刚才在车间到底是怎么回事？"张警官缓了缓语气。

黎某抬头看了看，没有吭声。

"不吭声是吧？不想说是吧？还是不知怎么说？不说话能解决问题吗？"说着说着张警官的火气又上来了，大力拍了下桌子，"再给你点时间想想，你的问题该怎么跟我讲清楚。"张警官感觉到谈话陷入了僵局，意识到要重新调整自己的情绪和方式，于是停了一会儿说："伤口疼吗？"并递了一支烟过去。

"多谢！"黎某接过烟后，低着头狠狠地吸着。

见黎某有所反应，张警官试探地说："我以前听你讲过，你奶奶对你很好，你对她的感情也最深。如果把这件事告诉你奶奶，她知道你没有认真接受改造，还老是伤害自己的身体，她会怎么想？"

听到这句话，黎某立即停止了吸烟，连忙说："千万不能让她知道，千万不能……我不……不想让她担……担心。"

此时，张警官话锋一转，问道："最近有人反映说你的指甲变了颜色，是吗？""是呀！你看，我的手指甲全变成灰色的了，听人说手指甲变成灰色，身体的内脏可能有大问题，也可能有生命危险！"黎某伸出一双手比划着，眼睛里带着某种渴望。"身体有没有病要以医生的检查诊断结果为标准，自己不要胡思乱想。"张警官说。黎某说："我最近老是感觉自己的身体不舒服，却又说不出是哪里不舒服，我想去医院检查一下拍个片。""不要太紧张，你现在并没有明显的症状显示你的身体出现了问题，对于是否外出就诊和拍X光片的问题，也必须听医生的意见。"张警官口头安慰着，心里却明白了黎某自伤的原因，于是接着劝说："干部们对你入监后的表现还是肯定的，但你一而再、再而三地做这样的傻事，不仅违反了监规监纪，也影响到监区的改造秩序，对自己更是伤害，给你的家人知道了也会担心！你担心身体有问题没有错，但是采取刚才这种做法是非常愚蠢的。”

“别人有病都可以出去看，我的胸口经常疼，况且，我的指甲真的变了色，为什么不能去检查？”李某伸出手盯着看。“这些情况你有和干警反映过吗？”“没有。”“自己有病或觉得身体不适要及时向干警报告，并真实地向医生反映，对于外出就诊，必须要有医生诊断后提出建议，经监狱批准后才能执行。你先调整好自己的情绪，有问题可以向干警直接反映。”张警官见黎某已经有所触动，便鼓励其放下心理包袱，重新认识自伤自残的危害性，并重申了监规纪律。此时，黎某的情绪已经基本稳定下来了。

第二天，张警官带黎某做了检查，结果显示，李某健康状况良好，灰指甲是由于毒菌性感染的癣类病，不会影响到内脏及其他器官。经过多次谈话教育，黎某已经有所转变，不仅接受了监区对他的处理，人也开朗了很多，再没有发生过自伤自残的事情。

**案例四：**服刑人员陆某自入监以来表现较差，好逸恶劳，经常消极怠工，抗拒改造，曾因为逃避劳动而“诈病”，受到禁闭处分。近来，陆某因家人没来接见，心情烦躁，在生产劳动时多次脱离劳动岗位，受到车间质检员的批评，并受到干警的警告。第二天，陆某就“卧床不起”而且绝食了。

林警官了解到陆某的情况后，前来“探望”。林警官坐在陆某的床边说：“陆某，或许你认为质检员的批评方式不当，心里不服气；或许你怕伤自尊被人瞧不起；或许你怕干警处理，你就闹情绪、压床板，但是，你知道这样的后果吗？”

陆某眨了几下眼皮，林警官断定他愿意听下去，接着说：“你擅自离开劳动岗位，消极怠工，抗拒改造，违反了《服刑人员行为规范》中的‘十不准’和第三章第三十四条；你出操时卧床不起，无理取闹，妨害了正常的改造秩序，监区可以根据《服刑人员奖惩考核办法》对你进行严肃的处理。不但要扣分降级，弄不好年度内的减刑也要受影响。”“有那么严重吗？”陆某有点着急地问。林警官说：“严重与否，这是由法律法规决定的，但最终还是取决于你的认错态度。”林警官见政策攻心起了作用，便进入第二阶段的说服教育。

“是不是近来家人没来看你，没钱买烟了，才闹情绪？”

陆某说：“我不知道他们还要不要我，这么久不来接见，我很难受。”

“你母亲和妻子一直都很关心你，每月都来，只是这个月没来而已，可能家里有什么事情，你不分青红皂白就发脾气、耍性子，你对得起她们吗？你入狱后，家庭的负担都由她们来承担，你母亲和妻子不论炎夏酷暑还是寒冬腊月，每天都要起早贪黑去干活，好不容易赚到钱，不仅要养家糊口、供孩子读书，还要节衣缩食把钱省下来每月给你带零用钱。你看你现在不思进取，消极怠工，无理取闹，你扪心自问，对得起你母亲和妻子的良苦用心吗？她们要是知道你现在的表现，能不痛心吗？你这样不吃不喝，要是有个三长两短，她们会不伤心吗？”听到这里，陆某的眼泪掉了下来，走下床铺，蹲在地上，说：“我知道错了，请给我一次改过自新的机会。”

林警官顺水推舟，接着说：“你进监狱接受改造，就是要成为遵纪守法的合格公民，而你受点批评就自暴自弃、消极对抗，这是自己跟自己过不去，这是对自己不负责任的表现。批评教育都是为你好呀。再说，我们监狱从来都没有瞧不起犯过错误的服刑人员，只会看不起知错不改的人。人人都有优点和缺点、长处和短处，你也是一个不错的人，篮球打得好，还会唱歌、写作，犯群关系也好，就是组织纪律性差。只要你肯努力，扬长避短，我相信你一定会更加优秀的。”

林某听到这里，已经热泪盈眶了，他动情地说：“林警官，我从来都没有听过这么亲切的教诲，这对于我以后的人生来说是一笔宝贵的财富，我将永远铭记心中。”

## ◆任务要求◆

训练学生的劝说表达技巧。

## ◆情境训练◆

### 训练1 一语中的问答训练

**【训练目的】**

1. 培养学生以简驭繁、一语中的的思维和表达能力。
2. 加强学生应变性知觉思维方式和常规的思维逻辑能力。
3. 克服“从众心理”。

**【训练材料】**

1. 材料一

问：什么是爱情？

答：爱情就是永远不要对方向自己认错。

2. 材料二

问：什么是“一见钟情”？

答：“一见钟情”就是先叫人心醉，然后多半是让人心碎的感情。

3. 请用一两句话作击中要害、言简意赅的应对：

（1）为什么人的四肢、耳朵、眼睛都是双数，嘴却只有一张？

（2）什么样的学生是最好的学生？

（3）他读了那么多书，怎么在社会上总是碰壁？

（4）一个人怎样才能乐观？

（5）新婚不久就小吵了一场，恐怕不是好兆头吧？

（6）人怎样才能增强信心？

**【训练方法】**

1. 学生两人一组，互相问答。
2. 学生按照例题形式，对每一道问题用一两句话进行回答，要求语言简洁，并能揭示问题要害。
3. 其他学生进行点评。

**【训练说明】**

1. 回答问题应在切合语境的前提下，迅速选好角度。
2. 问题答案要能准确解释客观事物复杂表象背后附有的规律性东西。

3. 不出现对别人语义的简单重复，答案要让人信服。

4. 教师可以自选其他问题让学生进行训练。

## 训练2　迂回曲对的谈话训练

**【训练目的】**

1. 培养学生用曲折迁移的方式表达自己观点的能力。

2. 加强学生劝说技巧的应用技能。

**【训练材料】**

1. 在拥挤的公共汽车上，有人不慎碰到一位姑娘，她娇气十足地嘀咕了一句：“流氓!”这个人笑笑，说：“小姐，流氓不在这儿，……”

2. 孩子成绩不好，家长向教师询问：“他现在成绩不好吧?”教师没有直说，而是说：“……”

3. 一个人今年收入颇丰，有人问他：“你现在是发了大财了吧，存款至少有几十上百万了吧?”这人回答：“……”

4. 有人问：“你难道不认为雷锋精神已经过时了吗?”回答：“……”

5. 火车就要发车了，有人赶到售票处购票，售票员在里面说笑，这个人喊起来，售票员说：“你喊什么? 不能等一会儿?”这个人说：“……”

6. 如果有个“秘密”不能对别人说，有人向你打探内情，而你又不得不同对方周旋，你可以说：“……”



**【训练方法】**

1. 按学号逐一要求学生对上述情境中的省略部分用迂回对应的方式进行补充。

2. 其他学生进行点评。

**【训练说明】**

1. 补充应在切合语境的前提下，回避“话锋”。

2. 说话语气要委婉，语言内容要符合逻辑。

3. 教师可以自选其他问题让学生进行训练。

## 训练3　抓住劝说突破口的训练

**【训练目的】**

1. 培养学生摆脱困境、寻找谈话突破口的能力。

2. 加强学生劝说技巧的应用技能。

**【训练材料】**

1. 一位大婶问一个大龄女青年：“你长得不丑，怎么不早点找个男人结婚呢?”女青年笑了笑说：“……”

2. 某厂竞选厂长，一位年轻的竞选者对年已五十的对手说：“你这个年纪应该尽享儿孙绕膝的天伦之乐了！当厂长，你不会像咱们年轻人那么得心应手了。"这位五十岁的对手听后说："……"

3. 一位顾客对卖肉的说："卖肉的，把你的肉割两斤给我！"卖肉的说："……"

4. 一个人戴一顶破旧的帽子，有人取笑道："你那脑袋上的东西是什么玩意儿？"那人回答："……"

5. 公交车上一位先生给一位女士让座，她没有任何回应就坐了下去。先生故意凑过去，问："你刚才说了什么没有？"女士回答："我没有说什么呀？"先生说："……"

6. 一位戴耳环的售票员在公交车上售票，售票员向一位已经买过票的乘客说："哎，那个戴鸭舌帽儿的，买票！"这名乘客说："……"

7. 地主："天亮了，还不起来干活！"

长工："我在捉虱子，捉好了起来干活！"

地主："天这么黑你能捉到虱子？"

长工："……"

8. 一位药剂师经常到附近书店看书，他选了一本书，想买又拿不定主意，就问营业员。

药剂师："你说说这本书有趣吗？"

营业员："我不知道，药剂师先生。"

药剂师："书店营业员应该对每本书有所了解。"

营业员："……"

**【训练方法】**

1. 按学号逐一要求学生对上述情境进行分析后，找出反驳的突破口，并将省略部分进行补充。

2. 其他学生进行点评。

**【训练说明】**

1. 补充应在切合语境的前提下，要回避"话锋"。

2. 回答的目的是为了摆脱困境，因此要以"不失和"为前提。

3. 语言内容要符合逻辑。

4. 教师可以自选其他问题让学生进行训练。

## 训练 4　模拟劝说的训练

**【训练目的】**

1. 培养学生谈话中的劝说口才。

2. 加强学生劝说技巧的应用技能。

**【训练材料】**

1. 劝说你的一位同学参加普通话培训班。

2. 劝说你的父母改掉一种不良的嗜好（如赌博、酗酒、吸烟等）。

3. 劝说你的一位失恋朋友从颓废中振作起来。

4. 劝说你的一位邻居搞好邻里关系。
5. 在募捐活动中，劝说一位路人向希望工程捐款。

【训练方法】

1. 由教师在一周前布置训练项目。根据项目需要，每两至三个学生为一组。

2. 学生分别扮演劝说者和被劝说者，劝说者要运用劝说的技巧，根据劝说的要求说服被劝说者改变自己的观点，作出劝说者希望的行为；被劝说者尽量提出各种理由妨碍、刁难和阻止劝说者的劝说。

【训练说明】

1. 训练开始前，双方按各自规定立场准备理由，互相不能通气。
2. 虚构的理由一经说出，就视为真实，双方都不得指责对方虚假。
3. 学生在训练过程中也可模拟激动、愤怒等言行，教师要注意控制场面。
4. 训练时间控制在 20 分钟以内。

## 训练 5　模拟监狱工作劝说的训练

【训练目的】

1. 培养学生在监狱工作谈话中的劝说口才。
2. 加强学生劝说技巧的应用技能。



【训练材料】

1. 劝说服刑人员改掉一种不良的嗜好（如赌博、酗酒、吸烟等）。
2. 劝说服刑人员参加理发师技能培训班。
3. 劝说服刑人员从家庭变故中重新振作起来。
4. 劝说服刑人员家属到监狱接见服刑人员。
5. 劝说厂房师傅不要和服刑人员打成一片。

【训练方法】

1. 由教师在一周前布置训练项目。要求每两个学生为一组，明确身份（如一方为服刑人员，另一方为监狱干警）。

2. “监狱干警”要运用劝说的技巧，根据劝说的要求说服对方改变自己的观点，作出符合监狱改造要求的行为；被劝说者根据自己的身份尽量提出各种理由妨碍、刁难和阻止劝说者的劝说。

【训练说明】

1. 训练开始前，双方按各自规定立场准备理由，互相不能通气。
2. 虚构的理由一经说出，就视为真实，双方都不得指责对方虚假。
3. 学生在训练过程中也可模拟激动、愤怒等言行，教师要注意控制场面。
4. 训练时间控制在 20 分钟以内。

## 学习单元五

# 监狱工作演讲口才

演讲又称讲演、演说，指在人数较多的场合，运用有声语言（为主）和态势语言（为辅，如姿态、动作、手势、表情等），郑重地陈述观点和意见，以达到宣传思想、鼓动对象、抒发感情等目的的一种口语表达形式。监狱工作演讲口才是指在管理和教育罪犯，进行队列训练、集体讲评、主题演讲等活动中，运用专业性智能、谋略和技巧的口语表达才能。监狱工作演讲口才的主体、内容、目的和适用范围等具有其自身的特殊性。

## 任务一　队列指挥

### ◆知识储备◆

### 一、队列指挥的概念

队列指挥是指监狱在进行队列训练和队列行进及整队集会等活动中，指挥员以口令进行指挥调度的一种形式，是监狱人民警察必备的岗位技能。良好的队列指挥口才能展示出监狱人民警察高超的警务技能。

### 二、队列指挥的要求

（1）指挥位置正确；
（2）姿态端正，精神振作，动作准确；
（3）口令准确、清楚、洪亮；
（4）清点人数，检查着装；
（5）严格要求，维护队列纪律。

### 三、队列指挥口令

口令，是队列训练和日常列队时指挥员下达的口头命令，是队列指挥的灵魂。队列指挥口令是监狱改造场所在教育、管理、训练中形成并运用的指挥语体，属于军事口才类型。军事口语的表达从内容到形式，都带有命令、指挥的性质和独特的语式，如口令“向右转”是由“向右”作预令，“转”作动令组成，下达这个口令时要有充分而清楚的预令和爆发的动令："向右——转！"

1. 口令分类。

口令可分为短促口令、断续口令、连续口令、复合口令四种。

（1）短促口令。特点是：只有动令，不论几个字，中间不拖音、不停顿，通常按音节、字数平均分配时间。有时最后一个字稍长，发音短促有力，如立正、稍息、敬礼、礼毕等。

（2）断续口令。特点是：预令和动令之间有停顿或者有微歇，如"第×名，出列"等。

（3）连续口令。特点是：预令的拖音与动令相连，有时预令与动令之间有微歇。预令拖音稍长，其长短视部队大、小而定；动令短促有力，如"立——定"等。有的口令，预令和动令都有拖音，如"向军旗——敬礼——"等。

（4）复合口令。兼有断续和连续口令的特点，如"以×××为准，向中看齐"、"左（右）转弯，齐步——走"等。

2. 下达口令的基本要领。

（1）发音部位要正确。下达口令用胸音或腹音，胸音（即胸膈膜音）多用于下达短促口令，腹音（即由小腹向上提气的丹田音）多用于下达带拖音的拖音口令。

（2）掌握好音节。下达口令要有节拍，预令、动令和微歇有明显的节奏，使队列人员能够听得清晰。

（3）注意音色。下达口令时，音量不要平均分配，一般起音要低，由低向高拔音，如"向右看——齐"的"齐"字发音要高。

（4）突出主音。下达口令时，把重点字的音量加大，如"向后——转"要突出"后"字，"向前×步——走"要突出数字。



## ◆范例分析◆

### 警院早操、课前集队报告词及流程

大队（学院）值班员整队完毕后，下达"报告人数"的口令，各班（队）指挥员依次跑步（距离超过7步时须跑步，否则用齐步）至距大队（学院）值班员5~7步处敬礼，礼毕后向值班员报告："值班员同志，×××班（队）早操（课前）集队完毕，应到×名，实到×名，其中，病假×名，事假×名，请指示，指挥员×××。"待值班员下达"入列"后，答"是"，再"敬礼"。礼毕后跑步回原来的指挥位置。

### 警院升旗仪式流程

早操进场仪式完毕后，院值班员下达"向右——转"的口令，全体同学面向升旗台肃立；升旗队站在主席台左边跑道，面向升旗台做好准备。当听到院值班员下达"升旗仪式——开始"的口令后，升旗队齐步前进一定距离后换正步；当靠近升旗台时，再换成齐步；到达升旗台，升旗队立正。三名升旗手走上升旗台，并将旗杆固定后，升旗队指挥员跑步向院值班员报告"值班员——同志，升旗仪式——准备完毕，请——指示"，值班员下达"按——计划进行"的口令后，答"是"，再敬礼。礼毕后跑步回原来的指挥位置。当值班员下达"升——国旗，奏——国歌"的口令后，音响设备处开始播放《义勇军进行曲》。当升旗手挥旗时，值班员马上下达“敬礼”的口令，全体同学向国旗行注目礼，各班指挥员、值班员、第一伍以及靠近升旗台的第一列同学行举手礼。国旗缓缓升起，当音乐播放完毕，国旗到达最顶端，值班员下达“礼毕”的口令后，下达“向左——转”的口令整队，升旗仪式结束。

### ◆任务要求◆

1. 规范制式。
2. 简易明了。
3. 粗犷豪放。

### ◆情境训练◆

## 训练 1　点评

**【训练目的】**

通过练习加强学生对队列指挥的直观认识，掌握队列指挥的基本要领。

**【训练材料】**

教师提供一段队列指挥的实操视频。

**【训练方法】**

学生观看视频材料后，对指挥官的队列指挥进行点评。

**【训练说明】**

注意根据《队列条令》上的具体要求来评述。

## 训练 2　实操

**【训练目的】**

安排学生进行队列指挥实操，牢固掌握队列指挥的技术要领。

**【训练场所】**

操场。

**【训练方法】**

在班级中选出各组代表担任指挥员，进行班级队列指挥训练。

**【训练说明】**

1. 教师注意示范性和点评内容的规范性。
2. 选出优秀指挥员并给予表彰。

## 任务二　集体讲评

### ◆知识储备◆

集体讲评是对罪犯进行集体教育的最常见的一种形式，是监狱人民警察在罪犯队列前面，运用口语表达的方式，对常规性改造、生产、学习等情况有针对性地进行讲评，以达到教育改造罪犯的目的。

集体讲评大致分为工作讲评和思想改造讲评两种类型。工作讲评又称为课堂式讲评，通常是指对每项工作所进行的讲评，如一日工作讲评，一周工作讲评，总结评比工作讲评或队列训练讲评，“政治、文化、技术”学习讲评等。工作讲评要求：首先讲清工作任务和完成的基本情况；然后对工作表现进行评议，对存在的主要问题进行深入细致的剖析；最后提出今后工作的措施。思想改造讲评是指对罪犯的言行表现、思想改造或思想动态所进行的讲评，如“逃跑无出路”讲评、“放下包袱，轻装前进”讲评等。思想改造讲评，首先应确立讲评的主题或论点，然后针对罪犯共性或带有普遍性的、典型的问题展开评论。

### ◆范例分析◆

**范例一：×日上午，上周三越狱逃跑的罪犯在××省××市被抓，管教民警小王准备在晚点名时对全监区罪犯作“逃跑无出路”讲评。下面是小王的讲评内容：**

今天上午，上周三逃跑的张×已在××省××市被抓回，再次证明了逃跑是无出路的。

逃跑，是逃避劳动改造的表现，是严重违反监规纪律的行为。不但严重影响了场所正常改造秩序，而且也严重影响了自身的改造。

逃跑，给社会治安带来了不稳定因素。逃跑在外，身无分文，只得靠偷窃来维持生存，张×逃跑也印证了这个事实。张×逃跑五天，他是怎么过的？他白天有时躲藏在破庙角落里，有时躲在桥墩下；饿了，就到附近的瓜棚偷瓜吃；渴了，就到旁边的水池找水喝；晚上，夜深人静，他就偷偷爬到个体超市偷面包，这次就是到个体小店偷粽子被抓住的。据张×自己讲，逃跑在外的日子根本不是人过的日子，惶惶不可终日，整天提心吊胆，听到汽车声就会心惊肉跳、胆战心寒。

逃跑，只会跑长刑期。按照法律法规的规定，逃跑在外的时间是不计算为已执行的刑期的，而且逃跑者还要受到严厉的处罚。

逃跑，严重影响了家庭关系。张×逃跑后，他的父母整天哭哭啼啼、愁眉苦脸。派出所的民警天天到他们家，协助我们查找线索，了解他可能落脚的地点和去向。他父母反映，要和张×脱离父（母）子关系，再也不认这个不孝之子了。

因此，逃跑，只会跑长刑期，跑离家庭关系；逃跑，不但破坏了场所正常改造秩序，而且严重影响了社会治安。逃跑绝无出路。

那么，我们唯一的出路就是安心服刑。只有安心服刑、积极改造，才能早日新生。

**范例二：×日上午，管教民警小张在无意中听到新入监的服刑人员李×对另一名服刑人员林×说："我被劳改的原因是生活所迫，家庭环境太差。"联系到近日来，有些服刑人员在查找违法犯罪原因时一味强调外因，小张准备在晚点名时对全中队服刑人员作"真的是外因吗"的讲评。下面是中队民警小张在全体服刑人员大会上的讲评内容：**

有些服刑人员查找违法犯罪原因时，不从自己主观上挖根源，却一味强调外因，说自己被坏人引诱，受骗上当；或生活所迫，没有其他办法；或环境不好，无人管教等。这种认识是错误的，因为外因只是变化的条件，内因才是变化的根本。

诚然，客观外界条件对人的成长具有重要影响。但是，人绝不能消极地、被动地接受影响。人有主观能动性，完全可以反作用于环境，战胜环境，改造环境。为什么生活在同样的环境，例如同在一个家庭，哥哥违法犯罪，被劳改，而弟弟却入了党，成了国家干部？为什么同在一个学校，同在一个单位，偏偏你去违法犯罪？生活所迫，更是无稽之谈。现在，只要你有力气，可以去打工，到车站、码头去擦皮鞋，或者去修自行车，生活就会有出路；如果你有技术，可以到人才市场去应聘，或许能找到一份相对固定的工作。因此，我们认为，一个人只要立场坚定、思想过硬、爱憎分明，违法犯罪思想必然不得其门而入。

通过以上分析，我们完全可以明白，一个人违法犯罪的主要原因是本人的思想意识。如果自己不从主观上找原因，到现在还一味强调客观、强调环境，那么，你必然在违法犯罪的道路上越陷越深，同样也必然会阻碍你自身的改造。我希望"外因"论者少一分抱怨，多一分自责，深挖罪错根源，抓紧世界观、人生观的改造，争取早日新生，这才是最好的出路。



## ◆任务要求◆

1. 开门见山，抓住要害。
2. 言近旨远，发人深省。
3. 事例典型，重点突出。
4. 语言生动，语调适度。
5. 语音洪亮，姿态自然。

## ◆情境训练◆

### 训练 1　一周工作讲评训练

**【训练目的】**

训练学生在工作讲评中贴近实际、贴近对象，重点突出、就事论理。

**【训练材料】**

**一周工作情况素材**

×监区现有服刑人员 156 人。本周管教秩序基本稳定，未发生逃跑、斗殴等严重违纪事件。按计划完成了习艺劳动任务。本周计划习艺劳动服装 1 200 套，实际完成 1 287套。质量合格率为 99. 7%，高于上周 1. 4 个百分点。

在教育改造方面：中队组织服刑人员学习了党的十七大文件，特别通过学习胡锦涛总书记在十七大作的报告，绝大多数服刑人员提高了认识、振奋了精神，表示要安心服刑，早日新生，早日回归社会。本周对服刑人员进行了法律常识教育考试，其中90分以上15人，80～89分36人，70～79分78人，60～69分20人，59分以下7人。不及格的服刑人员准备下周三再补考一次。

本周违规违纪发生四起：由争吵引起打架2起。一是×日早操后，服刑人员张×因冲开水未排队，与李×发生争吵，继而张×打了李×一拳，幸被周围服刑人员劝住，未发生严重后果。事后，张×受到扣30分的处罚。二是×日吃中饭时，服刑人员王×未按固定位子就餐，组长丁×叫他坐回自己位置上去，王×不但不听，反而相讥："你算老几？少管闲事。"丁×一把将王×从座位上拉了起来，王×放下饭碗，打了丁×一记耳光。这时，正好值班民警走了过来，事件被及时阻止。王×受到扣50分的处罚。发生违纪喝酒1起。服刑人员陈×、周×于×日乘夜间加班劳动之际，躲在车间3号车床后面违纪喝酒，被带班民警及时发现。经查证，酒是陈×在上周日会见时带进车间的。陈×、周×分别受到扣200分的处罚。所内赌博1起。×日自由活动期间，服刑人员赵×、郑×利用下陆军棋赌输赢，赵×、郑×分别受到扣50分的处罚。

本周内务卫生检查情况：3、5、7组较好，内务整洁、整齐、规范，平时保持也不错；9、10组地面未打扫干净，有纸屑、痰迹；4组玻璃未擦。

**【训练方法】**

1. 撰写讲评提纲（不少于1 500字）。
2. 分组模拟中队，进行讲评练习。
3. 全班集中，进行讲评模拟演练。

**【训练说明】**

1. 工作讲评是监狱集体教育中最常见的一种形式。在讲评中要贴近对象、眉目清楚，语言要简洁明快、文明入耳。

2. 讲评前，可根据服刑人员各方面的表现拟写详细的讲评大纲，认真练讲：一练语音、语调、语感；二练表情、手势、姿势；三练心理、生理、精神状态，直至自然脱稿。

## 训练2　思想改造讲评训练

**【训练目的】**

强化学生"以理服人"意识，增强其开展思想教育活动的能力。

**【训练材料】**

情景一：在服刑人员自由活动期间，民警小丁听到一名服刑人员在对刚分配到监区的外省籍服刑人员讲："现在社会风气不好，改造也要靠关系，没有关系，你就准备坐足劳改期吧。"为此，民警小丁准备在晚点名时，对全中队服刑人员作"路，就在脚下，靠自己走"的讲评。

情景二：在服刑人员就餐时，民警小李看到不少服刑人员把吃的剩饭都倒掉了，造成了很大的浪费，而有部分服刑人员则吃不饱饭。小李马上想到一个办法，服刑人员吃饭可以相互调剂，这样既可以减少浪费，又可以让吃不饱饭的服刑人员吃饱。为此，民警小李准备在晚点名时，对服刑人员作“相互调剂，减少浪费”的讲评。

情景三：近日，监狱正在对新入监的服刑人员进行认罪认错教育，同时开展“坦白余罪，揭清他人犯罪”活动。民警小张发现部分服刑人员存在“多个朋友多条路，少个朋友少条路”的思想，严重阻碍了坦白检查活动的深化。为此，民警小张准备对新入监的服刑人员进行一次“放下包袱，轻装上阵”的讲评。

情景四：服刑人员张某不服刑期7年的决定，大叫“我要申诉”，严重影响了正常管教秩序。民警小沈针对部分服刑人员不认罪认错的思想，准备对全体服刑人员进行一次“认罪认错，安心改造”的讲评。

情景五：近几天来，不少服刑人员在开展“学雷锋，做好事”活动中，主动打扫卫生，擦拭玻璃门窗，争吵打架的少了，劳动中偷懒的少了。为了使“学雷锋，做好事”活动深入持久地开展下去，民警准备对全体服刑人员进行一次“学雷锋，做好事”的讲评。

情景六：某日，两名服刑人员在车间习艺劳动期间，因琐事发生争吵，继而互相殴打，幸被值班民警及时阻止，未造成严重后果。为防止类似现象再次发生，民警在习艺劳动结束后，准备对全体服刑人员作一次“遵守所规队纪，维持场所秩序”的讲评。

情景七：近日来，部分服刑人员行为很不规范，走路东倒西歪、勾肩搭背。民警决定在全体服刑人员中进行一次“规范行为习惯，养成良好风貌”的讲评。

情景八：某日下午，两名服刑人员因违规操作，损坏了劳动工具，影响了生产定额的完成。为防止类似现象再次发生，民警小李当即对全体服刑人员作了“爱护生产工具，遵守操作规程”的讲评。

情景九：近日，民警小刘发现部分服刑人员对文化学习不感兴趣，上课听不进，作业不肯做。为提高服刑人员学习文化的兴趣，他决定对全体服刑人员进行一次“加强文化学习，促进思想改造”的讲评。

### 【训练方法】

1. 撰写讲评提纲。
2. 分组模拟中队，进行讲评练习。
3. 全班集中，进行讲评模拟演练。

### 【训练说明】

模拟训练要做到：中心突出，观点鲜明，讲有依据、评有事实，语言流畅，声音洪亮，体态自然、端庄，时间掌握恰当。

# 任务三　主题演讲

## ◆知识储备◆

### 一、概念

主题演讲，又称主题演说或讲演，就是说话人在特定的时间与环境中，就某一特定主题，借助以有声语言为主、态势语言为辅的艺术手段，面对听众发表自己的见解、抒发自己的情感，从而达到感召听众并促使其行动的一种现实的信息交流活动。

### 二、主题演讲的主要特点

第一，群众性、目的性、鼓动性、真实性和艺术性；
第二，“讲”与“演”结合；
第三，具有强烈的感染力、说服力和号召力。

### 三、主题演讲的种类

1. 按内容可分为：政治演讲，学术性演讲，经济性演讲，教育演讲，礼仪演讲，法庭演讲。

2. 按演讲表现风格可分为：慷慨激昂型演讲，情感深沉型演讲，哲理严谨型演讲，明快活泼型演讲。

3. 按演讲活动方式可分为：命题演讲，即兴演讲，论辩演讲。



### 四、主题演讲的表达技巧

1. 口语技巧：
①发音正确、清晰、优美；②词句流利、准确、易懂；③语调贴切、自然、动情。
2. 态势技巧：
①神情自若；②姿势大方。

### 五、主题演讲的要求

1. 准备过程的要求：
①演讲稿撰写；②良好的心理状态；③做好态势准备。
2. 演讲过程的要求：
①语言表达要求准确、形象；②态势表达要求和谐、恰当；③情感表达要求诚挚、丰富。
3. 临场应变要求：
①沉着开场；②调节气氛；③处变不惊。

## ◆范例分析◆

**竞岗演讲稿**

各位领导、各位评委：

大家好！

我叫李××，现年35岁，本科学历。

今天能够有这样一个机会站在这里，参加监狱组织的竞争上岗活动，我的心情很激动。首先，我要感谢监狱党委和各级领导对我们女民警的关心与支持，感谢你们为我们提供了一个施展才华和抱负的舞台。

参警以来，我努力向英模人物学习，向本系统老一辈同志学习，学习他们勤勤恳恳、爱岗敬业的精神，使自己在较短的时间内适应了角色的转换，掌握了教育改造罪犯必备的法律知识和专业理论知识，在工作中取得了较好的成绩。曾与另外两位民警组成××监狱代表队，夺取了全省监狱系统庆祝建党80周年知识竞赛第一名，为监狱争得了荣誉。

参加工作十多年来，我一直从事罪犯的心理咨询和心理矫治工作。有人认为，在关押男性罪犯的监狱里，女民警只适合搞财务、当内勤，在罪犯的改造中很难有多大的作为，但我并不赞同这种观点。因为在押犯中，很多都不同程度地存在着社会适应能力低、情绪波动大、焦虑、抑郁、自控能力差、人格偏执等心理障碍和人格障碍。罪犯的总体心理健康水平明显低于社会正常人群，这是导致他们走上犯罪道路和影响自身改造的一个重要原因。而女民警能够在罪犯心理咨询和心理矫治工作中充分运用女性特有的耐心、细致与亲和力的优势，弱化罪犯的戒备、抵触心理，积极营造一种平等、尊重、宽松、亲切的氛围，使服刑人员能够敞开心扉、畅所欲言，帮助他们走出心理的误区，增强改造和生活的信心，时刻保持一个良好的健康心态。因此，我认为女民警在罪犯的改造中大有作为，具有“以柔克刚”和“润物细无声”的特殊功效，同样能为教育改造罪犯作出一定的贡献，实现自我价值。也正因为如此，我非常热爱这项工作，并尽心尽力做好这项工作。十余年来，我一方面努力钻研心理学的专业知识，积极参加各种专业培训，成为我监第一位取得心理咨询师国家职业资格证书的人；另一方面，我始终坚持不懈地在罪犯中开展心理咨询和心理矫治工作，已被越来越多的服刑人员所接受和认可，受到广大基层民警的一致好评，这更加坚定了我做好这项工作的信心。今天参加竞岗，我希望自己能够在服刑指导中心这个岗位上充分发挥自己的一技之长，为维护我监监管改造的安全与稳定作出更大的贡献。

如果这次竞岗成功，我将努力做到如下几点：①加强政治理论学习，增强社会主义法治理念，用科学的发展观指导工作实践；②继续加强法律专业理论和业务知识学习，不断提高自身的业务素质和能力，同时把自己积累的工作经验传授给服刑指导中心的其他同志，进一步提高我监服刑指导中心的整体工作水平；③牢固树立热情为基层服务的思想，在罪犯中积极开展心理咨询和心理矫治活动，积极为基层监区排忧解难，做到“基层有求，我们必应”；④为顽危犯、重点犯建立专门的心理档案并进行跟踪矫治，及时对他们进行心理疏导和心理危机干预，帮助其消除心理障碍，恢复心理健康，配合监区做好顽危犯的教育转化工作；⑤充分发挥女民警的优势和作用，以心理测量、心理健康教育和心理咨询为工作重点，不断完善服刑指导中心的功能，努力开辟一条集教育、劝导、帮教、情绪调节、维护心理健康、就业指导、法律咨询等于一体的多功能通道，进一步丰富教育改造工作的内涵；⑥定期在罪犯中开设多种形式的心理健康知识专题教育讲座，使罪犯对于心理问题学会自我调节，提高社会适应能力，积极面对服刑改造生活；⑦力争让我监服刑指导中心成为服刑人员与社会之间沟通的桥梁，真正成为广大服刑人员的良师益友。

竞争上岗只是我对进步的追求，做好罪犯的心理咨询和心理矫治工作才是我最大的愿望，无论竞岗成功与否，我都会一如既往地努力工作，一定会让领导们放心、同志们满意。

谢谢大家！



## ◆任务要求◆

1. 写好演讲稿。
2. 熟悉演讲稿。
3. 学会控场应变。

## ◆情境训练◆

### 训练1　背诵演讲稿

**【训练目的】**

通过训练，掌握演讲稿的写作要求。



**【训练材料】**

**在葛底斯堡国家烈士公墓落成典礼上的演讲**

［美］亚伯拉罕·林肯（1863年11月19日，宾夕法尼亚，葛底斯堡）

八十七年前，我们先辈在这个大陆上创立了一个新的国家，它孕育于自由之中，奉行一切人生来平等的原则。

现在我们正从事一场伟大的内战，以考验这个国家或者任何一个孕育于自由和奉行上述原则的国家是否能够长久存在下去，我们在这场战争中的一个伟大战场上集会。烈士们为使这个国家能够生存下去献出了自己的生命。我们来到这里，是要把这个战场的一部分奉献给他们作为最后安息之所。我们这样做是完全应该而且非常恰当的。

但是，从更广泛的意义上说，这块土地我们不能够奉献，不能够圣化，不能够神化。那些曾在这里战斗过的勇士们，活着的和去世的，已经把这块土地圣化了，这远不是我们微薄的力量所能增减的。我们今天在这里所说的话，全世界不大会注意，也不会长久地记住，但勇士们在这里所做过的事，全世界却永远不会忘记。毋宁说，倒是我们这些还活着的人，应该在这里把自己奉献于勇士们已经如此崇高地向前推进但尚未完成的事业。倒是我们应该在这里把自己奉献于仍然留在我们面前的伟大任务——我们要从这些光荣的死者身上吸取更多的献身精神，来完成他们已经完全彻底为之献身的事业；我们要在这里下定最大的决心，不让这些死者白白牺牲；我们要使国家在上帝保佑下自由地新生，要使这个民有、民治、民享的政府永世长存。

【训练方法】

熟悉上文提供的材料并进行模拟演讲，分析演讲稿的结构特点和语言特色。

【训练说明】

演讲时注意：

1. 发音准确、清晰；
2. 表达恰当、合理；
3. 仪表规范、得体。

## 训练 2　听演讲会

【训练目的】

通过聆听演讲掌握演讲稿的写作规律，并进一步加强发表演说的能力。

【训练材料】

聆听一场演讲，在听完该演讲后试着回答下列问题：

1. 这场演讲的主题是什么？
2. 用三分钟时间重述这场演讲的内容。
3. 评论这场演讲的成功与失败之处。

【训练说明】

1. 注意分析演讲会听众的身份。
2. 注意训练的节奏把握。
3. 组织时注意分析问题的条理性。

## 训练 3　开场白设计训练

【训练目的】

通过训练掌握演讲稿开场白的设计。

【训练材料】

根据下面所提供的情境设计开场白，并在全班同学面前演练。

1. 假设班里要举行一次新年晚会，你是本次活动的主持人，请设计一段开场白，要求语言有艺术感染力，不落俗套，能够一开始就使现场气氛活跃。

2. 假设你要竞选班长，请为自己设计一段开场白。

【训练说明】

开场白设计时应解决你主要讲什么、别人为什么要听你讲、你讲的对听众有什么好处等三个问题。

## 训练4　结尾语设计训练

【训练目的】

通过训练掌握演讲稿结尾语的设计，使演讲能在最后提升主题、升华情感，从而把听众的情绪推向最高潮。

【训练材料】

请为以下主题设计结尾语，并在全班同学面前演练：

你参加了学校举办的“我爱我的专业”演讲比赛，请为这次主题演讲设计一个精彩的结尾语，使每个听了你演讲的同学都会受到启发，并能更爱自己的专业。

【训练说明】

结尾语是演讲的自然收束，具有概述、重申、指导、强化等作用。它要求表达得真实、清晰、干净利落、深刻有力。

## 训练5　控场、应变能力训练

【训练目的】

通过训练，提高演讲的控场、应变能力。

【训练材料】

以下是两种演讲过程中可能会发生的意外情况，假若你遇到了该怎么办？

1. 你应学校演讲与口才协会之邀，给他们社团的新成员讲一讲你是如何成为学校的演讲明星的，可是等你到了现场，却发现没来几个同学。这时你会怎么做？

2. 你参加省大学生演讲比赛，规定时间是6分钟，因为你的演讲精彩，现场不时响起阵阵掌声。热烈的掌声使你中间停顿的时间长了，当现场“时间到”的牌子举起来时，你还有一段时长为30秒的结尾语没讲，这时你该如何处理？

【训练说明】

可采用借事说事法、幽默解围法、重复挽救法、提问法、跳跃法等方法来随机应变。

## 学习单元六

# 监狱工作教育口才

监狱工作教育口才是监狱教育工作者根据监狱工作的需要，通过课堂教学、组织讨论、宣传解说等教育形式，运用执法性和教育性智能、语言及表达方法、技巧，实施教育的口才类型。

监狱工作教育包括对服刑人员的思想教育、文化教育、技术教育、生活教育、心理健康教育、劳动技能教育等，它是指教育者对受教育者施加的有目的、有计划、有组织、系统的影响活动，包括了多种教育形式和途径。

监狱工作教育口才的种类很多。以在教育教学过程中的表达方式来分类，可分为叙述性表达口才、议论性表达口才、说明性表达口才和抒情性表达口才；从教育形式上划分，可分为教学活动口才、组织讨论口才、解说口才。本章从教育形式划分的种类加以阐述。

## 任务一　教学活动

### ◆知识储备◆

### 一、教学活动口才的概念

教学活动口才，指的是教育者进行课堂教学、完成教学任务的口才类型。它对课堂教学的质量、教学效果的完成有直接的决定作用。教学活动可分为多个不同的环节，如教学导入、教学讲授、教学提问、教学总结等，各个不同的环节对口才有不同的要求。

**（一）教学导入**

教学导入是教学的一个重要环节，处于教育活动的开始，是施教者引导受教者进入课题的切入口和教学内容的联结点，也是教学环节之间的过渡手段。教学导入口才又称导入语、开场白，好的导入语就是一次教学活动良好的开端。许多有经验的施教者对教学导入语都十分讲究，好的导入语犹如乐曲的前奏、戏剧的序幕，会紧紧吸引住受教者的注意力。教学导入口才是课堂教学艺术的重要组成部分，是教育者进行课堂教学必备的一项基本技能。教学导入口才要注意发挥以下几个方面的作用：①激发兴趣，产生学习动机；②引起注意，迅速集中思维；③拾建桥梁，衔接新知与旧知；

④揭示课题，体现教学意图；⑤沟通感情，创设学习情境。

（二）教学讲授

教学讲授口才是对受教者直接传授知识、技能时进行阐述和解释的口才，应当具有科学性、规范性、教育性、情感性、灵活性、启发性、激励性等特点。在实际教学工作中具体运用教学讲授口才时，应当严谨而不呆板，规范而有特色，条理清晰，重点突出，声音洪亮、清晰，语速快慢适中。教学讲授口才有如下基本要求：①条理清楚。条理清楚是讲授语言的整体组织要求，东拉西扯、杂乱无章、颠三倒四、语无伦次的讲授，要想受教者获得清楚的印象是不可能的。②简练准确。这是讲授语言的单一结构要求。简明扼要的语句，使人听着舒服，好记。③富于启迪。这是讲授语言结构的最高要求，讲授者要善于发展受教者的思考。

（三）教学提问

教学提问是指教育者以提出问题为手段开展教学活动，以引起受教者思考并作答，从而实现教学目的。提问是课堂教学的重要环节，具有引起注意、启发思路、理清知识线索、突出重点难点、活跃课堂气氛、检查教学效果等多种作用。施教者教学提问口才水平的高低，直接影响教学的质量和效率。优秀施教者的课堂教学往往波澜起伏、有声有色，令受教者入情入境、欲罢不能，其中的一个重要原因，就是他们那精彩迭出的提问口才发挥了不容忽视的作用。教学提问口才要注意以下要点：①精心设计，注意目的性。教学提问要紧紧围绕课堂教学中心来进行。教育者在授课前要精心设计提问内容和形式，问题要少而精，具有典型性。②难易适度，注意科学性。提问前，教育者应在深入钻研教材的基础上，针对受教者的实际，掌握好提问的难易程度，既不能让受教者答不出来，也不能是简单地回答对与不对，对于难度大的问题要注意设计铺垫性问题。③循循善诱，注意启发性。启发性是提问口才的灵魂。缺少启发性的提问，是蹩脚的提问。为此，千万要避免那种不分巨细、处处皆问的做法。要尽量避免单纯的判断性提问，多用疑问性提问，还要注意运用发散性提问和开拓性提问。④因势利导，注意灵活性。教学是千变万化的，受教者答问中也可能出现这样那样的问题，如答非所问，或干脆答不出来等。因而，施教者在提问时要注意运用教育机智，根据变化了的情况，有针对性地发问，而不能不顾课堂情况的变化生硬地照搬照用课前设计好的问题。

（四）教学总结

教学总结即在教学活动结束前，对教学内容进行归纳，清理知识线索，指明重点、难点，提示关键、要领等活动。好的教学总结口才，可以使一次教学活动中诸多的教学内容浓缩成“板块”，得以系统概括、深化，便于受教者理解；可以使教学活动的结构严密、紧凑、融为一体，显现出教学活动的和谐与完美；还可以诱发受教者的求知欲望和积极的思维，使受教者进入更深层次的探究，并获得丰硕质佳的认识成果，以得到精神上的满足。可以说，总结是教学活动整体优化的重要环节，是提高受教者认识的重要步骤。一堂课的结尾就如一曲乐章的尾声，设计得好，就会有掷地有声、余音缭绕、回味无穷之感。教育者要尽量做到周密安排、精心设计，做到简洁明快、灵活多变、新鲜有趣、耐人寻味，使受教者真正感受到教学活动已尽而意味无穷的效果。

## 二、教学活动口才的特点

由于监狱教学活动本身的特殊性，教学活动口才也具有了相应的特征，即司法工作者执法性口才和普通施教者教育性口才的双重功能，是二者的互相结合、互相补充。它的特点体现在以下几个方面：

**（一）教学内容的特定性**

监狱教学活动口才发生在监狱工作领域，与一般的教学活动相比，它的教育目的非常明确，法律也对教学的内容进行了专门的规定。《中华人民共和国监狱法》第四条规定："监狱对服刑人员应当依法监管，根据改造服刑人员的需要，组织服刑人员从事生产劳动，对服刑人员进行思想教育、文化教育、技术教育。"那么，在运用这类口才的时候，监狱工作者必须紧扣监狱教学活动的特点，在组织受教者的教学活动方面，注意从法律的规定出发，从受教者的实际需要出发，选择适合的教学内容，体现这种特征。

**（二）教学语言的科学性**

教学语言的科学性，体现在教学语言的准确、规范、精练和逻辑性、系统性上，要求在语法上用词恰当、简洁明快、干净利索。教学中的语言表述要符合科学或事实，表述要做到言简意赅。在教学中应注意避免言不及义的废话和不必要的重复，不说不着边际的空话，不讲套话，不说半截子话，不要口头禅，还要求推理富于逻辑性，论述问题富于系统性。教学语言给受教者的逻辑感受有两大范畴：一是语言本身要准确，不能含糊其辞；二是语言链条要清晰，不能前言不搭后语、似是而非、模棱两可。系统性则要求教学语言层次清楚，结构有条理，抓住精华，突出重点，取舍有致，而不是挂一漏万、以点代面。那种不讲究语言的内在逻辑、颠三倒四、像一盘散沙的教学语言是不足取的。总之，教学语言的科学性应像鲁迅先生说的那样："用最简练的语言表现最丰富的内容。"



**（三）教学语言的规范性**

"国家推广全国通用的普通话"是我国宪法的规定，《中华人民共和国国家通用语言文字法》则是我国第一部语言文字方面的专门法律，集中体现了国家的语言文字方针政策，首次以法律的形式明确了普通话和规范汉字作为国家通用语言文字的地位，并对其使用作出了规定：明确规定国家机关要以普通话为公务用语，学校及其他教育机构要以普通话为基本的教育教学用语，提倡公共服务行业以普通话为服务用语。因此，在工作和业务活动中使用普通话不再单单是个人的行为，而是一种法律行为，应当成为公民的基本能力和自觉行动。监狱教学口才也要遵循这一规范性的特点，施教者要加强普通话的训练，力求使用标准普通话进行教学，尽量避免使用方言土语，不能使用庸俗下流的脏话、粗话、黑话进行教学，损害受教者的人格尊严。



## 三、教学活动口才的技巧

**（一）教学导入的技巧**

1. 开门见山式。开门见山即针对教学内容特点，直接揭示学习目标。施教者在一开始就围绕板书课题导入，引发受教者积极思考。这种导入方式是教学活动中最常用的一种，简洁明了，能使教学很快进入正题，具有"短、平、快"的特点，能做到省时，使受教者迅速接触学习主题，及时起到组织受教者进入学习角色的作用。

2. 温故知新式。施教者根据知识间的内在联系，以复习提问旧知识为手段，在旧知识里面带出新课内容的线索，引导受教者从已有的知识出发，顺理成章地进入新知识领域，并产生强烈求知欲，去探求新知识的一种导入方式。它的特点是以复习已经学过或受教者日常生活中已经了解的知识为基础，将其发展、深化，引导出新的教学内容，既是给受教者复习巩固旧知，又引发受教者对新知识的积极思考。“温故”是手段，“知新”是目的，两者有机结合并自然过渡。

3. 巧设悬念式。悬念导入式俗称“吊胃口”、“卖关子”，是指在教学中创设带有悬念性的问题，给受教者造成一种神秘感，从而激起他们的好奇心和求知欲的一种导入方法。利用悬念激发人的好奇心，引发思考，启迪思维，往往能收到事半功倍的效果。悬念总是出乎人们意料，或展示矛盾，或使人困惑，常能造成受教者心理上的焦虑、渴望和兴奋，使他们想尽快知道究竟，而这种心态正是教学所需要的“愤”、“悱”状态。当然，创设悬念要恰当适度，应结合教学内容及受教者的心理承受能力而设置，不悬则无念可思，太悬则望而不思。只有巧妙而适度地创设悬念，才能使受教者积极动脑、动手、动口，去思、去探、去说，从而进入良好的学习情境。

4. 故事吸引式。故事导入是指施教者利用受教者爱听故事、爱听趣闻逸事的心理，通过讲述与教学内容有关的具有科学性、哲理性的故事、寓言、传说等，激发受教者的兴趣，启迪受教者的思维，创造情境引出新课，使受教者自觉进行新知识学习的一种导入方法。

5. 直观演示式。施教者通过实物、标本、挂图、模型、图表等直观教具，以及幻灯、投影、电视、录像、电脑等媒体，对与教学内容相关的信息进行演示的一种导入方法。这种导入以强烈的视听效果、逼真的现场感受吸引受教者进入学习情境。在教学活动的开头，展示直观教具和媒体教材，为受教者提供生动直观的感性材料，能够化抽象为具体，有助于受教者加深对所学知识的理解。当然，在直观导入的同时，施教者应该不失时机地提问或叙述，以指明受教者的思考方向。



6. 问题导入式。问题导入是指施教者提出富有挑战性的问题使受教者顿生疑虑，引起受教者的回忆、联想、思考，从而产生学习和探究欲望的一种导入方法。问题导入的形式多种多样，可以由施教者提问，也可以由受教者提问；可以单刀直入，直接提出问题，也可以从侧面提问设置悬念；可以由直接问句形式来呈现，也可以由“谜语”等形式来呈现。需要注意的是，提出的问题要有一定的难度，要使受教者暂时处于一种“愤”、“悱”状态，并且要以疑激思，使受教者的思维尽快活跃起来。

7. 情境导入式。情境导入是指施教者通过音乐、图画、动画、录像或者满怀激情的语言创设新奇、生动、有趣的学习情境，使受教者展开丰富的想象，产生如闻其声、如见其形、置身其中、身临其境的感受，从而唤起受教者情感上的共鸣，使受教者情不自禁地进入学习情境的一种导入方法。情境导入以“情”为纽带，给受教者以情感的体验和潜移默化的影响，达到“随风潜入夜，润物细无声”的效果。此外，情境导入还能陶冶情操，净化受教者的心灵，提高受教者的审美情趣和素养。

**（二）教学讲授的技巧**

1. 解剖分析法。它指施教者根据概念、原理内部结构的成分、特性和内在逻辑关系，把它们分解为若干个点层，逐点逐层分析，逐步揭示概念、原理的内容与实质，从而帮助受教者完整理解和掌握概念、原理的一种教学方法。例如，讲授教材中“人民民主专政”概念，其定义是“工人阶级领导，以工农联盟为基础，在人民内部实行民主，对敌人实行专政的国家政权”。施教者可把它分解为三层：①人民民主专政是一种国家政权；②这种国家政权的阶级特征是由工人阶级领导、以工农联盟为基础；③这种国家政权有两个基本职能，即在人民内部实行民主，对敌人实行专政。简言之：一是政权，二是特征，三是职能。这样的分解释义，其内涵与外延都很清楚，受教者也容易记忆、理解。

2. 具体—抽象法，也叫归纳法。它是指施教者引导受教者从概念和原理所反映的事物及其相互关系的各种具体形式出发，从个别到一般抽出它们的共性，从而把握概念、原理的内容与本质的一种教学方法。这种从具体事实和经验中直接推出事物及其相互关系的普遍本质特征的方法，符合人的心理特点和认知规律，也同当前各类教材的编写思路、方法、特点相符合，有利于施教者对概念和原理进行教学。

3. 图示讲授法。它是指施教者根据概念、原理的内涵、外延、特征和内在的逻辑关系，用图形的形式把它具体形象化，并给予解析和说明，从而帮助受教者深化理解和掌握概念原理的一种教学方法。图示直观形象，易吸引受教者的注意力，使其产生浓厚的兴趣。施教者解释之后，便于受教者形象记忆与理解。

4. 温故知新法，也叫以旧带新法。它是指施教者根据知识之间的内在联系和逻辑性，从已知的概念、原理出发，通过判断和推理，引导受教者由已知向未知过渡，并达到理解、掌握新概念原理的一种教学方法。例如，讲“犯罪”这个概念时，施教者可先让受教者回忆学过的“违法”的定义。违法行为，就是违反了国家法律及其他法规的行为，根据它的性质和情节及对社会造成危害的程度，分为一般违法行为和严重违法行为。此时，施教者明确指出：严重违法行为就是犯罪。这样就使受教者对“犯罪”概念有一个清楚的认识：犯罪是严重危害社会、触犯刑事法律、应受刑罚的严重违法行为。

这种从已知推出未知的方法，既可降低受教者理解、掌握新知识的难度，又能使他们将所学的知识串联起来，把握知识的完整性及其内在联系。同时，这种方法也符合受教者的认识规律，有利于调动受教者已知的潜能，把新知识纳入已有的知识结构之中。

5. 举例说明法。它是指施教者通过描述、分析、说明具体生动的事例，达到揭示概念、原理的本质属性及其特征的一种教学方法。简言之，以事明理。它包括正面例证和反面例证。

6. 演绎法和变换提示法。演绎法，指施教者从受教者已知的一般概念和原理出发，引导受教者运用这个一般概念和原理去认识同其有内在联系的具体概念与原理，从而理解这个具体概念和原理的一种教学方法。简单来说，就是从一般到个别的教学方法。

变换提示法，指施教者根据概念和原理的内容与特点，从不同角度、层次和内在逻辑关系向受教者发问或暗示，激起受教者积极思考，从而引导受教者科学、完整地理解与掌握概念、原理的一种教学方法。

讲授概念、原理，除以上方法之外，还有比较讲析法、特征解析法、引经据典法等，而讲授概念还可采用下定义法、句子成分分析法等。施教者在实践中还可根据自己的经验，创造出多种多样、行之有效的具体教学方法。

**（三）教学提问的技巧**

1. 诱发式提问。它是指施教者借助受教者已有的知识经验或在受教者对有关事物进行了观察的基础上，通过诱导性设问，使受教者产生浓厚的学习兴趣和强烈的求知欲望，从而积极思考，去攻克难关、获得知识、提高思维能力的一种提问方式。受教者在这种诱发设问中会产生悬念并激起思维浪花，在一种强烈的求知欲和参与意识的导引下，较好地进入学习状态，从而提高了课堂教学效率。

2. 迂回式提问。它是指施教者对同一教学知识点，不直接提问，而是通过多种情形不同的假设或虚问，引导受教者通过自身思维探索，最后豁然醒悟，得出正确结论，回到主题上去，并加深理解和巩固所学知识的一种提问方式。这种方式能使受教者的思维活跃起来，引起受教者的热烈讨论，使施教者欲传授的知识水到渠成。这种提问方式，不仅对形成良好的教学气氛和培养受教者思考问题的习惯有着积极的促进作用，而且会促使受教者对知识进行深化理解和运用。

3. 举例式提问。它是指施教者不直接向受教者发问，而是通过寓言、故事、实物、图片、材料或电教手段等把受教者带到融知识内容于一体的一定情境中，借机向受教者发问，引起受教者思考，达到知识的迁移转换，从而使受教者获得对新知识的认知、理解和运用的一种提问方式。这种提问方式，有利于培养受教者理论联系实际的学习方法和运用知识解决实际问题的能力。

4. 悬念式提问。它是指施教者欲擒故纵，设置一些悬念，使受教者处在“心求通而未得，口欲言而不能”、“欲知后事如何，且听下回分解”的状态，以激起思维浪花，并产生强烈求知欲望的一种提问方式。这样的提问，能紧紧抓住受教者思维习惯的特点和关心答案的心理，一下子把受教者的学习胃口吊起来，使其进行积极思考，并产生急于知晓答案的求知欲望，从而为新问题的解决创设思维情境。

5. 激趣性提问。它的目的在于激发受教者的学习、思考兴趣，使受教者乐学、乐思。“兴趣是最好的施教者。”兴趣是受教者思考、学习的重要动力之一。为了激发受教者对某一课题的学习兴趣，使受教者在课题学习中保持一定的学习兴趣，需要在课堂教学中提出一些能激发兴趣的问题。特别是在课堂教学之始，若能使受教者对学习的课程马上产生浓厚的兴趣，那将会有力地激发他们学习的热情。因此许多优秀施教者总要在一节课的教学中设置几个激趣性的问题。

6. 夸谬式提问。它是指在容易混淆的知识点上，为指导受教者深入思考，施教者故意提出一个错误问题，让受教者通过读书、思辨、积极探究以及施教者的引导，最终得出正确结论的一种提问方式。例如，讲“个人利益与个人主义的区别”时，施教者可故意讲：“现在有的人很不像话，干活就要拿工资，没工资就不愿意干活。依我看，这就是自私自利、个人主义！”通过这样引起受教者对“个人利益与个人主义是不是一回事”的争论，最后引导受教者通过层层深入批驳错误观点，得出正确结论：“两者不是一回事。”由于夸谬式提问不是从正面提出问题，受教者发表意见的欲望格外强烈，在发言中，为了“自我表现”和论证施教者提出的观点是错误的，受教者会格外认真地看书和思考。这种提问方式有利于培养受教者思维的独立性和批判性，有利于提高受教者的辨析能力。

7. 评价式提问。这是一种要求受教者对一定的教学内容进行评价，以培养受教者评价能力的提问方式。这类提问是让受教者运用所学知识、概念、原理、法则，对所学知识的重点、难点、关键点部分，经过分析、比较、推理、论证，说明原因，指出关系，判断是非，加以评析，发表评论。或谈自己学习某知识后的感想和体会；或发表自己对某历史事件、某作品中的主人公的观点和看法；或评价其他受教者课堂回答中的正误并分析其原因等。评价提问被大量运用在文科教学中，通常用“学了××后你有什么感想”、“有什么体会”或“受到什么启发”、“如何评价××人”、“如何评价××事件”等句式提问。不过，这种课堂提问的回答，不是让受教者回顾他们所学的课程陈述的事实和知识、思考所学过的材料内容，而是让受教者发表自己的观点和看法，围绕所提问题用一段话讲清自己要表达的意思。受教者回答这类提问不能只用一个词语或一两句话，也不可能在书中找到现成答案，因此，这种解答又往往延伸到课后。

教学提问的技巧很多，采用什么样的提问方式，要视教学内容而定，因受教者而异，为激发受教者的思维着想，为突出重点服务，培养受教者的能力，提高教学效果。

**（四）教学总结的技巧**

1. 梳理内容式。教学活动结束前，把当次所讲内容作一番梳理，把重点、难点再突出强调一下，把知识结构与脉络理清。例如有的施教者在课堂教学结束时通过谈话法让受教者作小结：我们这节课学了哪些知识，哪些是最重要，还有哪些疑难问题需要提出来等。这是一种切实可行的方法，其侧重点主要是引导受教者以准确简练的语言，对教学活动所讲知识进行总结，以归纳出一般的知识结构、解题规律和方法等。这种归纳可以仅限于当次教学活动，也可以是有联系的几次。

2. 首尾呼应式。教学活动结束时呼应开头提出的问题，以便给受教者一个清晰、明确的答案，使受教者有一个前后照应、结构完整的感觉。这种总结方式具有点题性、呼应性、统一性、完整性的特点。

3. 画龙点睛式。在讲完教学内容的基础上，总结时用几句话点明本课的精华所在，可以一语中的，使受教者对关键问题豁然开朗。

4. 概括中心式。教学总结时用几句简练的话把这一堂所讲的知识中心概括出来，可以帮助受教者删繁就简、把握中心。这样做，有利于受教者理解、记忆和应用所学知识。如施教者经常在讲课结尾时指导受教者总结中心思想，点明“今天我们这堂课讲的中心是……”，这样受教者可以明确一堂课的中心是什么，以便集中精力理解和记忆。

5. 提炼升华式。如果说概括中心式是就讲授内容进行概括、总结，那么提炼升华式就是对讲授内容进行挖掘、提炼，以揭示其深刻的内涵。如有位政治施教者讲“一国两制”，在讲完一国两制的提出、内容和意义之后，末尾又着重阐述“一国两制”对马克思主义理论的新贡献，这样就使所讲内容升华到了一个新的高度。

6. 激发感情式。课堂教学结束时，用饱含热情的话语激发受教者的感情，使受教者从思想上受到启发鼓舞，进而变成探究学习新知识的动力，达到晓之以理、动之以情、以情激行的目的。

## 四、教学活动口才的要求

**（一）了解施教对象，做到因材施教**

运用教学活动口才的一个重要前提，就是充分了解施教对象的具体情况和他们的认知偏好。从监狱教学工作的实践情况来看，施教对象的个人情况千差万别，文化水平也参差不齐，如果一视同仁地开展教学活动，肯定不能取得良好的效果，这也是与教学规律相违背的。

一般可以从以下几个方面来了解施教对象：

（1）从智力层面入手，了解受教者的文化知识水平和认知接受能力，以便确定教育学习内容的深浅、难易和教学进度的快慢，并选择相应的教育教学原则。在表达内容和表达方式的安排上，要立足中等、兼顾两头、鼓励上等、督促下等。

（2）从态度层面入手，了解受教者对学习的认识和积极性。一般来说，认识水平高的、能力强的，学习态度也较为自觉，努力程度高，进步比较明显；认识水平低的、能力弱的，学习态度松懈，学习自觉性差，努力程度低，学习效果不理想。这就要求施教者充分了解受教者的个体和群体情况，因材施教，循序渐进地实施针对性教学。

（3）还要从受教者的毅力、情感等非智力因素入手进行了解。只有充分了解每一个受教者个体，才能灵活运用各种教育资源，调动各种口才要素，做到教育内容与口才形式的完美结合。

**（二）透彻钻研教学内容，精心备好教案**

在充分了解施教对象的基础上，对教学活动内容进行全面、透彻的了解和掌握，并充分做好教育教学准备，对施教者提出了透彻钻研教学内容、备好活动教案的要求。

钻研教学内容首先要熟悉教材内容，分析教材的组成，考虑处理教材的方法和教法。施教者对于教材中的内容，自己必须首先弄懂，熟练掌握。施教者如果对教材中的内容或某一问题一知半解，就不可能教会受教者。在弄懂了教材的基础上，进一步就是分析教材，即分析教学目的和要求、基础知识和基本技能、重点和难点、知识要求的深度、练习和作业的深度与分量。在弄懂教材内容和分析教材之后，应根据不同的内容和受教者的实际水平，考虑采用不同的教学方法。钻研教材应以个人钻研为主、集体讨论为辅、两者相结合的方式进行。



教案是施教者为顺利而有效地开展教学活动，根据教学大纲的要求，以课时或课题为单位，对教学内容、教学步骤和教学方法等进行具体的安排与设计的一种实用性教学文书，通常又叫课时计划。教案中对每个课题或每个课时的教学内容、教学步骤的安排，教学方法的选择，板书设计，教具或现代化教学手段的应用，各个教学步骤、教学环节的时间分配等，都要经过周密考虑、精心设计才能确定下来，体现了很强的计划性。在实际教学活动中，教案起着十分重要的作用。编写教案有利于施教者弄通教材内容，准确把握教材的重点与难点，进而选择科学、恰当的教学方法，有利于施教者科学、合理地支配课堂时间，更好地组织教学活动，提高教学质量，收到预期的教学效果。

**（三）语言丰富生动，表达形象简练**

教学活动最终要通过语言来实现。语言丰富生动指的是施教者应善于根据不同的受教者和内容运用言辞，而不是在表达的时候胡乱地堆砌辞藻、刻意显摆。语言应体现与教学内容相一致的风格，言辞干瘪无味势必制约丰富多彩的教学内容的表达，而口语的单调、乏味，也必将缺乏应有的感染力，很难对受教者产生良好的教育效果。语言的丰富生动与语言的文采联系密切，富于文采的语言，使教学润色生辉，给人以如酒如蜜的感染力，能长久萦绕在脑际，留下逼真传神的印象。表达形象还要求把深奥的理论内容表达得晓畅易懂，同时用语精练，这样才能取得直观清晰、言近意远的效果。

## ◆范例分析◆

**题目：如何调节紧张烦闷情绪**

教学目标：

1. 了解什么是紧张和烦闷情绪。

2. 紧张、烦闷情绪产生的原因和负面影响。

3. 学会对紧张、烦闷情绪进行自我调节。

教学内容：

情绪是人对客观事物是否满足自己的需要而产生的态度体验。根据情绪对人的影响，可分为正性情绪和负性情绪（即不良情绪）。不良情绪不利于身心健康，它的主要表现形式有悲观情绪、紧张情绪和烦闷情绪。在服刑人员当中，紧张和烦闷是很常见的情绪。由于他们缺乏合理的调节方法，可能导致身心疾病，影响改造的积极性。

教学重点：情绪分类、不良情绪的表现和对身心健康的影响。

教学难点：学会对紧张、烦闷情绪进行自我调节。

教学方式：讲述与讨论、团体活动、现场测试。

教学时间：40 分钟。

教学步骤：

一、什么是紧张和烦闷情绪

引言：在改造中，你是否有过紧张、烦躁不安、闷闷不乐的情绪体验？这样的情绪体验给我们带来什么样的影响呢？遇到这样的情绪时，你是如何面对的呢？下面，我们一起来探讨一下吧。

小测验：你是否有紧张情绪？对服刑人员进行心理测试，分发“紧张焦虑自评量表”。

二、紧张烦闷情绪的影响

提问：在改造中，你一般在什么样的情况下会出现紧张、烦闷等情绪体验呢？而这些情绪又给你带来了一些什么样的影响呢？

目前的监狱改造主要包括思想改造和劳动改造，而劳动改造又占据着很大的比重，和每个月的嘉奖、减刑等都有密切的联系。从平常你们所反映的情况和调查的结果都可以看出，产值问题是导致紧张情绪的最大原因。当生产跟不上，完成不了任务时，心里就感到万分的紧张焦虑。但往往越紧张情况就越糟糕，因为紧张往往会导致心跳加快、思绪混乱、手脚不协调、烦躁不安、乱发脾气，严重的甚至会导致失眠、做噩梦、精神不振、生病、人际关系紧张……在这些情况下，就更加不能好好地进行劳动改造了，所以产值更加跟不上，于是又更加紧张、烦闷……如此不断地恶性循环，最终导致的可能不单只是神经衰弱，甚至可能会出现精神恍惚、幻视幻听等精神病症状了。

长期的精神紧张无论对于什么人群都有一定的不利影响，例如现在的学生升学压力很大，导致他们出现考试焦虑，一上考场就紧张冒汗甚至晕倒；又例如出去找工作面试，有的人明明各方面都很优秀，却因为紧张不能正常发挥而失去工作的机会；有的人人际关系本来不错，但由于心情紧张、烦躁，经常乱发脾气，结果导致人际关系恶化。紧张情绪对我们的工作、生活、人际等方方面面都是很大的障碍，所以当出现比较严重的紧张情绪时，最好能找到合适的方法去疏导。

不过这里要指出的一点就是，不要过分地夸大和惧怕紧张情绪，因为紧张情绪在每个人的身上都会出现，而且适度的紧张会给我们带来一定的动力，因为你不紧张它就不会在乎它，而不在乎它又怎么会有动力呢？如果你对于自己的劳动产值一点都不紧张，抱着坐一天牢干一天活、不把牢底坐穿不罢休的思想，那在改造上肯定是消极的、缺乏主动性的。但是过度的紧张则会导致上面所说的一系列不良后果。所以我们要正确地看待紧张情绪。紧张和所要取得的效果的关系是一个倒“U”形的关系。（展示并解释）

提问：通过观察这幅图，你学会了什么？（简短发言：要保持适度的紧张，没有或过高都是不好的。）

三、如何调节紧张、烦闷情绪

当情绪出现过分紧张时，该怎么办呢？不妨试一下下面的方法。

1. 深呼吸。先闭上眼深深地吸一口气，让那口气在肺里面停留大约5～8秒，再以一种缓慢的速度呼出来。（示范）这种方法是最简单易行的。（大家一起做）

2. 想象法。紧张时可以想象一些美好的事情、环境等，使自己心情放松。下面我来给大家念一段文字，大家请保持安静，然后闭上眼睛去想象文字所描述的情景，尽量使自己产生一种身临其境的感觉。“我静静地躺在海滩上，周围没有其他的人。我感受到了阳光温暖的照射，触到了身下海滩上柔和的沙子，全身感到无比舒畅。微风带来一丝丝海腥味，海涛在有节奏地唱着自己的歌，我静静地、静静地聆听着这永恒的海涛声……”

3. 音乐疗法。紧张的时候，听一些比较舒缓的轻音乐有助于让心情回复平静。下面大家来听一段这样的音乐，感受一下其中的平和与宁静。（播放音乐）

4. 宣泄法。

集体操作：要求服刑人员听指令，深深地吸一口气，然后憋住不要呼出来，直到憋不住，看能憋多久。

提问：请问在刚才那个过程里，你有什么感觉？

引导：（难受——舒服）憋得很难受，而呼出去之后觉得非常舒服，好像得到了解脱。其实我们的情绪也是一样，当你感觉紧张烦闷而得不到疏导宣泄时，长久下来就像憋气一样憋在心里，肯定会感觉很难受。所以平常我们应该及时进行宣泄，否则就会越积越多，最终会像一个充满气的气球一样，“嘣”的一声爆开了。例如找管教或者同改进行开导，看书看电视，或者可以握紧拳头捶几下自己的棉被。另外还有一个方法是写日记或者写信。有人可能怕写的内容给别人发现，那么建议你写完之后就把它撕掉，这样既可以防止上面的情况出现，又使自己的情绪得到了宣泄，一举两得。

5. 暂时避开。当事情不顺利而感觉紧张烦闷时，暂时避开一下，去看看电视或看书，或随便走走，看看窗外的风景，改变一下环境，能让你感到放松。当你的情绪趋于镇静，可以冷静解决问题时，再准备回来想办法解决你的问题。

6. 目标要适中。无论是在劳动或生活中，都不要对自己要求过高。给自己定过高的目标，会让自己产生太大的压力。在定目标的时候要衡量自己的实力，但也不要太低，因为目标太低、太容易达到也会令自己失去动力，太高的话则因为太难达到，而让自己失去自信，感觉紧张。

7. 对人对己要宽容。不要太在乎别人的看法与批评，也不要对别人要求过高，保持一颗平常心，凡事看开点，这样才能让自己心情愉快，远离紧张和烦躁。

8. 给别人超前的机会。生活中处处都充满竞争，对于别人的进步要用表扬的眼光去看待。如果别人超过了你，那你就把他（她）作为一个榜样，学习他（她）的优点，同时从自己身上寻找缺点，彼此互相鼓励，共同进步，在一种和谐的气氛中竞争。

四、总结

不良情绪在每个人的一生中或多或少都会出现，所以大家也不要把它看作洪水猛兽。只要我们以积极良好的心态去面对，同时掌握一些调节的方法，及时对不良情绪进行疏导，那么不良的情绪就能得以控制。如果你觉得你的紧张烦闷程度比较严重，已经明显地影响到你的正常生活和生产，那么建议你到心理门诊进行专业的心理咨询。

## ◆任务要求◆

熟练掌握和运用教学导入、教学讲授、教学提问、教学总结的技巧和方法。

## ◆情境训练◆

### 训练1　教学导入口才训练

**【训练目的】**

熟悉各种教学导入方法，提高教学导入口才水平。

**【训练材料】**

**实践是检验真理的唯一标准**

怎样区别真理与谬误呢？一八四五年，马克思就提出了检验真理的标准问题："人的思维是否具有客观的真理性，这并不是一个理论的问题，而是一个实践的问题。人应该在实践中证明自己思维的真理性，即自己思维的现实性和力量，亦即自己思维的此岸性。关于离开实践的思维是否具有现实性的争论，是一个纯粹经院哲学的问题。"（《马克思恩格斯选集》第1卷第16页）这就非常清楚地告诉我们，一个理论，是否正确反映了客观实际，是不是真理，只能靠社会实践来检验。这是马克思主义认识论的一个基本原理。

**【训练方法】**

每人运用两种以上的教学导入口才方法对上段材料进行教学导入。

**【训练说明】**

1. 注意比较各种方法的差异，以及在不同场合使用的优点、缺点。

2. 根据服刑人员的文化程度、学习能力的差异和不同的材料，采取最适合的导入方式，不能千篇一律地采用同一种导入方式。

## 训练2　教学讲授口才训练

【训练目的】

熟悉教学讲授的各种方法，提高教学讲授口才水平。

【训练材料】

### 违法与犯罪

违法和犯罪是两个不同的概念，二者既有联系又有区别。

违法是指一切违反国家的宪法、法律、法令、行政法规和行政规章的行为，其外延极为广泛。而犯罪则必须符合我国《刑法》关于犯罪的规定，必须具备以下特征：第一，犯罪是危害社会的行为。行为对社会的危害性，是犯罪最本质的特征。第二，犯罪是触犯刑律的行为。也就是说危害社会的行为必须同时是触犯《刑法》规定的行为，才构成犯罪。第三，犯罪必须是应受刑罚处罚的行为，只有应受刑罚处罚的危害社会的行为，才被认为是犯罪。上述特征是确定任何一种犯罪必须具备的缺一不可的条件。《刑法》同时还规定，情节显著轻微、危害不大的，不认为是犯罪。这就说明，行为的情节和对社会危害的程度是区分违法与犯罪的界限。

【训练方法】

综合运用教学讲授口才的方法对上段课文的知识点进行讲授。



【训练说明】

1. 注意比较各种方法的差异，以及在不同场合使用的优点、缺点。

2. 对教材深入研究，透彻掌握教材所需要学习的知识点，讲授时能做到举一反三、触类旁通。

3. 了解服刑人员的文化水平，避免提问没有针对性，过难或过易。太难，服刑人员容易产生畏难心理；太易，激发不起服刑人员的学习欲望，效果适得其反。

4. 针对教学目标而定。提问所涉及的内容不应漫无目的，而是针对课本的知识要点的讲解而提出的。

5. 鼓励服刑人员提出疑问。教学过程是双向式的交流过程，允许服刑人员提出疑问，这不是向老师权威的挑战，而是有意识培养服刑人员创造性思维的表现。

6. 提问的过程中给服刑人员思考的时间和余地，不要害怕教学过程中有停顿现象。一旦遇到服刑人员不能及时回答问题，不要慌张，应冷静对待，细心发现服刑人员在这个问题中是犯常识性的错误，还是思维方式不妥当，然后有意识地加以引导。

## 训练3　综合训练

【训练目的】

综合提高教学口才水平。

【训练材料】

1. 文化知识课堂教学口才（包括语文、数学、政治等学科）的模拟教学训练。

2. 专业课的模拟教学训练。

【训练方法】

在上述单项训练的基础上，按课程内容进行课堂教学口才的模拟训练。

【训练说明】

注意各环节教学口才的综合运用。

## 任务二　组织讨论

### ◆知识储备◆

#### 一、组织讨论口才的概念

《辞海》对“讨论”的解释是“探讨寻究，议论得失”。《现代汉语大词典》对“讨论”的定义是就某一问题交换意见或进行辩论。马太·利普曼探讨了“交谈、对话和讨论”这三者之间的关系，他认为，所谓讨论是“由两个或两个以上的成员组成小组，互相分享、批判各自的想法，与另外两者相比，讨论过程要保持适度的严肃和嬉闹”。在监狱工作中，监狱教育工作者也会根据实际情况的需要，组织服刑人员针对某些主题进行讨论。组织讨论口才一般是指监狱工作者运用执法性和教育性谋略、方法、技巧，结合教育或教学内容，要求受教者联系自身的实际，展开集体讨论，动员他们积极发言，达到互相帮助、互相促进、互相启发、共同提高，以增强教育效果的口才类型。根据讨论内容的不同，它可以分为针对教育内容要求的讨论、针对学习方法要求的讨论和针对规范化要求的讨论等类别。

#### 二、组织讨论口才的特点

**（一）充分的互动性**

讨论是一个信息的交流、精确和细致化过程，所有参加成员既要发出信息，同时又要接受信息，并对别人的信息积极作出反馈。所以，作为讨论的组织者，要对这种特点有一个充分的把握，在运用口才进行组织的过程中，保持这种讨论互动的充分性。传统的教学理念一般强调施教者与受教者间的互动，而现代教学理念认为，讨论不应仅限于此，它更注重受教者之间的互动，因为“同龄个体之间的交往更容易促进认知发展”。运用组织讨论口才时，对此特点要有清晰的认识，才能达到组织讨论的预期效果。

**（二）逻辑的严密性**

讨论是发言者通过语言尽量把个人观点清晰地呈现给小组其他成员，其他成员在此基础上，根据自身的认识和理解，提出自己的看法和观点，要么赞成，要么反对，要么进一步深化或修正，经过讨论双方或多方的辩解，最终求同存异，达成一定程度的共识。个人观点的得出和群体共识的达成都必须经过严谨而周密的思考，这样才能保障课堂讨论顺利而有效地进行，使得所有参与讨论的成员在原有的基础上得到一定的提高和发展。这要求讨论组织者的口才必须具有逻辑严密的特点，才能在众说纷纭的讨论中严格执行讨论计划，把握讨论内容的主线，不迷失讨论方向。

**（三）灵活的应变性**

从理论上讲，在一个开放式的讨论中，每个参与者都有发言的机会。因此，在讨论现场会发生各种意想不到的突发状况，这要求组织者在运用口才时具有良好的应变能力，敏锐地觉察到变异的情况，机智应对，从容解决，适时调整讨论计划，巧妙处理，将突发状况控制在自己的掌握之中。

## 三、组织讨论口才的技巧

**（一）动员技巧**

组织讨论的开始阶段，往往需要施教者运用动员技巧来调动参与讨论者的积极性，从而展开讨论活动。施教者一般以简明扼要的言辞讲明讨论的主题、目的、要求等基本内容，动员参与讨论者认真思考后积极发表意见和见解。在这个过程当中，施教者抛出课题，使参与者的主体地位得到尊重，从而变被动接受知识为主动探索。让每个参与者都有机会参与讨论，在讨论中充分享有发言权，合作探究，共同解决问题。具体表达技巧要求：施教者的讲话应简短，不必作过多道理阐释，以免产生先入为主的误导，影响参与者的自由思考；态度和蔼，语速缓慢，语气亲切，不宜发言快速且咄咄逼人；用充满期待的目光环视参加讨论者，目的是调动他们参与的积极性，从而使他们踊跃发言。

**（二）引导技巧**

在讨论的过程中，可能会出现无人发言的冷场局面，这时要注意点拨，帮助受教者打开思路，使讨论继续进行；如果多数发言者对讨论主题、意图的理解存在偏差，发言偏离了讨论目的，或者出现发言思路狭小、言不及义等情况，为了使讨论能够按照原计划进行，将讨论思路引入正轨，顺利完成讨论任务，施教者应对讨论过程进行引导。在运用这个技巧的过程中，要本着以人为本的宗旨，目的在于促使讨论者主动探究、培养创新意识，并进而形成创新技能。在运用引导技巧时应注意：言辞简要，发言不宜过长，指出讨论不能深入的原因，点到即止；多鼓励、少批评，不给尚未发言和言不及义的发言者造成心理压力；有人发言时，目光关注，表示倾听，同时还要时而环视群体，注意把握众人的情绪变化，表示期待他们认真思考、主动发言，并及时进行下一步的引导。

**（三）控制技巧**

在讨论过程中，还会出现与讨论目的相背离的错误思想。为了消除其消极影响，施教者必须对这种情况进行反驳，明确指出并否定错误言论的内容，阐明正确主张和认识，并启发其他参与者继续发言，从而控制讨论的方向。在运用控制技巧的时候需注意：在指明错误言论的同时，还要表明与之对立的正确观点；反驳时不用严厉训斥的口气，也不应无情批判，要因人而异、循循善诱，言辞、语调尽量缓和，态度应该冷静；对个别利用讨论进行煽动、造谣、攻击、歪曲事实者，不能姑息，应予以有力的批评教育；可以在指出错误言论的时候，树立正确发言者为榜样，鼓励其他发言者向他们学习。总之，在整个讨论过程中，施教者要随时注意受教者的动态，及时地搜集受教者讨论中的信息，以便及时地控制、调整讨论的过程，把握讨论的方向。

**（四）鼓动技巧**

为了活跃讨论气氛、调动讨论者的发言积极性，施教者还应在参与讨论者发言的间隙插入简短的评论进行鼓励。要鼓励参与者在讨论中敢于大胆地发言，发言时要学会抓住主要矛盾，要言之有理、论之有据、论之有实、言之有物，不空发议论，不信口开河，不离题太远。在运用鼓动技巧的时候需要注意：首先，要把握好鼓动的时机，找到最为关键的时刻插话；其次，要注意选取典型的正确发言要点及片段并予以肯定性评价，使没有发言的人受到启迪；最后，鼓动的时候，态度要随和，言辞可以幽默诙谐，目光饱含鼓励。这也要求施教者集中精神，积极地参与到讨论中去。

## 四、组织讨论口才的要求

**（一）把握好组织讨论的时机**

俗话说得好："机不可失，时不再来。"要抓住组织讨论的机遇，时机把握的好坏产生的作用也不同。一般来说，在监狱工作中，以下几种情况可以组织讨论：

1. 当受教者产生教育学所说的"愤悱"心理状态，即对某问题进行了思考而又没有搞通、有表达的欲望而又不能做到的时候。由于这种心理状态的作用，受教者往往对自己的想法产生怀疑，希望从别人的发言和交流中得到启发。所以，恰如其分地组织讨论，效果往往非常好。施教者完全可以从受教者的情绪反馈中察觉到这种心态。

2. 当受教者产生认知冲突，提出有探讨价值的问题时。施教者要留出足够的时间给受教者思考、质疑，并鼓励受教者大胆提问，哪怕是有现在解决不了的问题，也能为施教者日后的教育活动提供素材。当受教者提出具有探讨价值的问题时，一定要保护好受教者的积极性，认真启发引导，组织讨论。

3. 当国际、国内或者监狱内部发生了重大事件时。这些重大事件的发生，往往会对受教者的思想产生较大的波动影响，施教者可以把握这些机会，适时地组织讨论，使正确的思想能够得到弘扬，错误的思路被纠正。

**（二）选好讨论主题**

讨论主题选得是否恰当，和讨论是否能开展得好有密切关系。要根据教学的具体目的、教学内容的特点、受教者的特点和知识水平来确定什么内容、什么时候应该让受教者讨论。一般来说，要选和教育内容的重难点有关的或带有普遍意义的问题让受教者讨论；要选有启发性的、从不同角度有不同理解的问题让受教者讨论；要选有趣的、与受教者的生活有关的问题让受教者讨论。这样可以促使受教者开动脑筋想问题，从而有言可发、有论可争。讨论问题的难易程度要符合受教者的实际，不能太难也不能太易，提出的问题应是受教者在其生活范围和能力范围之内所能解决的。讨论题应简要明确，不含含糊糊、模棱两可，有思考性，有启发性。

**（三）定好讨论形式**

组织讨论的形式是多种多样的，有全体性的讨论，有同桌两人的讨论，有时还可根据某种需要组成专门小组，也可指定某个人就某个问题作专题发言。一般来说，文化水平较低的受教者由于知识水平和管理能力较低，不宜采用小组为单位、由受教者掌握的讨论，可以在施教者掌握下进行全体性的讨论，或前后桌讨论。讨论的问题要小，要有趣，时间要短，一般几分钟、十几分钟即可。对文化水平较高的受教者，则各种讨论形式均可采用，而且全体性的讨论可由施教者掌握，也可由受教者掌握。一定要从实际出发，具体情况具体分析。

讨论题可以当次活动布置当次讨论，也可以上次活动布置讨论题，下次再讨论。可以全体只讨论一个问题，也可以把一个大问题分成几个小问题分组讨论，每个小组只讨论一个小问题，最后集中起来，全体共同讨论解决这个大问题。但无论采用何种讨论形式，讨论之前都必须让受教者有适当的时间做好准备，施教者要作适当的指导，如阅读有关内容、搜集有关资料。

**（四）做好小结**

每次讨论结束时，一般要有简短的小结，对讨论的问题作出结论。小结可由施教者来做，也可由受教者来做。对受教者讨论过程中出现的疑难问题或有争论的问题，施教者要阐明自己的看法，实事求是地指出讨论中的优缺点，恰当地评价讨论的进展情况。对某些有争论的问题，如果受教者一时想不通，应允许其保留自己的看法，不要强求受教者接受。有时为了鼓励受教者自己探求知识、发现真理，发展他们的创造性才能和主动精神，对有些讨论题也可以不作任何结论，而是把它留给受教者今后继续探讨。

## ◆范例分析◆

新犯张三，入监时面对监狱这个严肃而陌生的环境感到紧张，面对警官和同改拘谨、放不开，不愿与人交流；对被要求掌握的监规纪律、法律学习、规范流程等闭门造车，不懂装懂，不敢请教同改，更不愿接触警官，导致他在日常改造生活中因违反纪律规定被扣分，影响成绩，这更加打击了其改造积极性，致使其心灰意冷，终日郁郁寡欢。

新犯李四，入监时面对监狱这个严肃而陌生的环境缺少防范心理，过于热情，事无巨细都向同改询问一番，让人感觉做作，渐渐被疏远排斥；缺乏主见轻信他言，经常被顽皮的同改戏耍取乐，自卑心理潜滋暗长，终日提心吊胆。

讨论：入监时面对监狱这个严肃而陌生的环境，你会怎么办？

小结：初入监新犯正处于承受人生挫折、失去自由的适应期，人际交往意识脆弱、不成熟，渴望社交而又不太会交往的阶段。首先，必须客观认识自我；其次，要做到真诚悦纳自我；最后，要更好地认识周围的环境。

## ◆任务要求◆

熟练掌握和运用组织讨论的方法与技巧。

## ◆情境训练◆

### 训练1　组织讨论动员技巧练习

**【训练目的】**

熟悉组织讨论动员方法，提高组织讨论动员水平。

【训练材料】

全国社会治安工作会议召开后，“严打”整治斗争在全国各地打响。某监区结合本单位特点，密切配合，及时组织服刑人员学习讨论，造氛围、造舆论、造声势，开展“积极改造、反逃跑、反伤害”巡回教育大会。

【训练方法】

每人运用两种以上的动员方法进行组织讨论的导入。

【训练说明】

注意比较各种方法的差异，以及在不同场合使用的优点、缺点。

## 训练2　组织讨论控制技巧练习

【训练目的】

熟悉组织讨论控制方法，提高组织讨论控制水平。

【训练材料】

在法治讨论活动中，谈到犯罪的原因时，服刑人员张三说道：“法治就是往围墙外砸砖头，砸到谁就是谁。我就是一个被砸到的倒霉的人。”服刑人员李四马上附和，表示深有同感。

【训练方法】

要求对该讨论进行控制。

【训练说明】

注意控制方法的运用，即对该讨论扭转情况的把握、让讨论延续的程度，以及过程中语音、语调、语速的情况。

## 训练3　组织讨论综合训练

【训练目的】

熟悉组织讨论方法，提高组织讨论水平。

【训练材料】

根据媒体报道，曾经因打架斗殴而服刑的的士司机余刚，不顾个人安危见义勇为，帮助群众抓获了抢劫的歹徒，自己却被歹徒用匕首刺伤。针对该事件，组织展开一次讨论。

【训练方法】

按组织讨论的环节进行训练，看是否掌握了布置讨论题目、提出讨论要求、引向讨论深入以及讨论总结的各种口才和技巧。



【训练说明】

1. 注意各环节的衔接。
2. 注意对整体效果的把握。

## 任务三 宣传解说

### ◆知识储备◆

### 一、宣传解说口才的概念

宣传解说口才是指监狱教育工作者利用特定的教育场所和材料，采取口语和态势结合的方法技巧，解释说明一定的教育内容，达到特定的宣传效果和教育目的的口才类型。宣传解说口才与课堂教学中的讲解、讲述相比，其不同点在于，它有特定的场所、对象和丰富的直观材料，内容具有明显的针对性、系统性和直观性。教育材料生动具体，受教者能够边看边听，领会教育内容更为直观具体，能起到独特的教育作用，是监狱教育工作者经常使用的教育口才。根据教育材料、场所和形式的不同，解说口才可具体分为展览现场解说、实际操作现场解说和电教现场解说等种类。



### 二、宣传解说口才的技巧

#### （一）身体语言的合理运用

解说常使用站立姿势，挺胸立腰，端正庄重，把全身重心平均放在脚上，站立的位置应在解说体的一侧，以免解说体被遮挡。站的姿势不能过于呆板，也不能过于随便。面对解说对象，距离保持在两米左右，人多场所较小的，可保持一米的距离。解说时，应随解说体的变换而移动，表情随解说内容进行调整，仪态庄重自然，手势得体，用目光传情。

#### （二）把握重点、言之有物

由于受时间、时数的限制，对宣传解说内容不可能，也没有必要进行全面、系统的讲解，这就要求在讲解过程中，根据实际需要和对象的具体情况来进行把握，抓住重点、言之有物。

#### （三）先声夺人

面对人数较多的解说场所，要最大限度地利用语境的潜在作用，使用较高音量、中等语速，保证在场所有人能听清听懂。语调、语速应该随解说内容变化而变化，时而温和，时而铿锵有力，时而快，时而慢，以达到先入为主的目的，产生先声夺人的效果。

## 三、宣传解说口才的要求

1. 把握所介绍、说明内容的本质和特征，做到特点突出、主次分明、事项清晰。这要求教育工作者要做好充分的准备，研读相关资料，写好解说词，做好器材准备，同时，要进行多次预演练习，对解说过程中发生的状况进行事先估计。

2. 了解宣传解说的对象，包括对象的人数、年龄、身份、特点等。不同类型的对象有不同的知识结构和认知特点，需要有针对性地分别作出不同的安排，因人制宜、有的放矢，从而收到较好的效果。

3. 表述深入浅出、生动具体，使人乐于接受。这要求教育工作者在撰写解说词、现场表述的时候，放弃艰涩的理论，多使用生动形象的表述，减少长句的使用，加大口语化的表达，使得整个解说在轻松中进行。

4. 注意吐字清晰，把握节奏，运用慢速、重音、顿连等语调技巧表示强调、区分和提示，以增强表达效果。

### ◆范例分析◆

现场解说：这是我们的监狱心理健康指导中心。请你们走进监狱心理健康指导中心。首先介绍一下监狱心理健康指导中心的设计理念及主要功能。

根据司法部监狱管理局《关于进一步加强服刑人员心理健康指导中心规范化建设工作的通知》的精神和省局的要求，监狱于2009年底启动了心理健康指导中心（以下简称中心）的规范化建设，经过一年多时间的建设实践，已初步达到规范化建设的要求。监狱心理矫治科专门配备了五名专职心理矫治工作人员，负责监狱日常心理矫治业务的指导和督促。此外，在各监区也分别成立了由多名心理辅导员组成的监区心理辅导站，由分管教育的副监区长兼任站长。心理健康指导中心是开展各项活动的重要场所。心理矫治科—心理健康指导中心—监区心理辅导站三级网络的构建，突出了心理矫治工作层级管理的立体渗透，为规范建设提供了组织保障。其中，心理健康指导中心在服刑人员心理矫治工作中起了至关重要的作用。我们中心建筑面积为220平方米，分为预约等候室、中央控制室、心理测评室、个体心理咨询室、心理宣泄室、心理治疗室、心理放松室、团体辅导室等8间功能室，主要负责全监服刑人员的心理健康教育、心理测试、心理咨询与治疗、个案督导等工作。中心的设计体现女性服刑人员心理矫治工作的特色，为实现心理矫治工作规范化、程序化、标准化，以“细腻、柔和、自然”为设计理念，力求营造一个简洁、温馨、富有生活气息、人与环境相统一的心理环境。

### ◆任务要求◆

熟练掌握和运用宣传解说的技巧与方法。

◆情境训练◆

## 训练1　解说性口语及态势训练

【训练目的】

熟悉解说性口语，提高身体语言控制能力。

【训练材料】

假如你是一个推销员，要向用户推销一种产品，该如何介绍产品的特点、功能和使用方法？

【训练方法】

产品自定，人人准备，进行模拟性宣传解说训练。

【训练说明】

1. 语言准确、精练。
2. 语言通俗易懂。
3. 语句通顺，语调自然。
4. 声音响亮、亲切。
5. 3分钟内完成。



## 训练2　解说性口才表达方式及技巧训练

【训练目的】

熟悉解说性口才的各种表达技巧。

【训练材料】

准备新闻图片材料，要求训练者进行现场解说。

【训练方法】

随机抽取，临场发挥，提高现场应变能力。

【训练说明】

1. 材料要有具体内容体现。
2. 注意解说与材料的契合程度。
3. 在1分钟时间内解说一幅图。

## 训练3　宣传解说综合训练

【训练目的】

熟悉宣传解说方法，提高宣传解说水平。

【训练材料】

以《反腐倡廉警示教育展》为主题准备图片材料，并进行现场解说。

【训练方法】

以小组为单位，分工准备，内部进行选拔，各推荐一名代表进行比赛。

【训练说明】

1. 注意材料的准备程度。
2. 注意解说内容与材料的契合程度。
3. 注意对语言、态势的把握是否符合材料内容的要求。

## 任务四　心理咨询

### ◆知识储备◆

### 一、心理咨询的概念

在监狱里，提起心理咨询这个词语，不少服刑人员会立刻把它与“精神病”、“心理变态”等字眼联系起来，并表现出一种似乎有些害怕或者不安的表情。这种对心理咨询的理解是很不准确的。其实，心理咨询要帮助的主要是那些在生活、学习、劳动和改造中遇到困难或挫折而产生心理困扰的正常人群。我们注意一下，是正常人群。心理障碍患者只是咨询者的一小部分，发病期的精神病人并不属于心理咨询服务的对象。

关于心理咨询，到目前为止还没有一个统一的定义。集合各家的理论，概括地说，心理咨询是一种主要以面谈的形式解决心理疾病的科学方法。心理咨询这个过程，首先是要帮助来访者“认识自我，悦纳自我”，再在面对现实的基础上解决问题。来访者可以是咨询者本人，也可以是其亲友。对服刑人员来说，来访者主要是服刑人员本人，当然也不排除监区警察代为求询的情况，但这种情况较少，代为求询的效果并不理想。司法部从2000年开始委托扬州大学医学院培养专职心理矫治人员，目前，监狱心理咨询师已遍及全国监狱单位，为全国服刑人员开展心理矫治工作奠定了基础。

### 二、心理咨询的原则

#### （一）自愿性原则

心理咨询是建立在充分的信任和良好的沟通上的。如果服刑人员本人并不想求得帮助，而只是迫于某种压力来咨询室走一走，应付了事，这种咨询是无法进行的，或者是无效的。如果服刑人员有明显的心理问题，但他本人不主动来咨询，作为咨询师，一般也是不会主动上门的。这倒不是咨询师清高或者见死不救，而是因为咨询有特殊性。如果咨询师主动上门，这种关系就不平衡了，因为：一是服刑人员会认为自己与咨询师非亲非故，对方如此热心是否别有用心，因此产生戒备心理；二是当一个人不需要求助时，可能认为这不是自己的问题，或者认为自己有能力解决问题，别人再好的建议或者办法都听不进去，咨询也就只能事倍功半。还有，在监狱里，有部分服刑人员对心理咨询存在偏见，认为去心理咨询是有心理疾病的表现，即使心理痛苦也忌讳就医。面对此类服刑人员，我们首先应向他（她）解释什么是心理咨询、心理咨询的作用、心理咨询的原则和效果等，如果对方顽固坚持不愿意参加心理咨询，我们还是会尊重服刑人员的意愿。

**（二）保密性原则**

有服刑人员可能会认为，我把什么事都告诉你了，那你要是说漏了嘴，岂不是全天下人都知道了？其实这是对心理咨询的不了解。作为一名合格的心理咨询人员，保密性是至关重要的工作原则。它是鼓励服刑人员畅所欲言的心理基础，同时也是对服刑人员来访者人格以及隐私权的最大尊重。通常，服刑人员到心理咨询机构进行心理咨询，是不愿意让别人知道的，因而会有比较大的心理压力。值得特别注意的是，《中华人民共和国宪法》保护公民的隐私权。当服刑人员来访者向咨询人员谈论的个人情况属于隐私权范围时，是受到法律保护的。咨询人员随意泄露服刑人员来访者的私人秘密，不仅应受到舆论的谴责，而且要负法律责任。所以，保密性是咨询师必须严格遵守的原则。但是，保密原则也有例外的时候，那就是如果服刑人员来访者有自杀倾向，或者威胁到他人的安全，或者威胁到监管安全时，我们就需要通知有关部门做好防范措施，以保护服刑人员来访者及他人的人身安全。

**（三）理解支持原则**

服刑人员来访者可能对心理咨询人员抱有很大的希望，同时也可能会存在某些担忧和疑虑，担心咨询人员不能诚恳相待、不能理解他们的苦衷。而作为一名心理咨询人员，我们知道，在人的精神需要中，人与人之间的理解和支持至关重要，它可以使人心头的郁结得以消除，使感到孤立无援的人获得勇气和力量，所以，我们都会尽量去理解每一位服刑人员来访者，在理解的基础上去看待对方的问题。

**（四）启发性原则**

心理咨询就是和服刑人员进行沟通的过程，目的是让服刑人员对自己的问题有所认识，了解问题背后的症结。因此，需要充分调动服刑人员参加咨询的积极性，切忌谈话时总是对服刑人员说“你应该如何如何”、“你一定要如何如何做……”等话，而是要不断启发服刑人员了解自己、认识自己，从而更好地作出选择。

## ◆范例分析◆

下面是一例入监焦虑心理的咨询片段：

心理咨询师：你好，请坐，你希望在哪方面得到我的帮助？

服刑人员：我最近一个多月来，心里很烦，不舒服，想让你帮帮我。

心理咨询师：你最近心里很烦，不舒服，什么事使你这样呢？

服刑人员：我吧，是因为介绍卖淫进来的。但我觉得我没干什么坏事。也就是到朋友家玩的时候……（来访者对整个事件进行了述说，咨询师耐心倾听）

心理咨询师：你是说不知道这种事也是犯法，还保护了其他人，没有说出那些人，现在只有你被惩罚了，觉得很委屈很不值，是吗？

服刑人员：是的，我又不知道这就是犯法，知道的话我就不会这样干了。

心理咨询师：我相信你如果知道这是犯法就不会去做，可法律不会因为你不知道而不让你受惩罚。

服刑人员：好像是的。

心理咨询师：对呀，你认为别人没有受到惩罚，只有你受到了惩罚很委屈。我们试想一下，如果当时你供出了所有人，他们该入监的入监，该罚钱的罚钱，都受到了应有的惩罚，那么你是否就可以不受到惩罚，照样过日子呢？

服刑人员：好像不会，我还要进来。

心理咨询师：现在你还觉得委屈吗？

服刑人员：被你这么一说，我觉得好多了，我还是吃了不知法的亏呀。

心理咨询师：你这样想我很高兴。我读书时也因为和同学在考试时一起作弊，最后只有我一个人承受，挨了处罚，我当时也是很不高兴，认为很不公平，整天闷闷不乐。后来，我终于认识到，既然自己做错了，就应该承认错误，负起责任来。

服刑人员：是的，你说得很对。等出去后，我要向和我差不多大的人宣传，让他们也知道这种事不能做，是犯法的。而且我在这里学了车缝技术，回去后我可以靠这个养活自己，再也不做犯法的事。

心理咨询师：看到你的变化，我很高兴，愿你今后的生活愉快！

这次面谈确立了心理咨询师的咨询目标，解决了来访者的心理问题，使之能够尽快适应监狱的改造生活，缓解焦虑情绪。



## ◆任务要求◆

熟练掌握和运用开放性提问技巧、封闭型提问技巧、解释技术、倾听技术、自我披露技术、控制会话方向技术。

## ◆情境训练◆

### 训练1　开放性提问的训练

**【训练目的】**

熟悉不同会话中如何进行开放性提问，感受开放性提问的作用，为心理咨询顺利进行提供条件。

**【训练材料】**

1. 心理咨询师：是什么事情让你来到这里的？你想要谈些什么问题呢？
2. 心理咨询师：我能帮你做些什么？谈谈你的困扰好吗？
3. 心理咨询师：自从上次会话后，这一星期的情况如何？
4. 心理咨询师：你的意思是……
5. 心理咨询师：刚才你说的是指……
6. 心理咨询师：你能详细地说说你与其他服刑人员的关系吗？
7. 心理咨询师：你有什么问题需要我帮助吗？
8. 心理咨询师：你为解决这个问题作了什么努力呢？

9. 心理咨询师：事情是怎么到了今天这个样子的呢？

10. 心理咨询师：你能谈谈你与丈夫的关系吗？



【训练方法】

1. 教师模仿心理咨询师，学生模拟服刑人员，就如何运用开放性提问进行训练。

2. 学生两名，一人模拟心理咨询师，一人模拟来访者，模拟心理咨询场景，就如何运用开放性提问进行训练。

3. 教师进行点评和讲解。

【训练说明】

1. 开放性的提问是指心理咨询师运用包括“什么”、“怎么”、“为什么”、“能否……”等词在内的语句发问，让服刑人员对有关的问题、事件给予较为详细的回应。这是一种最有用的倾听技术，可以引导服刑人员更多地讲出有关的情况、想法、情绪等。一般说来，用“什么……”这样的提问，往往能够获得一些事实和资料。

2. 心理咨询师在使用开放性提问时，要注意让服刑人员充分表达他们的感受和想法，即使有离题的现象，也不要责怪或露出不耐烦的神情，可用提醒的方法来引导他们朝着主要问题的方向来谈。

3. 心理咨询师在使用开放性提问时，有些问题要注意语气和语调的运用，以免过于咄咄逼人。辩论式、进攻式、语气强调的发问与共情式、疑问式、语气温和的发问可能在来访者心里产生两种完全不同的印象。前种发问会使服刑人员认为心理咨询师有责怪、反对自己之意，后种则会让服刑人员认为心理咨询师是真心实意地想知道事情的真相、帮助自己，促使他们愿意进一步开放自己。



## 训练2　封闭型提问的训练

【训练目的】

掌握封闭型提问的方法，懂得在不同场合应用封闭型提问的方法。

【训练材料】

1. 心理咨询师：你经常失眠吗？
2. 心理咨询师：你能完成劳动任务吗？
3. 心理咨询师：你结婚了吗？
4. 心理咨询师：你确实有这种想法吗？
5. 心理咨询师：你近来情绪很压抑吗？
6. 心理咨询师：你的家族中有类似你亲人的精神病病人吗？
7. 心理咨询师：你现在心情很沉重，是吗？
8. 心理咨询师：你有没有想过用其他的办法解决？
9. 心理咨询师：我理解得对吗？
10. 心理咨询师：你改造顺利吗？

【训练方法】

1. 教师模仿心理咨询师，学生模拟服刑人员，就如何应用封闭型提问进行训练。

2. 学生两名，一人模拟心理咨询师，一人模拟来访者，模拟心理咨询场景，就如何应用封闭型提问进行训练。

3. 教师进行点评和讲解。

【训练说明】

1. 封闭型提问是指心理咨询师引导服刑人员用“是”或“不是”、“有”或“没有”、“对”或“不对”等语句来回答的提问。这类问题有助于缩小讨论范围、澄清事实和帮助服刑人员集中注意某个主要问题。

2. 在咨询会谈中，这种类型的提问的优势在于有助于抓住重点，把服刑人员的注意力集中到主题上，集中探讨某些具体问题。因此，心理咨询师想要知道某些特定的细节，或想要检查自己是否已准确地把握服刑人员所诉说的内容，就可以运用这种提问。

3. 封闭型提问的采用要适当。通常在咨询会谈的中后期才采用封闭型提问，而且应用次数不宜多，因为封闭型问题不能提供较大的自由度给服刑人员，甚至限制了服刑人员的思路和自我表达，这样不仅妨碍咨询师对服刑人员资料的收集和对问题的广泛深入了解，也可能破坏咨访关系。

## 训练3　解释技术的训练



【训练目的】

熟悉如何在谈话中运用解释技术，掌握运用解释技术的方法，增强心理咨询的效果。

【训练材料】

**材料一：**

服刑人员：我投牢前，曾在一个单位上班四年了，谈恋爱让我遇到困惑。我今年28岁，交往的男友23岁。他们家人特别是他父母坚决不同意我们的关系，我们走到一块儿是不可能的。可是他对我又挺好的，我们谁也忘不了谁，我一说分手他就很伤心。现在坐牢了，我也不要耽误他了，想跟他分手，可是我这个人心肠太软了，再找别人好像又接受不了似的。我真的不知如何是好了！

心理咨询师：他们家里为什么不同意呢？

服刑人员：嫌我年龄比他大，还有现在我坐牢了。

心理咨询师：他自己怎么看？

服刑人员：他……反正听家里的，特别是听他父母的……

心理咨询师：就是说他不能娶你？如果是这样，他对你再好又管什么用？他比你小几岁，即使是再拖两年，对他来说也许还不晚。而你出监后就会30多岁了，你受得了吗？他能接受吗？

服刑人员：是的，我也想到了这一点。

心理咨询师：如果你面对现实，你们故事的结局不是已经可以看清了吗？

服刑人员：照你这样说，应该是看清了，可是……

心理咨询师：可是你非要把自己的眼睛蒙上不可，是吗？

服刑人员：（点头笑了）是的，有点视而不见。

心理咨询师：这是为什么呢？据说当鸵鸟遇到危险的时候，它的对策就是把头埋进沙里。因为既然难以面对眼前的危险，怎么办？把头埋进沙中不就什么也看不见了？你看自己是不是也有点像鸵鸟：明知道结局不好却想蒙上眼睛。你蒙上眼睛是怕看到不好的结局。你虽然未必这么清晰地思考，未必故意如此，但是不知不觉中可能就有这样的心理活动了。你说是吗？

服刑人员：（再次笑了）你说到我心里去了，我知道该怎么办了！

**材料二：**

服刑人员：咨询师，我得的是什么心理问题？

咨询师：你得的是一种神经官能症，具体来说是焦虑症。

服刑人员：什么是焦虑症？是神经衰弱吗？

咨询师：是与神经衰弱同一类的病，通俗些说，是“神经衰弱”的“弟弟”、“妹妹”。

服刑人员：此病会变成精神病吗？

咨询师：不会的，放心！它与精神病不是“一家人”，是完全可治好的，不必多虑。



## 【训练方法】

1. 教师模仿心理咨询师，学生模拟服刑人员，就如何运用解释技术进行训练。

2. 学生两名，一人模拟心理咨询师，一人模拟来访者，模拟心理咨询场景，就如何运用解释技术进行训练。

3. 教师进行点评和讲解。

## 【训练说明】

1. 解释是一种重要的影响技术，因为服刑人员来咨询时，往往是遇到了自己解决不了的问题、困难和苦恼；而这些问题之所以难以解决和应付，正是从他们自己的参照系出发所导致的。解释通过向服刑人员提供另一个参照体系，帮助他们在认知上作出改变，进而改变其不良的情绪和行为。

2. 解释有多种多样，一般来讲有两种，一种是来自各种不同的心理咨询与治疗的理论，另一种则是根据咨询者个人的经验、实践与观察得出的。在前一种解释中，心理咨询师可依据各种学派的理论对来访者的问题进行解释，或是心理分析理论的解释，或是行为主义学派的解释，或是人本主义的解释。究竟选择哪一种理论，取决于心理咨询师本身所相信的理论学派。也有心理咨询师根据不同的问题性质，选择比较能为服刑人员接受的理论给予解释。

3. 为了让服刑人员能听懂你的解释，必须考虑到服刑人员的文化背景、个人经历、年龄特点和价值观念。解释应该是理论的通俗化和生活化，应当使用日常生活语言，尽可能少用专业术语。如果必须使用专业术语，则要用浅显易懂的语言向服刑人员说明白。

4. 解释必须在充分了解服刑人员问题的基础上进行，即心理咨询师要了解问题的重点，再以自己的语言摘要陈述，然后加上自己的看法或解释。据此，解释的时间不宜过早，以免因为对服刑人员情况的不完全了解而出现解释错误或不准确，影响服刑人员对心理咨询师的信任，使解释起不到应有的作用。

5. 解释要有真实性和合理性，不可用偏激的解释造成对来访者的伤害。

6. 解释要尽量采取试探性的保留态度，以便使服刑人员有思考、接受或拒绝的余地。心理咨询师可以采用“也许”、“可能”、“我想大概是”等用语来进行解释，这样服刑人员比较容易接纳。

## 训练4　倾听技术的训练

### 【训练目的】

熟悉如何运用倾听技术，在倾听中了解来访者的行为方式、对待事物的态度等，有助于咨询顺利进行。

### 【训练材料】

**材料一**：服刑人员在咨询时说生产劳动任务完不成，时常感到苦恼。对此他可能有以下不同的表述方法：①车间货源不足；②我没有掌握劳动技术；③都是收发搞的鬼，没有给我发货；④真倒霉，今天领的货太难做了。

从这些不同的表述中，心理咨询师可以洞悉有关来访者的自我意识与人生观的线索。比如，第一句是对事件作客观的描述；第二句是服刑人员以负责的态度作了自我批评，但同时这种人也可能凡事都自我归因，责任都在自己，可能好自省，容易自卑、退缩；第三句表明是别人的过错，不是自己的责任，这种人可能常推诿，容易有攻击性；第四句则含有宿命论色彩，凡事容易认命。所以，服刑人员描述人和事时使用的词语或结构，有时往往会比事件本身更能反映出一个人的特点。

**材料二**：有一名服刑人员在监狱服刑时，其丈夫在狱外提出离婚。每想到自己为丈夫付出一切，最后还落得离婚的下场，她都痛苦难忍，每次咨询时都边说边哭。心理咨询师倾听她的诉说，表示同情，并给予一定时间让她发泄情感，尽情倾诉内心的痛苦。后来，她对心理咨询师说，每次咨询完后，她内心都会很舒服，慢慢就能看清一切，就能放下了。这就是倾听的直接治疗作用。

### 【训练方法】

1. 教师模仿心理咨询师，学生模拟服刑人员，就如何运用倾听技术进行训练。

2. 学生两名，一人模拟心理咨询师，一人模拟来访者，模拟心理咨询场景，就如何运用倾听技术进行训练。

3. 教师进行点评和讲解。

【训练说明】

1. 当服刑人员宣泄情绪时，心理咨询师应耐心地倾听，鼓励服刑人员释放出不良的心情，对对方的心情或某些失态表示理解。一般不要打断服刑人员的诉说，也不要表现出大惊小怪的样子，以免影响服刑人员的充分宣泄。

2. 心理咨询师在倾听时应当理解服刑人员在问题出现过程中，实际上也曾有过多种考虑，对问题也有过各种分析，甚至也想过许多解决问题的方法，最终还是不能解决问题。因此，即使服刑人员采取了错误或不当的措施，心理咨询师也要理解他们的初衷是想改变自己，并非故意想把事情复杂化。

3. 咨询中的倾听是咨询过程的基础，是一个主动引导、积极思考、澄清问题、建立关系、参与帮助的过程。因此，心理咨询师要把自己置于来访者的位置，对服刑人员的方方面面都有深刻、切实的而不是表面、片面的了解，设身处地地理解这一切。

4. 倾听并非仅仅是用耳朵听，更重要的是要用心去听，去设身处地地感受。不但要听懂服刑人员通过言语、行为所表达出来的东西，还要听出服刑人员在交谈中所省略的和没有表达出来的内容。有时服刑人员说的和实际的并不一致，或者服刑人员避重就轻，自觉或不自觉地回避更本质的问题。

5. 咨询中，心理咨询师常用某些简单的词、句子或动作来帮助服刑人员把谈话继续下去，这是一种倾听的技巧，简便实用且高明。最常用、最简便的动作是点头，但点头时应认真专注、充满兴趣，并且常配合目光的注视。同时，这种点头又是适时适度的。某些词或句子也是常用的，比如“是的”、“噢”、“确实”、“真有意思”、“说下去”、“我明白了”、“你再说得更详细些”等。



## 训练5　自我披露技术的训练

【训练目的】

掌握自我披露技术的方法，在谈话中熟练运用自我披露的技术，提高心理咨询会话效果。

【训练材料】

**材料一：**“你所提到的每月思想政治考试前很紧张，我以前也有类似的体验，每到大考前，我就开始不安和烦躁，晚上也睡不好……”

**材料二：**

心理咨询师：我们能谈谈吗？

服刑人员：你想做什么？

心理咨询师：我看得出你正遭受极大的压力，我想与你谈一谈，看是否能找到帮助你的办法。

服刑人员：没有用的，我对一切都死心了，你不用白费工夫。

心理咨询师：你试一下，给自己一个机会，我们来谈一谈，我相信能帮助到你！

服刑人员：我怎么知道可以相信你呢？我不明白你怎么能使我的生活好起来，我有这样的生活，内心深处有一块无法搬走的深深伤害我的石头，真正厌倦了这种抑郁且毫无意义的生活。

心理咨询师：你现在就有机会谈谈你的烦扰，也许会有不同的改变。我过去也曾经遇到你这种事情，认为天塌下来，一切都完了。后来，我遇到一个人，跟她说完我的事情，我才发现我认为的天大的事情在别人眼中根本不算什么。我现在想听听你要告诉我的一切，也许可以帮助你。

【训练方法】

1. 教师模仿心理咨询师，学生模拟服刑人员，就如何运用自我披露技术进行训练。

2. 学生两名，一人模拟心理咨询师，一人模拟来访者，模拟心理咨询场景，就如何运用自我披露技术进行训练。

3. 教师进行点评和讲解。

【训练说明】

1. 心理咨询师的这种自我披露应比较简洁，因为目的不在于谈论自己，而在于借自我披露表明理解并愿意分担服刑人员的困扰，促使服刑人员更多地自我披露。因此，心理咨询师的自我披露不是目的而是手段，应始终把重点放在服刑人员的身上。

2. 心理咨询师的自我披露要选择好时机，最好是在双方建立了一定的咨询关系的基础上，有一定的会话背景的时候进行。否则，如果心理咨询师过早地进行突如其来的自我披露，可能会超出服刑人员的心理准备，甚至吓退服刑人员，自然就收不到好效果。

3. 即使是围绕着服刑人员的需要，心理咨询师的自我披露也不能过多，而要适度把握自我披露的深度和广度。否则，心理咨询师的自我披露过多，就可能占用服刑人员太多的时间。

## 训练6　控制会话方向技术的训练

【训练目的】

熟练运用控制会话方向的方法，掌握控制会话方向的技术，为顺利谈话创造条件。

【训练材料】

服刑人员：一想起睡觉，我就紧张，就怕自己失眠。越怕睡不着，就越不能入睡。真是痛苦……

心理咨询师：就是这样，越急就越不能入睡，这是情绪对睡眠的干扰作用。心理学告诉我们，任何失眠都是情绪性的，都是情绪干扰的结果，毫无例外。但是，不知你最初不能入睡时有什么样的情绪干扰，你愿意谈一谈吗？

【训练方法】

1. 教师模仿心理咨询师，学生模拟服刑人员，就如何运用控制会话方向的技术进行训练。

2. 学生两名，一人模拟心理咨询师，一人模拟来访者，模拟心理咨询场景，就如何运用控制会话方向的技术进行训练。

3. 教师进行点评和讲解。



**【训练说明】**

1. 心理咨询师应适时把服刑人员的话换个说法重复一下并作解释，解释完以后，立即顺便提出另一个问题。这样做，既把握了会话方向，又使服刑人员感到自然，觉得心理咨询师提得很合理。心理咨询师用释义的方法控制了会话的方向，推进了会话的进程。

2. 在初次会话时，尽量不要使用控制会话方向技术中的中断方法，因为这往往会引起服刑人员很大的情绪波动，导致一时难以控制。

## 学习单元七

# 监狱工作交锋口才

## 任务一　询问

### ◆知识储备◆

### 一、询问的概念

狱内案件侦查中的询问是指狱内侦查人员深入到案发地点及其周围，向知晓案件有关情况的人员进行调查，查明案件基本情况，发现侦查线索，查清又犯罪嫌疑事实，取得证人证言，甄别又犯罪嫌疑人供述真伪的侦查活动。一般情况下，询问的主体是狱侦人员，对象主要是证人，包括了解案件情况的知情人和案件中的受害人。有时候，询问的对象还包括虽然不了解案情但具备解决与案件有关问题能力和知识的人员，以及犯罪嫌疑人。

通过询问可以迅速查明狱内犯罪案件的基本情况，为摸排嫌疑线索提供依据。对需要采取紧急措施的狱内犯罪案件，狱侦人员可据此采取相应的紧急措施。通过询问，我们可以掌握犯罪分子作案的动机目的、犯罪分子与被害人事先有无矛盾冲突、犯罪分子的个人特征等情况，为狱侦人员正确分析判断案情、确定侦查方向提供依据。通过询问，可以查明实地勘验中发现的某些痕迹、物品与狱内犯罪案件有无内在联系，还可以弥补实地勘验的遗漏之处，获取犯罪的证据。

询问的根本任务是查明案情和揭露又犯罪，但是在侦查工作的不同阶段上，询问的具体任务也各有侧重。具体表现在：

#### （一）查明基本案情

狱侦人员到达现场后，利用案发不久、被害人和知情人对案情记忆犹新的条件，可以迅速查明案件发生的经过；又犯罪行为所造成的财物损失情况；又犯罪人的数量、体貌、作案工具、逃跑方向和路线或者又犯罪人可能藏匿的地点；有关被害人的情况；案件发生前后的各种有关情况等基本案情。

#### （二）发现嫌疑线索

对有关人员进行询问是发现嫌疑线索的主要方法。通过对了解案件情况的知情人和案件中的受害人进行询问，可以获取有关又犯罪嫌疑人的特征、疑人疑事、案件发生前后的各种反常情况以及与又犯罪活动有关的各种所见所闻。这些都是重要的侦查线索，有些经过核实可以作间接证据，有些可以直接达到破案的目的。

（三）收集证据

通过询问可以提取证人证言和被害人陈述，可以根据被询问者提供的线索去查获各种物证和书证，也可以把通过询问所了解到的情况与实地勘验的情况结合起来，相互印证、补充，并从中发现矛盾和疑问，以弥补实地勘验的不足。

（四）查找追击逃犯

为了查找追击逃犯而进行的询问主要以又犯罪人的亲戚、朋友和同事为对象，可以了解该服刑人员可能藏身的处所、可能逃匿的方向以及入狱前的活动习惯和规律、经常出入的场所和落脚点。

## 二、询问的方式

由于对象不同、任务不同和具体条件不同，询问常常需要采取不同的方式。

（一）正式询问和非正式询问

1. 正式询问。狱侦人员依照法律规定进行、具有法律效力的询问是正式询问，询问的对象是证人和被害人。在询问之前，狱侦人员要向被询问者出示证明文件，并告知被询问者应具有的权利义务以及其陈述的法律意义。正式询问要个别进行，询问笔录可以作为诉讼证据使用。

2. 非正式询问。狱侦人员为了解案情而与有关人员进行的一般性谈话，是非正式询问。非正式询问的对象可以是被害人，也可以是知情人和又犯罪嫌疑人。非正式询问不具有法律效力，它的任务主要是了解基本案情和发现嫌疑线索。狱侦人员进行非正式询问时一般不应制作笔录，即便是自己做的笔记也不能作为诉讼证据使用。

在侦查询问中，狱侦人员可以以非正式询问的方式开始询问，在一般性的谈话中发现对方了解的某些案情，如果认为有提取证言的必要，可以转而进行正式询问并制作询问笔录。

（二）正面询问和侧面询问

1. 正面询问。狱侦人员以公开的身份出现，直接同被询问人接触，了解案件有关情况的询问方式就是正面询问，也称为公开询问。正面询问的对象多为被害人和与又犯罪嫌疑人没有亲密关系的人，例如监狱人民警察、有关服刑人员、周围群众、厂房师傅、相关专家等。正面询问可以通过走访有关监狱人民警察、个别询问有关服刑人员和召开集体座谈会等方式进行。

2. 侧面询问。询问者在不以侦查人员身份出现、不暴露自己真实意图的前提下，就案件中的某些问题进行询问的方式是侧面询问，也称秘密询问。侧面询问的对象多为又犯罪嫌疑人或与又犯罪嫌疑人关系密切的人。侧面询问的方式很多，可以由侦查人员化装成某种角色接近询问对象进行谈话；也可以由侦查人员物色可靠、合适的人员接触被询问对象，间接了解有关情况；还可以以掩护身份深入犯罪团伙内部或违法犯罪人员经常活动的场所进行秘密调查。在狱内侦查工作中，往往采用第二种方式，即挑选有接敌能力和活动能力的耳目间接进行询问。

（三）走访询问和传唤询问

1. 走访询问。走访询问是狱侦人员到被询问者的家中或者工作单位去进行询问的方式，询问方式的询问对象多是被害人或有关群众，这种方式有利于加强狱侦人员和被询问者之间的心理接触，有利于被询问者的自由陈述。

2. 传唤询问。传唤询问是指狱侦人员把被询问者传唤到狱内侦查机关进行询问的方式，询问的对象多为又犯罪嫌疑人或不愿与狱侦人员合作的知晓案件情况的服刑人员。传唤询问属于正式询问，必须严格依照法律的有关规定进行。同时，采用传唤询问可以增强询问的严肃性和约束力。

## 三、询问的技巧

### （一）询问的一般技巧

1. 保持客观冷静的态度，建立良好的心理接触。询问这种侦查方式基本上是通过侦查人员同被询问人员双方问答、会话的方式进行的，在某种程度上可以说是双方情感和信息的交流，所以建立良好的心理接触，能使双方都有良好的情绪、融洽的情感和相互的信任，唤起交流的兴趣和愿望。

狱侦人员在询问中要时刻保持亲切友好、严肃认真的态度，这样可以使被询问人意识到狱侦人员的精明强干和具有明察秋毫的能力以及认真负责的精神，从而产生敬畏的心理而欣然合作。对于一部分被询问人，狱侦人员的这种态度还可以促使他们打消作伪证或拒绝作证的念头。

2. 保证被询问人自由陈述。在询问时，侦查人员应先让被询问人将自己掌握的有关情况完整而不间断地自由陈述一遍。通过自由陈述，可以大致了解被询问人所掌握的情况，也可以对被询问人的个性、陈述能力、观察能力和作证态度进行初步的分析判断，以便狱侦人员决定以后的询问重点和选择合适的策略方法。在这个过程中，侦查人员不要随意打断被询问人的陈述，也不要突然对被询问人进行追问，尽量使整个陈述过程连贯通畅，这样才能使被询问人全面准确地回忆当时所感受到的所有情况，尽可能详细地回忆案件的有关情节。

3. 选准时机进行辅助提问。一般情况下，为了促进和引导询问顺利而有效地进行，在被询问人自由陈述的过程中，狱侦人员可以选择恰当的时机进行辅助提问。有时，由于被询问人不了解或误解了狱侦人员的询问目的，或者由于思路偏题、表述能力不佳，其陈述完全偏离了询问的本意；有时，被询问人可能不能明确地知道自己掌握的情况是否对破案有无价值，因而可能根据自己的主观判断进行取舍，详尽陈述自己认为重要的情况，而将其认为无关紧要的情况忽略不谈。当遇到这些情况的时候，狱侦人员就要根据被询问人的知情条件、知情原因等多方面因素作出准确判断，通过具体的提问，引导被询问者讲出自己所掌握的一切与案件有关的情况。辅助性的提问还可以帮助被询问人进行回忆、产生联想，重新记起暂时被遗忘的情节而作出准确的陈述。

4. 对可疑情节进行追问。当狱侦人员从被询问人的陈述中发现可疑情节时，应就这些情节进行反复具体的追问。追问可以考查被询问人的作证态度，即是否作了如实的陈述；可以使被询问人的数个陈述得以印证，消除被询问人的陈述与狱侦人员的理解上的歧义；可以使狱侦人员对证言进行确切的分析和准确的判断。出现可疑情节，可能是被询问人自己故意编造谎言，也可能是陈述中存在无意的错误，或者是侦查人员对陈述理解错误，所以，狱侦人员在听取被询问人陈述的过程中要注意进行甄别。

（二）对不同对象进行询问的技巧

1. 事主和被害人。事主和被害人在案件发生后由于遭受不幸，身心或财物受到侵袭，内心十分痛苦，情绪高度激愤，会陷入一种惊恐不安之中，一时难以平静下来，同时怀有迅速破案、追回财物和严惩服刑人员的强烈愿望。这些心理的出现都可能导致他们在陈述案情时夸大某些犯罪事实，隐瞒某些对自己不利的事实，也可能在感知、回忆、叙述时出现错误和混乱，甚至有些人会故意捏造一些犯罪事实。因此，在对事主和被害人进行询问时，狱侦人员首先可以对其遭遇表示同情，并对其情感反应表示理解，然后表明破案的决心。如果发现事主和被害人有思想顾虑，应该首先弄清顾虑的根源，然后对症下药、耐心劝解，在消除了思想顾虑、稳定了他们的情绪之后，再开始询问与案件有关的情况。如果被询问人由于情绪不稳而出现陈述紊乱、态度粗暴、语言生硬等情况，狱侦人员仍要耐心听取，中途不要打断他们的谈话，并可以帮助其回忆事实经过及细节，以收集犯罪线索。

2. 又犯罪嫌疑人。对狱内案件中的又犯罪嫌疑人的询问主要有两种情况：一种是对确实是犯罪分子的询问，另一种是对并非是犯罪分子的询问。前者在询问时的心理活动比较复杂，可能会存在畏罪、恐慌、侥幸、戒备、试探和伪装等心理；后者一般会比较自然，但是有时也会出现愤怒不满、焦虑不安、拒绝回答问题和急于表白自己等反应。所以，狱侦人员必须根据案情和又犯罪嫌疑人的心理特点，以及所掌握的证据材料等情况，围绕又犯罪嫌疑人案发时的行踪去向进行询问。侦查人员在提问时态度要严肃认真、不露声色；要细心听取又犯罪嫌疑人的陈述，即使是谎言，也应让他把话说完，然后再选择适当时机予以驳斥；对于避重就轻、虚假供述、投石问路的又犯罪嫌疑人，应详细追问具体事实和细节，以便从中发现矛盾和破绽。



3. 有关监狱人民警察。狱内案件发生之后，往往要对有关监狱人民警察进行询问。此时，狱侦人员应该首先向他们简要地介绍案情，然后再提出具体的问题请求他们的支持和帮助，最后还应该认真地征询他们对案件的看法和意见。在对有关监狱人民警察进行询问的过程中，态度要恳切、真诚。

4. 其他知情人。其他知情人包括与案件当事人关系一般的同监服刑人员、厂房师傅以及与当事人素不相识的偶然目击者。他们与案件没有利害关系，一般能比较客观地陈述自己知道的情况。但是也有人对询问采取消极的态度，甚至有人拒绝与狱侦人员合作。这是因为这些人怕自己被卷入刑事诉讼中，抱着多一事不如少一事的态度。所以，对其他知情人进行询问时首先要与其沟通感情，帮助被询问人消除内心的紧张感，取得信任之后尽量使用自然随便的谈话方式引出所要询问的问题。千万不可一开始就用思想教育和法律教育的方法促使对方提供证言。提问前可先让知情人就其所知道的情况进行自由陈述，对于知情人的陈述，狱侦人员要注意倾听，中途不要轻易打断，以免错过有价值的信息和线索。随后，狱侦人员要针对知情人的陈述内容有目的地提出重点问题，让知情人作详细的回答，使陈述内容更加具体化。最后，狱侦人员还要向知情人核实其所提供的情况的来源及依据，以确定其所提供的情况的价值及可靠程度。

## 四、询问的要求

### （一）了解询问对象的基本情况

了解询问对象的基本情况包括弄清询问对象的身份和确定询问对象与案件的关系两个方面。询问前，狱侦人员要通过各种渠道弄清被询问对象的职业、住址、政治表现等。对一般群众，狱侦人员态度要和蔼，鼓励其勇于讲出真实情况；询问对象是服刑人员时，要掌握说话的分寸，运用法律和政策促使他们提供犯罪的真实情况。对有又犯罪嫌疑的被询问人，在没有掌握确切证据之前，最好不要轻易触动，以免打草惊蛇，使其毁灭证据、转移赃物甚至脱逃。

有些被询问人可能是被害人或又犯罪嫌疑人的亲属、朋友或同事，他们所提供的证言也常常有利于被害人或又犯罪嫌疑人。因此，弄清被询问人与案件之间的关系，一方面可以了解更多的情况，进而发现更多的线索；另一方面还可以防止说话不慎而走漏了消息，造成侦查工作的被动。

### （二）慎选访问地点，注意掌握谈话气氛

对被害人进行询问的地点，一般可以选择在被害人的住处或者所在单位，这些地点有利于被害人自然地、无拘束地进行陈述；对又犯罪嫌疑人进行询问的地点，应选择在狱内侦查机关的审讯室，因为又犯罪分子作案后的心理多是恐慌的，在狱内侦查机关进行询问，可以从环境和气氛上给他添加心理压力，促使其放弃侥幸、顽固的心理。

狱侦人员要想取得询问的最佳效果，必须适当地控制谈话的气氛。询问的气氛应该保持既轻松又严肃，就是说既要使被询问人感到没有拘束，又要使其意识到必须认真对待。无拘束的谈话气氛有助于被询问人的回忆和陈述，认真的态度可以防止其信口开河。在询问过程中，狱侦人员要善于根据对象的具体情况用自己的语言和表情来适当地调节谈话的气氛，同时也要注意自己的衣着和礼节。

### （三）防止谈话出现僵局

在询问过程中，被询问者可能会因为某种原因突然停止陈述。此时，侦查人员不能简单地要求对方继续讲下去，这样只会造成谈话的僵局。作为侦查人员，可以及时扭转话题，运用自然地提出一些对方不会拒绝回答的问题、主动地承接对方中止的话题、巧妙地插入一些轻松的话题等技巧，扭转僵局。在询问过程中，狱侦人员既要有耐心热情的态度，又要有察言观色的本领，还要有驾驭语言的技能。用语要和蔼亲切、心平气和，不能粗鲁严厉，更不可挖苦嘲讽。在听取被询问人的陈述时，不可盲目轻信，也不可全盘不信，不应将自己的分析判断作为衡量被询问人陈述真伪的标准，更不可诱导对方陈述。这样，才能有效地防止出现僵局的尴尬场面。

### （四）掌握好询问的时间

人在感知事物后，随着时间的推移会发生遗忘。因此，对被询问人应尽可能早地开展询问，力争及时把有关情况询问清楚。及时询问也是防止被询问人接受暗示或者相互串通的有效办法。另外，每次询问所持续的时间不宜过长，以免造成被询问者的疲劳和反感。如果需要询问的内容较多，则可以采用放慢询问节奏和改变谈话气氛的方法减轻被询问者的紧张感与疲劳感。

（五）**帮助或推动被询问者回忆**

从某种意义上讲，询问的过程也是被询问人在外界的推动下主动回忆并再现他/他曾经感知的事件的过程。狱侦人员的提问就是外界推动力的体现。有时，由于被询问者记忆较浅或间隔时间较长，回忆可能会遇到障碍，侦查人员可以提供一点联想帮助他进行回忆。首先要注意倾听被询问者的陈述，追问相关细节；然后以倒叙的方法提出问题，唤起被询问对象的记忆，使其陈述具体事实。

## ◆范例分析◆

**案例一：询问笔录**

时间：201×年4月5日10时30分至201×年4月5日11时10分

地点：××监狱××监区

侦查员姓名、单位：赵××、方××，××监狱狱侦科

记录员：王××　　单位：××监狱狱侦科

被询问人：彭××　性别：男　年龄：38岁　单位：××监狱××监区

问：我们是××监狱狱侦科的民警，现在有几个问题想找你了解核实一下。根据刑事诉讼法的有关规定，你应当如实提供证据、证言，如果有意作伪证或者隐匿罪证，要负法律责任。你明白吗？

答：我明白。

问：4月3日上午你在监舍吗？

答：我在监舍。

问：4月3日上午××监舍发生的事你看到了吗？

答：我看到了一些。

问：你看到了什么？

答：4月3日上午9点30分左右，我拿着扫帚打扫监舍楼层卫生。当我路过××监舍时，听到里面有人在争吵，又听到一阵乱响。我刚要走过去，忽然门开了，从里面冲出一个人，手里拿的好像是一把刀，刀上还带着血。这人顺着走廊跑了出去。这时，附近几个监舍的服刑人员都出来了，进了那个监舍，我也跟着进去了，看到张犯手捂着腹部躺在地上。我们就报了警。

问：那个跑出去的人长什么样？

答：他跑出来的时候背对着我，然后就跑出去了，正面没有看到。从背后看，身高大约有一米七五，身材较瘦，秃头。

问：还有什么特征？

答：他跑得太快，别的没有看清。

问：你以前见过这个人吗？

答：没注意过。

问：你听见他们在争吵什么吗？

答：没有听清。

问：那个人冲出来时，走廊里除了你以外，还有谁？

答：我看到当时在走廊距我十几米远的地方有孙××、高××，没有看见其他的人。

问：还有什么要补充的吗？

答：没有了。
问：以上说的是否属实？
答：属实。

以上笔录我看过，和我说的相符。

彭××（捺指印）
201×年4月5日

## ◆任务要求◆

训练学生的询问表达技巧。

## ◆情境训练◆

### 训练1　提问策略的训练

**【训练目的】**

1. 培养学生甄别圈套式提问、应用提问技巧的能力。
2. 加强学生整理思路、组织语言的技能。

**【训练材料】**

在复杂的社会生活中，有人利用发问来设圈套。下面是小说《三人》里的一段描述伊利亚（伊）被检察官（检）审问的场面。阅读后，回答问题。



检：你能不能告诉我，星期一下午两点到三点之间你在哪儿？
伊：在小酒店喝茶。
检：啊！在什么小酒店？在哪儿？
伊：在“普列文”酒店……
检：为什么你能这样确切地说你恰好这个时候在酒店里呢？
伊：因为进酒店以前我向一个警察问过时间，那警察告诉我是一点多钟……大概是一点二十分。
检：你认识他吗？
伊：认识……
检：你自己没有表吗？
伊：没有。
检：你以前也问过他时间吗？
伊：问过……
检：在“普列文”酒店待了很久吗？
伊：一直待到有人喊“杀人”了……
检：后来到了什么地方？
伊：去看被杀的人。
检：当场，就在那店铺附近，有人看见过你吗？

伊：也是那个警察看见过我……他还把我从那轰走……用手推我……

检：很好！你问警察时间是在凶杀案发生以前，还是以后呢？

伊：……这我怎么能知道呢？

原来检察官准备设计一个圈套，要证实伊利亚与谋杀有关。

1. 检察官是怎样麻痹伊利亚的注意力和警惕性的？
2. 检察官使用了哪些发问策略？
3. 伊利亚是怎样使检察官的圈套破产的？

【训练方法】

1. 教师以提问的方式请学生回答上述问题。
2. 教师进行点评和讲解。

【训练说明】

1. 一般说来，提问应当开门见山，要了解什么，就问什么。但是当遇到一些特殊情况，如直接发问会引起对方某些不快或者挑起隐衷时，就可以采用含蓄和巧妙的发问方式，使用适当的策略。

2. 当被询问对象在心理上“解除武装”，认为不再有什么危险的问题时，便提出实质性的问题让被询问对象回答，这时往往会得到满意的答案。

3. 教师可以根据训练目的选取其他材料进行训练。



## 训练2　打破僵局的训练

【训练目的】

1. 培养学生打破僵局、应用询问技巧的能力。
2. 加强学生整理思路、组织语言的技能。

【训练材料】

20世纪70年代末，上海市友好代表团访问日本，刚好日本大阪府竞选结束，岸昌先生被选为知事。在会见代表团前半个小时，日本记者访问岸昌，可是问的是“你今天的心情如何？”“你新任知事有何感想？”“为什么你急于会见中国代表团？”等问题。对此，岸昌笑而不答，记者见他不开口，就采取了另一种方式提问。如果你是记者，你要采取什么样的方式打破僵局呢？

【训练方法】

1. 教师以提问的方式请学生回答上述问题。
2. 教师进行点评和讲解。

【训练说明】

1. 谈话中，当对方一时回答不上或不愿就某一问题谈下去时，一般不宜生硬地追问或跳跃式地乱问。要善于转换话题、缓和气氛，或者用商量的口气与对方共同讨论，在讨论中打破僵局。

2. 在被询问人仅仅因为羞怯而不爱说话时，可以换个话题闲聊点无关的事情，问问他家中的情况。

3. 当被询问人谈到的某些问题自己听不懂时，只要与主题有关，还是要认真听，不要表现出不耐烦的样子。

4. 教师可以根据训练目的选取其他材料进行训练。

## 训练3　抓住对方破绽的训练

**【训练目的】**

1. 培养学生在询问中抓住被询问人前后矛盾的话语，运用询问技巧的能力。

2. 加强学生整理思路、组织语言的技能。

**【训练材料】**

意大利著名女记者奥琳埃娜·法拉奇思路明晰、言辞锋利，善于寻根究底，尤其善于抓住对方话语的破绽，请对方解释，因而取得了巨大的成功。下面是法拉奇（法）与卡扎菲（卡）的一段对话，阅读后回答下面的问题。

法：从你与那个沾满鲜血的服刑人员阿明的友谊说起吧？人们问，卡扎菲上校怎么和这样一个人做朋友呢？

卡：这又何足为奇？关于阿明的一切消息都是虚假的，这是犹太复国主义宣传的结果……你们西方人什么都搞不清，你们不应该反对阿明，应该谴责占领乌干达的尼雷尔，应该谴责法国，因为正是他现在占领着中非共和国。

法：我再说一遍，你既然自称是权利、自由和革命的捍卫者，怎么能够同阿明这只猪猡谈友谊，并提供庇护呢？而且，你为什么不帮助乌干达干掉阿明，反而帮助阿明，用恐怖来统治乌干达呢？

卡：难道过去和现在我有这样的权利去干涉其他国家的内政并且推翻他们的政权吗？我不是刚刚对你说过，做这种事情的人应该受到审判吗？

法：那么，现在已经到应该提醒你的时候了，在帮助被压迫人民的借口下——这些人民只是得到你的帮助之后才受压迫的，如果这是事实的话，你干涉了其他国家的内政，例如乍得。

卡：乍得人民正在反抗法国军队，为了支持反抗法国军队的乍得人民的斗争，我们有权干预。当尼雷尔带领他的军队进入乌干达时，我们同样有权反对尼雷尔。

法：请原谅！上校先生，最初你说，你没有帮助乌干达人民赶走阿明，因为你无权干涉这个国家的内政。然后，你又说，你愿意帮助乍得人民，因为你有权干预，你最初说的一面，然后你又说其反面。为了便于联系起来，请允许我提醒你，在坦桑尼亚开战之前，你已经站到阿明的乌干达一边了，为什么你要站在那一边？

……

如果你知道被询问的人在撒谎，你该怎么应对呢？如果对方说："对了，我的记性不好。"于是开始纠正自己说的话，你又该怎么办呢？如果对方一意孤行、坚持错误，你该采取怎样的方法应对呢？

【训练方法】

1. 教师以提问的方式请学生回答上述问题。

2. 教师进行点评和讲解。

【训练说明】

1. 在询问中，将被询问人的话前后对照，一旦发现有自相矛盾之处，要联系其前言后语，巧妙地当场要对方作出解释。

2. 教师可以根据训练目的选取其他材料进行训练。

## 训练4　选择提问方式的训练

【训练目的】

1. 培养学生根据实际情况选择提问方式、应用询问技巧的能力。

2. 加强学生整理思路、组织语言的技能。

【训练材料】

1. 限制性提问："是……还是……"。

2. 选择性提问："……好不好"、"……是不是"。

3. 直接性提问："为什么……"、"是什么……"、"怎么样……"。

4. 婉转性提问："也许……吧"、"是吗……"。

5. 假设性提问："如果……"、"可能……"。

6. 祈使性提问："那就……"、"能不能……"。

7. 反诘性提问："……不是吗"、"……难道……吗"。

8. 商榷性提问："是不是……"、"可不可以……呢"。

9. 推进性提问：步步为营，提问层层递进。

10. 潜在性提问：陈述句的形式，但隐含问意，期待对方回答，比如"我想……"、"也许是……"、"那就得……了"。

【训练方法】

1. 学生两人一组，自己设计一组连贯的询问问题和答案，要求包含上述至少五种询问方式。

2. 按学号随机抽取学生进行课堂训练。

3. 教师进行点评。

【训练说明】

1. 选取的话题应该健康向上。

2. 学生设计询问的情节，要求合情合理。

## 训练5　狱内案件询问模拟训练

**【训练目的】**

1. 锻炼学生在监狱实际工作中的询问交锋能力，培养询问口才。
2. 加强学生狱内案件询问技能的训练。

**【训练材料】**

某服刑人员向监狱人民警察反映，服刑人员张×最近经常偷偷摸摸地在车床上加工零件。对此，监区非常重视，秘密搜查了张犯的工具箱，发现工具箱里放着加工好的套筒、摇把、转盘等，但又分析不出是干什么用的。如果你是狱侦干警，面对这种情况应该怎样做？应该如何组织询问？

**【训练方法】**

1. 学生自愿组队，按着询问的要求，明确角色身份。
2. 学生根据自己模拟的角色进行询问，目的是弄清张犯的行为动机。
3. 由其他同学对他们的表现进行点评。
4. 教师总结。

**【训练说明】**

1. 学生自己设计询问的情节，要求合情合理。
2. 模拟张犯的学生可以给狱侦人员设置各种障碍，模拟狱侦人员的学生要尽量使用各种询问技巧，争取将张犯加工零件的动机调查清楚。
3. 每组询问时间不超过25分钟。

# 任务二　讯问

### ◆知识储备◆

## 一、讯问的概念

监狱工作中的讯问，是指狱内侦查部门为了查明在押服刑人员在服刑期间是否构成有犯罪事实或案件事实真相、情节轻重，而依法对犯罪嫌疑人进行审讯和诘问，以获取真实供述或者辩解，最后决定是否移送起诉或作其他处理的侦查活动。

讯问是狱侦工作的重要组成部分，也是监狱人民警察必须掌握的口才之一。作为一项侦查活动，侦查讯问具有以下意义：

**（一）收集、鉴别和核实狱内又犯罪嫌疑人的有罪证据**

查明又犯罪嫌疑人的全部犯罪事实，是讯问的首要任务。狱内又犯罪嫌疑人的犯罪活动，由于情况比较复杂以及作案手段隐蔽、狡猾，使侦查工作受到主客观条件的限制，很难在侦查前期全部准确地搜集到所有证据。又犯罪嫌疑人对于自己是否犯罪、犯有何罪以及又犯罪活动的全部情况最为清楚，因此，通过讯问获取又犯罪嫌疑人的有罪供述，可以为进一步查证获取直接证据。

**（二）保护未实施又犯罪的服刑人员的合法权利**

在讯问过程中，犯罪嫌疑人依法有权为自己进行辩护，侦查人员不仅要听取狱内又犯罪嫌疑人的有罪供述，也要听取无罪的辩解。这样做有利于全面分析和判断案情，及时发现和纠正办案中可能出现的错误，从而避免使无罪的人受到刑事追究。

**（三）发现其他犯罪线索，追查同案犯**

通过讯问又犯罪嫌疑人，狱内侦查人员可以进一步发现新的犯罪线索，掌握全部又犯罪事实，查获同案又犯罪嫌疑人并弄清他们在又犯罪活动中所起的作用；也可以挖清又犯罪嫌疑人的余罪，查破积案，发现其他案件线索，为侦破其他案件提供条件，扩大战果。

**（四）了解和掌握狱内又犯罪活动的规律、特点，提高防范和打击能力**

在讯问过程中，通过了解又犯罪嫌疑人犯罪的全过程，分析其犯罪的主客观原因，可以把又犯罪嫌疑人知道的全部敌情及狱内又犯情动态追查出来，从中发现和掌握狱内又犯罪活动的规律与特点，及时查找工作中的漏洞。这既有利于加强狱内防范措施、提高打击狱内又犯罪活动的能力，又可以为狱内侦查提供新的信息，使狱内对敌斗争的决策更为准确、及时和有力。

**（五）预防和减少狱内重新犯罪**

通过讯问，既可以让又犯罪嫌疑人如实供认自己的犯罪事实，又可以揭发他人的犯罪活动。又犯罪嫌疑人对自己的行为是否犯罪最为了解，对参与犯罪的其他人员和证实犯罪的证据也最为清楚。讯问可促使又犯罪嫌疑人心理转化、排除心理障碍，加深其对自己的犯罪根源和造成的现实危害的认识，转变又犯罪嫌疑人的思想认识和立场态度，促使其坦白交代、揭发检举，其实是一个对又犯罪嫌疑人进行认罪伏法、改恶从善的教育过程，这对于预防和减少狱内重新犯罪无疑具有十分重要的意义。



## 二、讯问的语言特点

**（一）合法性和文明性**

讯问人员必须具有高度的政策和法律观念，要熟悉法律的相关规定，因此，讯问的语言也必须符合党的政策和国家法律的精神。讯问人员选用的讯问语言必须充分反映政策和法律的具体规定，做到言必依法、言为法声，严禁使用引供、诱供、逼供、指明指示问供的言语。

讯问语言还必须符合文明性的要求，做到用语文明，不使用污秽、粗俗、轻佻、低级、下流的言语，不侮辱被讯问人的人格，不伤害被讯问人的自尊。否则，就会损害监狱机关和狱内侦查人员的威信，也会增强又犯罪嫌疑人的对抗情绪，使讯问陷入僵局。

**（二）严谨性和规范性**

讯问中使用的语言必须严谨、规范。要做到概念明确、判断恰当、推理严密。思想观点从始至终要保持一致，彼此协调，语句之间条理清晰，判断推理充分有据，不得使用有悖情理、含混模糊、无根无据的语言。

（三）客观性和准确性

讯问中使用的语言必须符合案件的实际情况和又犯罪嫌疑人的具体情况。讯问人员的讯问必须实事求是，不能违背事实选用主观臆断的语言对又犯罪嫌疑人进行讯问。这是客观性的要求。

所谓“准确性”，是指讯问的语言必须能恰如其分地反映案件情况的特征。具体表现在：在讯问时，讯问人员必须能够认真分析判断案情，依据对案情的最新认识来选用讯问语言；能够根据语境要求，准确地运用言语的轻重和词语的感情色彩等；能够根据讯问对象，正确地选择和使用法言法语；避免使用语义不清、说理含混、令人费解的语言。

（四）策略性和灵活性

讯问语言还要具有策略性和灵活性的特点。策略性是指讯问人员在讯问时应当选用语义具有概括性、联想性和适当多义性质的语言，造成语义模糊、范围不固定、指向不明确，让对方产生错觉和思维上的片面性，造成判断的错误，加深怀疑，达到自我催化瓦解的目的。

灵活性是指讯问人员应当根据不同的案情、不同的讯问对象、不同的讯问阶段、不同的策略方法，灵活主动地采用有针对性的讯问言语。在具体应用时，可以以普通话为主，艺术地使用方言；以现代语为主，对特定对象使用古语；以普通大众的语言为主，艺术地使用专门术语；也可根据情况使用谚语、歇后语、警句和犯罪隐语。

## 三、讯问的技巧

（一）抓住时机，攻心夺气





攻心夺气是指讯问人员根据案件情况，针对又犯罪嫌疑人的个性特征和心理状态，对又犯罪嫌疑人进行思想、政策、法律、形势和前途的教育，从心理上征服又犯罪嫌疑人，促使其彻底交代罪行的策略。通过攻心，可以向又犯罪嫌疑人直接施加心理压力，以正确的思想观念、道德意识与客观事实、利害关系冲击又犯罪嫌疑人不正确的思想认识及虚妄的自信心理，使其接受和相信讯问人员传达的信息，否定原有的观念。通过夺气可以消其势、夺其志、挫其锐，动摇乃至瓦解其对抗意志，使其不敢坚持对立的态度。

监狱工作实践证明，攻心夺气是讯问又犯罪嫌疑人的上策，同时还有利于对又犯罪嫌疑人进行思想改造。一方面，审讯与反审讯的斗争异常尖锐复杂，如果案件中每一个事实、每一个情节都要经过反复斗争之后才能使又犯罪嫌疑人作出交代，将会费时费事，牵扯大量的人力、物力和财力；另一方面，又犯罪嫌疑人的反审讯表现是受其犯罪心理支配的，只要我们摸准又犯罪嫌疑人赖以抗拒的精神支柱和阻碍其如实供述的心理，并针对这些关键点予以突破瓦解，就可以大大加快讯问的速度，取得讯问的成功。

攻心夺气这一技巧的运用不是任何时候都会收到好的效果的，其实施的要点就在于选准攻心的时机。只有抓准了攻心时机，攻心才能取得成效。一般来说，当又犯罪嫌疑人发生了动摇，但是尚存幻想希望蒙混过关的时候；又犯罪嫌疑人的伪供不能自圆其说的时候；又犯罪嫌疑人的反讯问伎俩被戳穿的时候；使用证据击中又犯罪嫌疑人要害的时候；又犯罪嫌疑人正处于供与不供的矛盾状态的时候；又犯罪嫌疑人准备以死抗拒、绝望轻生的时候，都是采取攻心夺气的最佳时机。

攻心夺气根据攻心内容的不同可以分为政治攻心、思想攻心和政策法律攻心三种。

**（二）利用矛盾，重点突破**

利用矛盾，是指讯问人员在讯问时，利用又犯罪嫌疑人口供中的矛盾，使其无法自圆其说，或者利用共同犯罪的各又犯罪嫌疑人之间固有的矛盾，使他们互不信任、互相揭发，从而突破又犯罪嫌疑人口供的讯问技巧。利用矛盾的方法很多，在共同犯罪中，可以制造引起又犯罪嫌疑人相互怀疑、憎恨和猜测的假象；可以在一个又犯罪嫌疑人面前暗示同案犯已经坦白交代罪行，积极揭发检举，并将获得宽大处理等。当又犯罪嫌疑人编造假口供时，不要急于批驳，让他将谎言编得越具体生动越好，当矛盾充分暴露、无法自圆其说时，讯问人员再予以彻底揭露，同时辅以政策攻心，或出示少量证据，促其认罪。

重点突破，是指讯问人员在讯问时，运用已经掌握的证据或者利用又犯罪嫌疑人的心理弱点，针对对查明全案具有关键意义的某一环节发起重点进攻，迫使又犯罪嫌疑人如实供述，从而打开缺口，使又犯罪嫌疑人不得不交代全部犯罪事实的讯问技巧。重点突破要准确地选择突破重点：一方面抓住决定案件性质和犯罪主要罪责的犯罪事实与情节；另一方面，注意抓准又犯罪嫌疑人赖以抗拒的精神支柱。重点突破要以战斗的气氛进入讯问，提问要明确、干净利落、直击要害，频率高、节奏快，决不能东拉西扯、松松垮垮、犹豫不决。重点突破还要抓住战机，适时出示证据，一鼓作气，突破全案。

**（三）因势利导，将计就计**



因势利导就是因势而为、利而导之，在把握讯问局势和又犯罪嫌疑人心理活动的基础上，进行顺应这种形势和状态的引导，把讯问推向顺利的讯问技巧。

将计就计是指讯问人员明知又犯罪嫌疑人在施展反讯问的伎俩，不但不立即制止、批驳揭露，反而顺水推舟，顺应和迎合其表演，等到其谎话讲透，矛盾充分暴露的时候，再予以彻底揭露、促其供罪的讯问技巧。

这两种讯问技巧不是对任何又犯罪嫌疑人都适用的，只有使用在那些在讯问过程中施展反审讯伎俩的又犯罪嫌疑人身上，才能取得良好的效果。要想这两种技巧不被又犯罪嫌疑人识破，就必须创造一个宽松、和缓的审讯环境和审讯气氛，使又犯罪嫌疑人敢于施展反审讯伎俩；讯问人员对又犯罪嫌疑人施展的反审讯伎俩也要假装没有察觉，甚至佯装受骗上当，对其狡辩和伪供均暂不予以批驳、揭露，必要时可以顺水推舟地进行附和，等又犯罪嫌疑人的表演充分暴露无遗时，再进行有力的反击，彻底揭穿其伎俩，揭露事实真相，促其彻底交代罪行。

**（四）避实就虚，迂回侧击**

避实就虚，就是避开又犯罪嫌疑人防备严密的地方，在其行为上、心理上和逻辑上寻找虚弱之处，进行攻击。迂回侧击，就是在不宜正面审讯的情况下，不直接攻取目标，而是迂回到侧面，抓其弱点，着手于案情的细枝末节，出其不意，取得胜利。

这种技巧常用于对又犯罪嫌疑人的犯罪事实了解掌握得不多，或者获得的证据证明力不强，对案件材料的可靠性尚有疑问的案件审讯之中；也可以用于对具有反审讯经验、态度顽固的累惯犯和正面讯问难以突破的案件的审讯。采用这种技巧常常要先扫清外围，将与案件有关的周围情况问清楚后，再触及与犯罪行为有关的关键性问题，最后包抄攻坚，直捣核心，突破全案。

## 四、讯问的要求

### （一）选择和运用讯问突破口的要求

1. 根据案件的不同特点选择突破口。不同案件具有不同的特点、不同的讯问目标和不同的讯问重点，对有现实危险性的案件，首先要考虑消除危险，例如有爆炸物品的案件应该围绕与爆炸品有关的问题进行突破；有共犯在逃的，应该尽量选择与该共犯有关的问题进行突破；犯罪事实明显、证据确凿充分的案件，可以采取开门见山、单刀直入的方法，直接提出实质性的问题进行突破。

2. 多方寻找又犯罪嫌疑人防备薄弱的事实和情节。讯问中，可以从作案时间、地点、工具、手段、因果关系、犯罪关系人、重要物证、各种矛盾等方面去选择薄弱环节和事实作为突破口。

3. 认真研究又犯罪嫌疑人的心理弱点。又犯罪嫌疑人被控制以后，由于环境的改变、罪责感的压力、对前途的担忧等极易形成紊乱复杂的心理。因此，认真研究又犯罪嫌疑人的心理弱点，消除其精神支柱和思想障碍，触动其情感，就可以很快从心理方面取得突破的成功。

### （二）进行提问的要求

1. 内容设计必须周密。讯问时，讯问人员设计的提问内容必须周密、具体，提问层次分明、次序得当、逻辑严密、不留漏洞。讯问人员在讯问前最好制作发问提纲，进行充分的准备。

2. 态度坚定，刚柔相济。向又犯罪嫌疑人进行提问时，态度要坚定，使讯问对象感到一定的压力，但是也不能不切实际地生追硬逼。所提问题，既要使又犯罪嫌疑人感觉到我方已掌握其犯罪证据，不交代过不了关，同时又不能暴露我方掌握证据的底细。

3. 符合讯问对象的认识规律。讯问人员在提问时所用的言辞和语调应当在又犯罪嫌疑人当时的心境与思想认识所能接受的范围之内，符合又犯罪嫌疑人的认识规律。提出的问题要合情合理，使又犯罪嫌疑人无懈可击。这样就可以使又犯罪嫌疑人心服口服，主动交代罪行，认罪伏法。

### （三）使用证据的要求

1. 做好充分准备。使用证据前，要审查证据的可靠程度，仔细分析该证据应用于何处，以何种方式使用可以发挥最大威力和最佳效果；还要考虑又犯罪嫌疑人对该证据会有哪些狡辩，对此应该采取什么对策。

2. 要留有余地。讯问中不能将证据的全部情况全盘托出，不能让又犯罪嫌疑人知道每项证据所证实的全部细节，也不能暴露讯问人员尚未掌握哪些事实。否则，让讯问对象首先摸清了讯问人员掌握的情况，会使讯问工作陷入僵局，给讯问工作带来被动，甚至会造成难以挽回的损失。所以，使用证据要留有余地，并在时机有利时，力争用最少量的证据取得最大的效果。

3. 做好防范工作。当讯问中需要出示刀具、枪支等凶器作为证据的时候，要严防又犯罪嫌疑人进行抢夺、行凶；当需要出示书证或者其他易毁坏的物证时，要防止又犯罪嫌疑人趁机毁灭证据。

（四）注意不同讯问对象的心理

又犯罪嫌疑人在讯问中的心理，是又犯罪嫌疑人的自然生理、社会经历和犯罪经历的反映。只有对又犯罪嫌疑人在讯问过程中的心理作具体的分析研究，才能了解和掌握其在讯问中心理演变的原因，有根据地制定讯问对策，取得攻心斗智的胜利。

青少年又犯罪嫌疑人在侦查讯问中的心理状态一般表现为自尊好强、主观自信、较少畏惧、轻率任性、较重感情、容易接受信息；中老年人则思想成熟、思维严谨，经验丰富，情绪较稳定。女性往往表现为敏感、悔恨、悲观、忧郁、狭隘、富于联想、情感易变。初偶犯的心理主要是孤独、紧张、恐惧、沮丧，而累惯犯多为冷漠对立、狡猾自信，有较强的预测、应变伎俩和适应性，对抗讯问的意志比较强。此外，不同职业、不同气质类型、不同文化程度的又犯罪嫌疑人在讯问时表现出来的心理状态也有所不同。因此，在对又犯罪嫌疑人进行讯问时，要注意观察他们的心理反应。

## ◆范例分析◆

**讯问笔录**

时间：201×年1月4日14时30分至201×年1月4日15时10分

地点：××监狱××监区值班室

侦查员姓名、单位：刘××、张××，　××监狱狱侦科

记录员：樊××　单位：××监狱狱侦科

被讯问人：王××（捺指印）　性别：男　年龄：38岁（捺指印）

民族：汉　文化程度：小学　原职业：无业　罪名：盗窃罪　刑期：三年

服刑地点：××监狱××监区

问：你叫什么名字，哪里人，今年多大？

答：我叫王××（捺指印），广州市人，今年38岁。

问：你读了几年书？

答：小学六年级毕业。

问：你给其他服刑人员文身，工具颜料是哪里来的？给谁文身？

答：给杨××文的，用的是车间做手工用的针，颜料是圆珠笔的笔油。

问：这些工具和颜料是怎么得到的？

答：收工的时候从车间偷偷带出来的。

问：工具现在放在哪里？

答：我不知道，是杨××收起来的。

问：你在哪里帮他文身？

答：在监区储物室，是他叫我去的。

问：他是谁？

答：杨××。

问：是什么时候文的？

答：元旦放假的时候，大概是一月一日的晚上，熄灯前。

问：你认为这样做对不对？是不是违纪？

答：我认为这样做不对，是违纪。

问：现在要对你的行为进行处罚，你有什么意见？

答：没有。

问：你还有没有什么要补充的？

答：我以后好好改造，遵纪守法，不会再出现这样的事情了。

以上笔录我看过，和我说的一样。

王××（捺指印）

201×年1月4日

## ◆任务要求◆

训练学生的讯问表达技巧。

## ◆情境训练◆

### 训练1　明确语与模糊语的训练

【训练目的】

1. 培养学生在讯问中适时选择使用明确语与模糊语的能力。
2. 加强学生熟练运用讯问策略的技能。

【训练材料】

下列情况哪些应该使用明确语，哪些应该使用模糊语？

1. 在涉及具体的人物、时间、地点时。
2. 在扩大讯问战果、深挖余罪时。
3. 运用科学定理和公理时。
4. 进行思想、政策教育时。
5. 在不能确定又犯罪嫌疑人犯罪的具体情况时。
6. 暗示使用证据时。
7. 直接使用证据时。
8. 进行突入提问时。
9. 欲造成又犯罪嫌疑人错觉时。
10. 追问又犯罪嫌疑人作案的手段、后果、目的时。

【训练方法】

1. 随机抽取学生进行提问，请学生针对以上每一种情况回答，应该使用明确语还是模糊语进行讯问。

2. 教师讲解并点评。

【训练说明】

1. 明确语是指标示事物或者意向时，语义所体现的概念外延有明确限制的语词。反之，为模糊语。

2. 在讯问中运用模糊语，只是把要表达的真实意图包含在概念外延模糊的语义中，不等于含糊其辞、令人费解。

3. 教师可以根据讯问的需要，选取其他情况的材料让学生进行训练。



## 训练 2　直言与含蓄的训练

**【训练目的】**

1. 培养学生在讯问中适时选择使用直言和含蓄的表达方式。
2. 加强学生熟练运用讯问策略的技能。

**【训练材料】**

下列情况哪些应该直言，哪些应该含蓄地表达？

1. 在揭露犯罪嫌疑人的犯罪事实和社会危害性时。
2. 在证据不足时。
3. 在对自尊心强、爱面子的又犯罪嫌疑人进行讯问时。
4. 在直接使用证据时。
5. 不便进行正面表达时。
6. 在进行思想、政策教育时。
7. 在指正又犯罪嫌疑人恶劣的认罪态度时。
8. 要达到耐人寻味的效果时。

**【训练方法】**



1. 随机抽取学生进行提问，请学生针对以上每一种情况回答，应该使用直言还是含蓄的表达方式进行讯问。

2. 教师讲解并点评。

**【训练说明】**

1. 直言是把客观事物的本来面目通过语言表达出来的表达方式；含蓄是把客观事物或情感用隐晦的、暗示的语言表达出来的表达方式。

2. 含蓄的表达方式一般用在初审或者初次接触案件实质性问题时。

3. 教师可以根据讯问的需要，选取其他情况的材料让学生进行训练。

## 训练 3　强硬语与委婉语的训练

**【训练目的】**

1. 培养学生在讯问中适时选择使用强硬语与委婉语的能力。
2. 加强学生熟练运用讯问策略的技能。

**【训练材料】**

下列情况哪些应该使用强硬语，哪些应该使用委婉语？

1. 在又犯罪嫌疑人采取种种手段对抗审讯时。
2. 初审时。

3. 打击又犯罪嫌疑人的嚣张气焰时。
4. 迂回提问时。
5. 进行突入提问时。
6. 在对自尊心强、爱面子的又犯罪嫌疑人进行讯问时。
7. 对吃硬不吃软的又犯罪嫌疑人讯问时。
8. 暗示使用证据时。
9. 直接使用证据时。
10. 在法律允许的范围内，对又犯罪嫌疑人表示同情时。
11. 又犯罪嫌疑人畏罪心理严重时。

【训练方法】

1. 随机抽取学生进行提问，请学生针对以上每一种情况回答，应该使用强硬语还是委婉语进行讯问。

2. 教师讲解并点评。

【训练说明】

1. 强硬语是语气肯定、硬朗的语言表达方式；委婉语是使用他人容易接受的、代用的或者暗示的语词表达思想感情、事物、动作的语言形式。

2. 讯问人员为了避开某些忌语或者为了有利于心理接触，避免刺激又犯罪嫌疑人，往往会使用委婉语。

3. 教师可以根据讯问的需要，选取其他情况的材料让学生进行训练。





## 训练4 简略与啰唆的训练

【训练目的】

1. 培养学生在讯问中适时选择使用简略与啰唆的表达方式的能力。
2. 加强学生熟练运用讯问策略的技能。

【训练材料】

下列情况哪些应该使用简略的表达方式，哪些应该使用啰唆的表达方式？

1. 进行突入提问时。
2. 进行思想、政策教育时。
3. 进行命题提问时。
4. 进行迂回提问时。
5. 追击犯罪事实的关键性情节时。
6. 对又犯罪嫌疑人进行情感感化时。
7. 对又犯罪嫌疑人进行心理接触时。
8. 使用证据时。
9. 进行探索性提问时。

【训练方法】

1. 随机抽取学生进行提问，请学生针对以上每一种情况回答，应该使用简略的表达方式还是啰唆的表达方式进行讯问。

2. 教师讲解并点评。

【训练说明】

1. 突入提问是指单刀直入式的提问方式；探索提问是以试探对方底细为目的的提问方法；命题提问是指向对方提出方向明确、范围清楚的问题的提问方式；迂回提问是指正面追问难以突破的时候采用的逐步讯问的方法。

2. 啰唆不是说大话、空话、套话、假话，不能言之无物，同时要避免多次重复同样的问话。

3. 教师可以根据讯问的需要，选取其他材料让学生进行训练。

## 训练5　模拟监狱讯问的训练

【训练目的】

1. 培养学生在监狱工作交锋中的讯问口才。

2. 加强学生应用讯问技巧的技能。

【训练材料】

服刑人员李某入监后表现一贯良好，比较积极向上。近日该犯时常呆立、沉思不语，某晚半夜突然起床，面墙而泣。昨日在劳动现场乘值班警察不备藏在装货的汽车里，混出监狱，后被捕回。

【训练方法】

1. 学生每三人为一组，明确各自扮演的身份（如一方为又犯罪嫌疑人，其余两方为监狱干警，一名负责主审，一名负责记录）。

2. 模拟进行审讯。通过对“又犯罪嫌疑人”进行讯问，掌握该服刑人员脱逃的动机及逃跑的经历。

【训练说明】

1. 训练开始前，双方按各自立场进行准备，互相不能通气。

2. 虚构的理由一经说出，就视为真实，双方都不得指责对方虚假。

3. 学生在训练过程中也可模拟激动、愤怒等言行，教师要注意控制场面。

4. 训练时间控制在20分钟以内。

## 任务三　论辩

### ◆知识储备◆

### 一、论辩的概念

有人说：没有论辩的世界是冷清的世界，没有论辩的理论是僵化的理论，没有论辩的人物是平庸的人物。这句话真切地道出了论辩在我们生活中的重大价值。而监狱，作为国家的刑罚执行机关，监狱人民警察为了批驳服刑人员思想行为上的谬误，帮助他们探求真理，扶持正义，打击邪恶，激励他们产生新的思想，提高和统一认识，就不得不使用论辩这种口才与之交锋。

《韵术》有云："论者，议也。"《墨经·经说下》中记载："辩也者，或谓之是，或谓之非，当者胜也。"《墨经·经上》也有记载："辩，争胜也，辩胜，当也。"可见，"论"有阐明道理、表明主张的含义，其基本目的在于"立"。而"辩"即辩解、驳辩的意思，就是要分清是非、评定主张，其基本目的在于"破"。"论"与"辩"不能完全分开，而应相互作用，蕴"立"于"破"，"破"中求"立"，这样就产生了论辩。所谓论辩就是以阐述作为基本的表达方式，由持不同见解的各方就共同探究的话题阐明己见、批驳对方观点的一种语言交锋形式，其基本目的在于弘扬真理、否定谬误。论辩不能等同于辩论，虽然它们都融合"论"与"辩"在其中，但是"论辩"重在"辩"，注重的是树立自己的观点后的辩驳过程，而"辩论"却重在"论"，即评定各自的主张。

论辩有其基本的构成要素：论辩的主体是持不同见解的各方，可以是两个以上的个体，也可以是两个以上的团队，前提必须是持有不同观点，否则就同一观点进行论辩就没有任何意义；论辩的客体是参加论辩的各方共同探究的辩题，没有辩题，论辩就无法进行；论辩的过程是对阐述自己的观点、批驳对方的攻防对策的运用和语言的交锋；论辩的载体则是各方的话语。

### 二、论辩的特点

论辩的特点主要表现在以下几个方面：

**（一）观点的对立性**

论辩各方的观点应该是截然对立的，或者至少是具有鲜明分歧的：好与坏、对与错、真与伪、优与劣等，没有鲜明对立的观点就没有论辩。在监狱工作中，往往会遇到部分服刑人员对自己的罪行没有清醒的认识，有罪不认、认罪不服，缺乏罪责感和赎罪心理，甚至还存留有犯罪思想，在错误的人生观、价值观的作用下，无法投身改造。这时，监狱人民警察就要及时摆明与其截然对立的观点，既要千方百计地证明并要对方承认自己观点的正确性，又要针锋相对地批驳对方错误的观点。

**（二）论理的严密性**

论辩比一般阐述具有更强的严密性。论辩是持有不同观点的各方的唇枪舌剑，一方面必须使自己的观点正确、鲜明，论据充分有力，阐述合乎逻辑，战术灵活适当，使自己的观点和论述坚如磐石，令对方无懈可击；另一方面又要善于从对方的阐述中寻找纰漏，抓住破绽，打开辩驳的突破口。否则，说理不周、漏洞百出，很可能使自己陷入窘境，遭到失败。

### （三）表达的临场性

如果要在论辩中取得胜利，就必须具备一定的临场应变能力。虽然论辩各方在论辩之前可能都做好了充分的准备，但是在论辩过程中可能会出现各种各样意想不到的情况。在论辩中，无论是谁都难以事先完全把握对方的论点和论据，也都无法清楚地洞悉对方的战略和战术。也许本来准备妥当的辩辞可能会因为对手临场的语境变化而无法施展，已经运筹帷幄的战略可能会因为对手战术上的牵制而发挥不了作用。所以，如果不注意洞察、应对论辩临场的风云变幻，一味地搬抄事先准备好的套路，是绝不可能适时地把握论辩的时机、取得胜利的。

### （四）思维的机敏性

由于监狱交锋工作中的论辩在大多数时候是打无准备之仗，这就需要监狱人民警察既能够明确对方的策略，又要应付对方的“明枪暗箭”，而这一切往往来不及深思熟虑，都得临场进行发挥，所以就更需要我们的干警具有较强的机敏性。因此就要求论辩者不但应具有较为深厚的知识底蕴，同时应该具备敏捷的思维和反应能力。

## 三、论辩交锋的基本类型

### （一）雄辩迎战雄辩

雄辩是具有说服力的有力的论辩，是一种智慧的角逐和话语的较量。雄辩不仅需要满腔热情、灵活机智的应变能力，还需要激昂动情的谈吐。在雄辩中，论辩双方都认为自己是掌握真理的唯一一方，也都发自内心地认为自己必胜，因而都不回避问题的实质，都以雄辩方法为辩论手段，抓住论题的关键部分，在判断和推理过程中使自己的观点趋于完备与周密，进而进攻对方的薄弱环节，最后以技高一筹而获胜。所谓“真理愈辩愈明”，说的就是这一类论辩方式。

雄辩迎战雄辩较多地出现在学术争论、法庭辩论和案件分析的场合，在监狱工作中则多出现在敌情分析会和对狱内案件的侦破过程中。

### （二）事实迎战诡辩

诡辩是外表上、形式上好像运用正确的推理手段，实际上违反逻辑规律，作出似是而非的推论或者无理的狡辩。简单地说，就是有意地颠倒是非、混淆黑白。黑格尔曾有过非常精辟的论述：“诡辩这个词通常意味着以任意的方式，凭借着虚假的根据，或者将一个真的道理否定了，弄得动摇了，或者将一个虚假的道理弄得非常动听，好像真的一样！而诡辩往往有着迷人的外表，貌似正确，好像很有逻辑性、论证性，其实是荒谬的，是违反逻辑的！”

玩弄诡辩术的人，从表面上来看似乎能言善辩、道理很多。他们在写文章或讲话的时候往往滔滔不绝、振振有词。他们每论证一个问题，也总是可以拿出许多“根据”和“理由”来。但是，这些根据和理由都是不能成立的。他们只不过是主观主义地玩弄一些概念，搞些虚假或片面的论据，作些歪曲的论证，目的是为自己荒谬的理论和行为辩护。

在监狱工作中，服刑人员为了掩饰自己的错误、骗取干警的同情、隐瞒自己的罪行，往往使用诡辩的方法有意地把真理说成是错误，把错误说成是真理。而推翻诡辩的最有力的武器就是摆事实。在论辩交锋中，诡辩无论其前提、推理还是结论，都有着虚假的成分，而一旦摆出事实，诡辩往往不攻自破。

芝诺是古希腊一个极善于诡辩的哲学家。他的一个众人皆知的“阿基里斯永远追不上乌龟”的诡辩是这样的：阿基里斯是古希腊神话中善跑的英雄，假设乌龟先爬一段路然后阿基里斯去追它，芝诺认为阿基里斯永远追不上乌龟。因为前者在追上后者之前必须首先到达后者的出发点，可是，这时后者又向前爬了一段路了。于是前者又必须赶上这段路，可是这时后者又向前爬了。由于阿基里斯和乌龟之间的距离可依次分成无数小段，因此阿基里斯虽然越追越近，但永远追不上乌龟。显然，这个结论在实践上是错误的。

在亚里士多德的《辩谬篇》中，有这么一则诡辩：你有一条狗，它是有儿女的，因而它是一个父亲；它是你的，因而它是你的父亲；你打它，就是打你自己的父亲。还有一个公式与其类似：因为猪 = 吃饭 + 睡觉，你 = 吃饭 + 睡觉 + 学习，所以你 = 猪 + 学习。不用作过多的解释，这些诡辩在逻辑上似乎无懈可击，在事实面前却不攻自破。

1949 年 7 月，美国国务卿艾奇逊把中国革命的原因归结为：①人口太多，“土地受到不堪负担的压力”；②西方思潮“激起骚动和不安”。毛泽东反驳道：“革命的发生是由于人口太多的缘故么？古今中外有过很多革命，都是由于人口太多么？中国几千年以来的很多次革命，也是由于人口太多么？美国 1774 年以前的革命，也是由于人口过多吗？”这里毛泽东就是运用摆事实的方法，通过一系列反问的提出，使艾奇逊的诡辩观点的荒谬性暴露无遗。

**（三）雄辩迎战诡辩**

诡辩的目的是为了反驳正确的观点、维护错误的观点。诡辩者无论是有意还是无意，都表现出较强的目的性，并且过于固执地坚持自己的主张，凭借“以假乱真”的“辩”取胜。所以在论辩交锋中，只靠“摆事实”往往是不够的，同时还要“讲道理”——也就是要用雄辩来攻破诡辩。雄辩立足于事实，立足于事物的真相和本质，用雄辩来迎战诡辩，需要运用概念、判断、推理等逻辑手段，也可以运用类比、归谬、揭露矛盾等方法开展论证，用有力的雄辩来攻击对方的薄弱环节，达到摧毁对方理论的目的。

孟子是我国古代伟大的思想家、文学家、政治家，战国时期儒家代表人物之一，以辩术高超著称于世。有一次他与彭更辩论“士”不做工是否应该得食的问题。彭更主张“士”不做工就不可以接受人家的奉养，出门带着几部随从车马、几百名学生而且在诸侯中到处接受款待是很过分的。孟子说：“如果不实行各做其事、互通有无，农民就有多余的粮食，织妇就有多余的布，别人却无衣无食；如果实行各做其事、互通有无，那么木匠、车工便能得到食物了。如果有人在家孝顺父母，在外尊敬师长，谨守先王之道，培养后来的学者，却又得不到衣食，你怎么能如此轻视这些传播仁义的人呢？”彭更不能回答便转移了话题：“木匠、车工做事的动机就是要混口饭吃，难道君子们传播仁义也是混饭吃吗？”孟子再次反驳道：“你怎么可以单就动机如何来讨论问题呢？他做的事对你有利，需要奉养就奉养他嘛。你给人饭吃，是根据他的动机还是他做的事是否有益于你呢？这里有一个胡闹的人，他掀起房上的瓦，胡乱图画墙壁，其动机就是要混口饭吃，你给吗？”彭更答道：“不给。”孟子马上回到原先的问题上：“那你给人饭吃，就不是看其动机，而是根据其所做的事是否有益于你。”孟子面对彭更的“士”不做工就不应该得食的诡辩，紧紧抓住诸侯奉养“士”的原因引出对方观点上的矛盾，通过推理讲明了道理，驳倒了彭更的观点，是雄辩迎战诡辩的成功范例。

在监狱工作中，用雄辩来迎战诡辩的论辩方法也是十分常见的，尤其是在与那些处于落后阶层的服刑人员进行交谈时显得更为重要，因为很多服刑人员往往使用含糊其辞、模棱两可、偷换概念、偷换论题、虚假论据、以偏概全等诡辩的方式逃脱罪责、制造冲突。这时，监狱人民警察可以使用具有说服力的有力论辩即雄辩来揭示其观点的荒谬。在迎战诡辩的论辩中，雄辩就像是一发势不可挡的炮弹，可以直接打入论敌的要害，置其于死地。

**（四）诡辩迎战诡辩**

诡辩迎战诡辩也是论辩中常用的交锋方式，这种论辩方式的最大特点就是当对方以诡辩向自己挑战时，答辩者也用诡辩的方式进行回击，即我们经常说的“以其人之道还治其人之身”。

这是一个诡辩迎战诡辩的经典故事：有一个做首饰生意的吝啬鬼，有一次去饭馆吃饭，先要的是面条，老板端来面条，他又不想吃了，就让老板换了一盘包子，吃过之后不付款就走。老板对他说：“您吃的包子还没有付钱呢！”此人说：“我吃的包子是用面条换的。”老板说：“面条你也没有付钱。”此人又说：“面条我没有吃呀！”气得老板一时说不出话来。过了几日，老板找到吝啬鬼要买一副手镯，吝啬鬼按时送来两只金镯。老板问：“这两只金镯要多少钱？”对方答：“既是你要买，我只按半价出售。”老板收下一只，还给吝啬鬼一只。过了一段日子，吝啬鬼前来讨账，说：“请你给我金镯价款。”老板装作不解的样子说：“不是早已给了你吗？”吝啬鬼说：“我从没有拿到啊！”老板拍案大怒道：“我要你两只金镯，你说只收半价，我已把一只还给了你，就折合那一半的价钱，何曾亏了你！”吝啬鬼听罢，苦不堪言。

吝啬鬼玩弄的诡辩把戏有两处颇迷惑人：一是“包子是用面条换的”，按照通常的理解，“以物易物”的交易是用不着付钱的；二是“面条我没有吃”，既然没吃，也就无须交钱。问题出在哪里呢？就出在虽然他没有吃面条，但由于没有付款，面条的所有权仍然属于老板，因而用面条换来的包子也还是老板的，所以吃了包子必须交钱。而这个故事的巧妙之处就在于饭店老板懂得“以其人之道还治其人之身”，故意混淆了概念，即把“还给了你一只金镯”等同于“还给了你一只金镯的价款”。

**（五）诡辩迎战雄辩**

诡辩是否能够战胜雄辩呢？很多人对此持否定态度，因为诡辩往往背离事实、背离对论题的本质分析。但是，采取哪一种论辩方法仅仅是交锋能否成功的一方面，如果考虑到论辩者的个人因素，比如口才的好坏、技巧运用的生熟、临场发挥的好环等，那么，完全可以出现诡辩战胜雄辩的情况。

在1988年亚洲大专辩论会决赛中，针对“儒家思想是否可以抵御西方歪风”的辩题，反方复旦大学把原论题“儒家思想能否抵御”变为“怎样才能抵御西方歪风”，即偷换了论题，弥补了原立论不足的缺陷，加之出色的交锋，致使正方台湾大学在立论不足而交锋也不足的情况下败北。复旦大学以偏离论题的诡辩战胜了正方论题的雄辩，获得了冠军。

在监狱交锋中，以诡辩迎战雄辩的情况并不多见。

## 四、论辩交锋的技巧

### （一）出其不意，一击致命

论辩，说到底是一种知识、智谋的较量。论辩的一方在立论时如能充分运用自己的知识和智谋，在透彻地分析辩题的基础上，突破对方立论的防线，巧妙地提出一个全新的概念，给对手一个“措手不及”，也就是在对方料想不到时进行攻击，便能大大削弱对方的攻击力。在论辩时，对方往往会提出一些刁钻古怪的问题，使论辩者无从回答。这时，可以不急于直接进行辩驳，而是采用有意“岔开”话题的方法，扰乱对方的注意力或思绪，然后趁其不备，突然逆转话锋，使对方始料不及、无言以对。

所谓“一击致命”，就是在论辩的过程中不要面面俱到地攻击对方提出的所有理由和根据，而是要善于抓住对方最关键的问题进行分析，集中力量猛攻这一要害，将对方彻底击倒。

### （二）避实就虚，避重就轻

在论辩中，双方都会有各自的虚实、轻重之处，也常常有“避实就虚”、“避重就轻”的说法。所谓“避实就虚”、“避重就轻”就是避开对方有利之处，抓住对方的薄弱环节，回避正面问题，摆脱对方进攻的技巧。比如，当对方提出一个我们无法回答的问题时，如果根本不知道如何回答，却勉强去回答，不但不会解决问题，甚至可能闹笑话。在这种情况下，就要机智地避开对方的问题，另外找对方的弱点攻过去。然而，在某些情况下，我们需要的是“避虚就实”、“避轻就重”，即善于在基本的、关键的问题上打硬仗。如果对方一提问题，我方立即回避，势必会给人不敢正视问题的不佳印象。此外，如果我方对对方提出的基本立论和概念打击不力，也难以战胜对方。要善于敏锐地抓住对方要害，猛攻下去，务求必胜，这便是避其锐气、攻其弱处的重要技巧。

### （三）针锋相对，死缠烂打

所谓“针锋相对”，是指对对方的观点予以直接、尖锐的回击，主要用于实质性的问题。如果在论辩中不能给对方尖锐有力的驳斥，则势必使自己处于极其被动的地位。例如，在一次国际性会议中，一位西方外交人士挑衅地对我国代表说：“如果你们不向美国保证不用武力解决台湾问题，那么显然就是没有和平解决的诚意。”我国代表立刻予以还击：“台湾问题是中国内政，采取什么方式解决是中国人民自己的事，无须向他国作什么保证。请问：难道你们竞选总统也需要向我们做什么保证吗？”言简意赅的两句话，顿时使对方哑口无言。

而对于原则性的问题则必须死缠烂打、追住不放，尤其是遇到具体事理或者是哲学原理，但对方不能或无法正面回答时，就可以把这些问题提出来，并且“打破沙锅问到底”，直至对手无言以对。在运用这种技巧的过程中要注意不能让对方轻易脱身。例如，对“焚毁走私犀牛角是不是保护自然资源的行为”进行论辩时，就可以一直追问：焚毁到底保护了哪些自然资源？对“流动人口的增加是否有利于城市的发展”的问题进行论辩时，就可以一直追问到底：管理不善带来的消极影响是否也要归咎于流动人口？

### （四）顺水推舟，引申归谬

顺水推舟是指表面上认同对方观点、顺应对方的逻辑进行推导，并在推导中根据论辩者的需要设置某些符合情理的障碍，使对方观点在增设的条件下不能成立，或得出与对方观点截然相反的结论。例如，在“愚公应该移山还是应该搬家”的论辩中，一方提出：愚公搬家解决了困难，保护了资源，节省了人力、财力，这究竟有什么不应该？而另一方则顺水推舟，指出：愚公搬家不失为一种解决问题的好办法，可愚公所处的地方连门都难出，家又怎么搬？可见，搬家姑且可以考虑，也得在移完山之后再搬呀！

引申归谬是采用“以子之矛攻子之盾”的批驳方法，是指当对方表明观点时，先不直接反驳，而是假定他是对的，在此基础上作出合理的逻辑延伸，或者仿照这个观点提出新的、具有明显错误的议论，从而使对方观点的荒谬暴露，以达到证明对方论点谬误的方法。例如，苏联诗人马雅可夫斯基 15 岁就参加了布尔什维克，对党有深厚的感情，常常把“十月革命”亲切地抒写为“我的革命”。有人刁难他，说：“你啊，在诗中常常写我、我、我，难道还称得上是无产阶级集体主义的诗人吗？”诗人幽默地反唇相讥：“你说得很对，以后你向姑娘表白爱情的时候，就可以跟她说我们、我们、我们爱你！”马雅可夫斯基先假设对方的论点是正确的，然后加以言理引申，得出荒谬的结论，证明了对方论点的谬误。

### （五）釜底抽薪，破解两难

刁钻的选择性提问，是许多论辩者惯用的进攻招式之一。通常，这种提问是有预谋的，能置人于“两难”的境地，也就是说两种结论非此即彼，无论对方作哪种选择都对己不利。遇到这种“请君入瓮”的问题，如果以定势思维被动地回答，就难以逃脱对方预设的陷阱。选择前者，可能刚好证明了对方的观点；选择后者，则有悖于事实，更是谬以千里。对付这种提问的一个具体技法就是，跳出对方“非此即彼”的框框，从对方的选择性提问中反过来单刀直入，抽出一个预设选项进行强有力的反诘，从根本上挫败对方的锐气，这种技法就是釜底抽薪。例如，在“思想道德应该适应还是超越市场经济”的论辩中，有如下一轮交锋：

甲：我问雷锋精神到底是无私奉献精神还是等价交换精神？

乙：你错误地理解了等价交换，等价交换就是说，所有的交换都要等价，但并不是说所有的事情都是在交换，雷锋还没有想到交换，雷锋精神当然谈不上等价了。

甲：那我还要请问，我们的思想道德的核心是为人民服务的精神，还是求利的精神？

乙：为人民服务难道不是市场经济的要求吗？

论辩交锋的语言技巧还有“借题发挥”、“以毒攻毒”、“捕捉漏洞”、“引蛇出洞”、“利用矛盾”等，在此不一一进行阐述。

## 五、论辩的要求

### （一）论辩须弄清立场

1. 自己的立场要讲清楚。讲清自己的立场，包括讲清自己的论点、论据和论证。论点要鲜明，不可含糊不清，不能模棱两可；论据要理由充足、真实可信，这样才能不使对方误解自己，引发不必要的新对立。例如，湖南的小李和上海的小张是好朋友。

一次，两人买豆干，小李买了一袋湘味豆干。小张很不高兴："你怎么不买浙江豆干？"小李："浙江豆干的味道哪能有湖南豆干的纯正呢？"小张："你真不会吃。浙江豆干的味道才叫纯正呢！"小李："我不会吃？我是吃豆干长大的，吃了几十年，恐怕是你不会吃吧。"小张和小李双方都没有把自己的立场讲清楚。什么叫"纯正"？这是一个含义模糊的词。也许双方真正的对立是：小李是湖南人，喜欢吃辣的口味；小张是浙江人，习惯吃甜的口味。由于没有讲清立场，反倒引发了新的对立：谁更会吃豆干？

2. 对方的立场要听清。对于对方的立场，重在一个"听"字。做一个良好的倾听者，听清对方的立场，有助于正确理解对方，不致发生误会。对方已说的话，要注意他/她说话的意义是什么。听话听音，一方面要听出对方有意义的弦外之音（如双关语），另一方面要听出说话者本人也不一定意识到的含义。对于对方没有说出来的话，不要贸然替对方下判断，因为与对方肯定的话相对的判断，对方一般不会否定它；但与对方否定的话相对的判断，对方也不一定会肯定它。例如，主人请客，丁一直没来，主人等得不耐烦："该来的怎么还不来？"甲想主人是想说"不该来的却来了"，于是扭头就走。主人见状，说道："不该走的走了。"乙一听不乐意了，心想这不明摆着说："该走的没走吗？"于是起身就走。主人急了，追了出去："我没说你。"丙一听，心想是在说我吧，也回家去了。可见，听话也要小心谨慎。甲乙丙若不替主人下判断，对立也就不会出现了。另外，不要任意扩大对方的话。任意扩大对方的结论，使之变得荒谬可笑，是论辩赛的常用技巧。而监狱工作中的论辩要求用道理说服对方，而非一方战胜另一方，因此这样做就不妥当了。

3. 对双方的立场要辨析清楚。通过讲清自己的立场、听清对方的立场，从而对双方观点的优劣得失有一个清楚的了解，也弄明白了真正对立之所在，这是从道理上软化对立的关键。

**（二）论辩须遵守道德**

1. 讲理。"吃饭吃米，说话说理。"讲理即服从道理，懂道理。论辩是建立在充分的理据上的，在论辩中要以理服人、以据服人，而不能强词夺理，作出歪曲理解对方原意的言行；更不可趋炎附势、以势压人、以声吓人，所谓"有理不在声高"就在于此。

2. 讲度。"度"在这里有两方面的意思。一方面是指适度，对不同意见的辩驳都要适度，不要"棍棒横飞"，不要"上纲上线"，不要将认识上的问题硬说成是立场的问题，将学术争论的问题说成是政治问题等。当然，如果在监狱工作中对方的确存在立场问题或政治问题，就要及时点明，采取措施。另一方面是指风度。将风度控制在"对我有利"的情况下是比较容易做到的，但是，当"事实"和"道理"都对我不利时，就很难控制风度了。这时，说话人心理压力增大，为了维护自己的观点、坚持立场，使面子、利益等不受损害，往往会"欲达目的，不择手段"，于是恶语相向，人身攻击，甚至可能揭露对方的短处或痛处，以图一时之快。这对监狱人民警察树立自己的形象是极其有害的，必须竭力控制，做到"得势不骄，败势不馁"。

3. 讲德，即讲究论辩的道德。在论辩过程中，论辩者要注意约束自己的言行，不篡改对方的论点；不贸然打断对方的论述，抢话反驳；不恶意挖苦讽刺对方；不粗暴地进行人身攻击等。

（三）论辩须严守禁忌

1. 忌以势压人。在论辩中，论辩各方不管社会地位高低、经济状况好坏、称号姓氏如何，都应当是平等的，不应有高低贵贱之分，也不应有排资论辈之举。没有人格上的平等，是不可能有正确的论辩的。所以在论辩过程中，要遵守“真理面前人人平等”的原则，心平气和，以理服人。特别是长辈和晚辈之间、上级和下级之间，更应该态度平等。监狱人民警察在与服刑人员进行论辩时绝不能声高气傲，摆出教训人的姿态。

2. 忌揭人之短。论辩应该建立在相互尊重的前提下，无论对方的观点如何尖锐、论辩如何激烈，都不可揭露对方的短处、进行人身攻击，特别不能揭露对方的隐私或者嘲笑其生理缺陷。如果不尊重对方，也就不可能获得对方的尊重。

3. 忌前后矛盾。在论辩过程中，由于反应时间短、出语速度快，有时会使自己的事实、数据、观点等出现前后抵触甚至自相矛盾的现象。一旦出现这样的情况，很可能会被对方抓住把柄，竭力将矛盾扩大，而自己变得自顾不暇、无力进攻了。所以，在论辩时，一定要使自己的思维缜密，防止论据或逻辑推理出现漏洞或矛盾。

4. 忌转移论题。在一般的论辩中，某一阶段的论题只有一个，各方必须紧密地围绕这个中心和本旨进行论辩，不可东拉西扯，有意无意地转移论题。有时，对方在理屈词穷后可能会故意转移论题，这就说明在这一阶段的论辩中你已经获得了胜利，应该立即指明，以免浪费口舌。

5. 忌重复啰唆。论辩的语言要求言简意赅、一语中的，同时也可生动活泼、引人入胜。但是，一定要切忌语言的冗余，即啰唆和重复。如果是两个人的论辩，任何一个人的语言前后都不要重复；如果是两队人的论辩，一队中的任何两名辩手的发言内容也不能重复。因为重复和啰唆的语言不仅浪费时间，更无辩驳之力，容易让听众生厌，更容易让对手因为感到你已经理屈词穷而窃喜。



## ◆范例分析◆

**案例一**：《东京审判》这部电影中的“论辩”就堪称是“雄辩迎战雄辩”的范例。这里举一例说明：1946 年 4 月，11 国法官齐集东京，正式开庭审判的日子就要到了。但是，各位法官在法庭上的座位将按什么样的顺序来排列？这是远东国际军事法庭开庭前各国法官最为关注的问题。由盟军最高统帅麦克阿瑟指定的庭长——澳大利亚的一位德高望重的老法官卫勃提议，法官席次应该按照联合国安全理事会惯例来安排，即以美、英、苏、中、法为序，但中国法官梅汝璈不同意这样的安排：

梅汝璈：我认为应该按《日本受降书》签字顺序安排法官的座次。中国排在第二位，也就是说，美国之后应该是中国。

卫勃：这是法庭，不是重演受降仪式。

梅汝璈：那么，卫勃爵士为什么按照这个顺序安排呢？

卫勃：梅博士，这是惯例。

梅汝璈：惯例？这是谁的惯例？受降书签字顺序不是惯例吗？

卫勃：梅博士，我们是来审判战争服刑人员的，为什么对这样一个小小问题如此在意呢？

梅汝璈：这问题一点都不小。何况真理只有深浅，没有大小之分。

卫勃：那么，梅博士，请你提议一个公平的办法。

梅汝璈：如果不按受降书签字顺序，我提议一个最公平的方法：我们称体重，按照体重大小决定座次。

卫勃：梅博士，你建议的方法非常公平，但只适用于拳击比赛。我们是国际法庭，而不是拳击场。

梅汝璈：如果不是按体重排座次，那么我认为唯一公平的就是按受降书的签字顺序排名。我一点都不希望我们的国际法庭变成拳击场。

……

卫勃：美国法官和英国法官坐在我的左右手，主要是因为他们对英美法系审判程序更熟悉一些。这只是为了工作上的便利，丝毫没有任何歧视中国的意思。

梅汝璈：恕我直言，你我都清楚，这是国际法庭，并不是英美法庭。我认为没有必要这么安排。

卫勃：梅博士，你能否从另一个角度去想这个问题？你想想看，照现在的安排，你的近邻将是美国法官和法国法官，而不是俄国，这对你将是很愉快的。

梅汝璈：爵士，您这样说是侮辱我！作为一个中国人，我必须郑重地提醒您，我不是为了愉快才来到东京的！我的祖国，遭受日本侵略长达50年，对中国人来说，审判日本战犯是一件沉重、严肃的任务，绝不是愉快的事！

卫勃：博士，那我也不得不再次提醒您，这样安排，是盟军最高统帅的意思。如果因为你拒绝这个安排而使中美关系陷入了不愉快，那将是非常遗憾的，你的政府也未必同意你的这种行为。

梅汝璈：我绝不接受这种不合理的安排，在日本侵略战争中，中国受侵略最深，抗战最久，牺牲最大。而英国却只是一味地忍受和投降，中国绝不能接受排在英国之后。我认为，中国政府也绝不会同意。我甚至怀疑，这是否是盟军最高统帅作出的决定。

正是由于梅汝璈精彩的雄辩使卫勃败下阵来，不得不按照受降书的签字顺序安排座位。一个争论多日、僵持很久的问题终于得到了解决。

## ◆任务要求◆

训练学生的论辩表达技巧。

## ◆情境训练◆

### 训练1　逻辑思考能力训练

**【训练目的】**

培养学生的逻辑思维能力和逻辑推理能力。

**【训练材料】**

每一组题后都有一个或若干个结论，你得假设这些题的说法是对的。如果你认为根据这些说法所得出的结论是真实和符合逻辑的，就在（　　）内划“√”或“×”，时间为5分钟。

例一：我比约翰高，约翰比乔高。所以，我比乔高。(√)

例二：我兄弟是棒球队的队员。棒球队有棒球投手，所以，我兄弟是棒球投手。(×)

1. 大象是动物，动物有腿，因此，大象有腿。(　　)

2. 我的秘书还未到参加选民选举的年龄。我的秘书有着漂亮的头发。所以，我的秘书是个未满21周岁的姑娘。(　　)

3. 这条街上的商店几乎没有霓虹灯，但这些商店都有遮篷。所以，有些商店有遮篷或霓虹灯。(　　)

4. 所有的A都有三只眼睛，这个B有三只眼睛，所以，这个B与A是一样的。(　　)

5. 土豆比西红柿便宜，我的钱不够买两磅土豆。所以，

A 我的钱不够买一磅西红柿。(　　)

B 我的钱可能够，也可能不够买一磅西红柿。(　　)

6. 韦利是个和斯坦一样强的棒球击手。斯坦是个比大多数人都要强的棒球击手。所以，

A 韦利应是这些选手中最出色的。(　　)

B 斯坦应是这些选手中最出色的，尤其在国内比赛更是如此。(　　)

C 韦利是个比大多数人都要强的棒球击手。(　　)

7. 水平高的音乐家演奏古典音乐，要成为水平高的音乐家就得练习演奏。所以，演奏古典音乐比演奏爵士乐需要更多的练习时间。(　　)

8. 如果你的孩子被宠坏了，打他屁股会使他发怒；如果他没有被宠坏，打他屁股会使你懊悔。但是要么是被宠坏了，要么是没有宠坏。所以，

A 打他屁股要么会使你懊悔，要么使他发怒。(　　)

B 打他屁股也许对他没有什么好处。(　　)

9. 正方形是有角的图形，这个图形没有角，所以，

A 这个图形是个圆。(　　)

B 无确切的结论。(　　)

C 这个图形不是正方形。(　　)

10. 格林威尔在史密斯城的东北，纽约在史密斯城的东北，所以，

A 纽约比史密斯城更靠近格林威尔。(　　)

B 史密斯城在纽约的西南。(　　)

C 纽约离史密斯城不远。(　　)

**【训练方法】**

1. 学生在规定的时间内完成全部题目。

2. 教师将正确答案予以公布，如果需要可作必要的讲解。

**【训练说明】**

1. 每答对一个括号得1分，共计18分。

2. 如果学生成绩在14～18分，说明该生具有良好的逻辑能力；如在10～14分说

明该生逻辑思维能力一般；如在 10 分以下说明逻辑不够清楚，需要加强。

## 训练 2　收集资料能力训练

### 【训练目的】

1. 培养学生收集各种资料、组织资料的能力。
2. 拓展学生的知识面，为论辩提供论据。

### 【训练材料】

1. 胚胎。
2. 川剧变脸。
3. 生态危机。
4. 博客。
5. 都市主妇。
6. 剩男剩女。
7. 食品安全。
8. 月光族。
9. 帕金森综合征。
10. 金融危机。

### 【训练方法】

1. 根据学生总数将学生分成若干小组，每一个小组负责收集一个题目的材料。
2. 教师在一周前布置题目。
3. 学生以个人为单位，对教师布置的题目的相关内容进行全方位的搜集，如“克隆”，可以收集有关克隆的概念、价值、弊端、发展的方向、基本的过程、早期研究的成果、近年研究的成果、人们对克隆的看法、人体艺术克隆、电影《克隆》等。只要与“克隆”这个词有关的内容都可以收集。
4. 学生以小组为单位，小组的每一个成员对自己收集的内容进行讲述，其他成员的讲述不得与其雷同。
5. 教师对学生的收集工作进行点评。

### 【训练说明】

1. 教师可以根据实际情况自选题目。
2. 每位学生的发言时间应限制在 10 分钟以内。

## 训练 3　组织安排论辩的能力训练

### 【训练目的】

1. 培养学生整理论辩材料、组织安排论辩的能力。
2. 在收集资料的基础上学会如何将资料内容转成论证和论据，进行论辩。

### 【训练材料】

1. 逆境出人才。
2. 说易行难。
3. 有钱就幸福。
4. 广告不可信。
6. 上司和下属要保持距离才能树立权威。
7. 人生的成功在于努力。
8. 上网有利于学习。
9. 中学生不应做兼职。

5. 失败是好事。

10. 网络发展影响人际关系。

【训练方法】

1. 根据学生总数将学生分成若干小组，每个小组负责组织一个题目的材料。

2. 教师在一周前布置题目。

3. 以小组为单位，分别从正反两个方面对教师布置的题目组织安排论辩内容。

4. 以小组为单位，指派两个小组成员分别对其组织的正反两方面的论辩内容进行讲述，小组其他成员可以补充。

5. 讲述完毕，由其他小组成员进行点评。

【训练说明】

1. 教师可以根据实际情况自选题目。

2. 其他小组成员在听的过程中可以用笔记录。

3. 每组发言时间应限制在 15 分钟以内。

4. 教师可以根据实际情况进行引导和点评。

## 训练 4　论辩实战能力训练

【训练目的】

1. 锻炼学生的论辩思维，培养学生的论辩口才。

2. 加强学生综合论辩的能力。

【训练材料】

1. 正方：大学分级教学利大于弊。　　反方：大学分级教学弊大于利。

2. 正方：大学扩招对大学生利大于弊。　　反方：大学扩招对大学生弊大于利。

3. 正方：与谁同行比去向哪里更重要。　　反方：去向哪里比与谁同行更重要。

4. 正方：判断善恶的标准是行为 。　　反方：判断善恶的标准是结果。

【训练方法】

1. 根据学生总数将学生分成若干小组，每两个小组负责一个题目的论辩。

2. 教师在一周前布置题目。

3. 每组选出四名选手，分别作为正反两方的一辩、二辩、三辩和四辩，其他成员负责材料的收集整理和论辩的组织安排。

4. 选手按照论辩赛流程进行论辩。

5. 教师点评。

【训练说明】

1. 教师可以根据实际情况自选题目。

2. 论辩前应让学生熟悉论辩赛流程。

3. 严格控制各辩手的发言时间。

## 训练5　监狱工作论辩实战能力训练

【训练目的】

1. 锻炼学生在监狱实际工作中的论辩思维，培养学生的论辩口才。
2. 加强学生的监狱论辩技能。

【训练材料】

1. 人生在世，吃喝二字。
2. 金钱的多少代表一个人能力的强弱。
3. 教育是要做大官、赚大钱。
4. 不讲哥们义气就是为人不实在。
5. 人生苦短，就应该自由自在，不受任何约束。

【训练方法】

1. 每两个学生为一组，共同商定一个话题，并明确身份（如话题为“人不为己，天诛地灭”，由一方扮演服刑人员，一方扮演监狱干警）。

2. 双方以谈话的方式开始进行交流，引出“服刑人员”“人不为己，天诛地灭”的错误观点，“监狱干警”可以利用各种论辩技巧对其观点进行驳斥、说服，努力使其转变原有的观点。

3. 教师点评。

【训练说明】

1. 教师可以根据实际情况自选题目。
2. “监狱干警”的立场不得发生转变。
3. 每组谈话不超过30分钟。



## 任务四　谈判

### ◆知识储备◆

### 一、谈判的概念

谈判是有关方面就涉及切身利益的分歧和冲突，对共同关心的问题互相磋商，交换意见，寻求解决的途径和达成协议的过程。谈判由“谈”和“判”两个字组成，“谈”是指双方或多方之间利用语言传播信息、交流感情，表达自己的意向，了解对方的意图；“判”就是指决定一件事情。只有在双方沟通和交流的基础之上，了解对方的需求和内容，才能够作出相应的决定。谈判其实是一个在坚守底线的前提下让步的过程。双方通过互相让步，到达一个双方都能接受的位置。

谈判和辩论的区别在于：在目的上，谈判是为了达到双赢，而辩论则是有一方赢，而另一方输；在技巧上，谈判在于抓住对方需要什么，什么对他有利、有好处，而辩论则是抓住对方的漏洞和弱点进行反击，打败对方。

正规的谈判过程一般分为六个阶段：

1. 导入阶段：主要是让谈判参与者通过介绍相互认识，彼此熟悉，以创造一个有利于谈判的良好气氛。

2. 概说阶段：谈判各方简要亮出自己的基本想法、意图和目的，以求为对方所了解。

3. 明示阶段：根据前一阶段谈判各方表述的意见，尤其是相互存异或有疑问处，谈判各方此时会进一步明确各自的利益、立场和观点。

4. 交锋阶段：谈判各方的目的都是为了获得自己所需的利益，自然会有矛盾，而矛盾的激化会导致对立的状态的出现。这时候，谈判各方互相交锋，彼此争论，紧张交涉，讨价还价，逐渐确定妥协的范围。

5. 妥协阶段：交锋的结束，便是寻求妥协途径的时刻。妥协阶段就是各方相互让步，寻求一致，达成妥协。

6. 协议阶段：在这一阶段，谈判各方经过交锋和妥协，求同存异或求同去异，基本或一定程度上达到自己的目的，于是便拍板同意，各自在协议书上签字，握手言欢，谈判宣告结束。

监狱工作交锋口才的谈判主要指救援谈判，包括对轻生自杀者的救援谈判、制止监狱暴动救的援谈判、反劫持人质和场所的救援谈判，具体应用于劝阻服刑人员自杀，平息破坏监管秩序案件、聚众斗殴案件和绑架人质案件的危险势态。因此，在监狱工作交锋口才中，谈判的目的是为了拯救生命、保护监狱公私财物、维护监管秩序的稳定，谈判的过程也更突出前四个阶段。

## 二、谈判的特点

### （一）谈判的语言特点

1. 鲜明的目的性。谈判语言是一种目的性非常明确的语言交流，不管是谈判中的陈述、说服，还是提问、回答、拒绝，都是为了自己一方的利益需要而进行的，不带有任何功利目的也无求于对方的谈判是根本不存在的。正是谈判的这种性质决定了谈判语言必须具有鲜明的目的性。

2. 灵活的应变性。虽然在谈判之前，双方可能对谈判的内容、己方的条件、对方的立场和策略都已经做好了充分的准备，但是，谈判过程往往瞬息万变、复杂无常，因为任何一方都不可能事前精准地设计好谈判的每一个细节和话语，尤其是监狱交锋中的谈判，更是即兴发挥的谈判。所以，具体的语言应对需要谈判者临场进行组织，随机应变。

3. 巧妙的策略性。在谈判中，如果一方想尽可能多地获得利益，就必须采取各种策略，诱使对方按照自己的条件达成协议。因而成功的谈判者在谈判双方的利益冲突和利益协调中，会从合作的立场出发，以其特有的机警和敏锐，尽可能地抓住有利于自己的任何一个机会，同时运用各种计谋使谈判朝着有利于自己的方向发展，达到共赢的目的。

4. 迅捷的反应性。在谈判中，谈判者在密切关注对方信息的输出和反馈情况的同时，要尽可能快速地对对方的话语作出判断和回答，抓住那些稍纵即逝的机会，迅速捕捉对方说话中的矛盾和遗漏，不失时机地加以利用，同时也要为自己的谈判条件争取到最大的满足。

### （二）监狱交锋谈判的特点

1. 突发性。监狱工作交锋中的谈判几乎全部是由监狱服刑人员一手挑起来的，在危机发生之前没有通知，监狱人民警察也不能事先知道在什么时间、什么地点、以怎样的方式发生危机。因此，往往是服刑人员已经暗地准备好并已发动了突然袭击，监狱人民警察才仓促上阵，没有可供准备的时间。加上服刑人员常常感情用事、极易冲动，过惯了无拘无束、放荡不羁的生活，其行为往往具有盲动和胆大的特点，犯罪预谋时间比较短，有的甚至没有任何预谋，而是一触即发，具有明显的突发性。

2. 强迫性。当危机发生时，服刑人员不但以突发性的手段威胁监狱，同时还用强迫的方式逼使监狱人民警察"接招"。他们往往以人质、场所、自己的生命作为赌本，强逼干警满足其愿望或要求，否则不是杀别人、毁东西就是伤害自己，完全没有商量的余地。

3. 野蛮性。这一特点主要体现在监狱劫持人质的案件中。服刑人员在穷凶极恶的时候可能会因为情绪失控，任意将其他服刑人员、监狱干警、厂房师傅和前来监狱参观的人员等劫持为人质，不管被劫持者本人是否同意，都要把自己的意志强加在人质身上。可能会强迫被劫持者做出有利于他们的动作或说出有利于他们的话语，不满足人质基本的生理需求，如进食、饮水、大小便等，甚至会不惜伤害被劫持者的身体。因其个人需要的野蛮影响和破坏监狱的监管秩序，干扰监狱工作的有序进行，威胁监狱人员的生命安全。

4. 冲动性。在监狱中，实施自杀、破坏监管秩序案件、劫持人质案件的服刑人员，几乎都有一个共同的特点——情绪冲动。当监狱人民警察作为谈判者向服刑人员接近时，只要一进入该服刑人员的视线，就能听到这类人高声吼叫，并以危险的动作来恐吓谈判人员。这些人已经做好了"万一不行，一起完蛋"、"临死也要抓个垫背的"的思想准备，达到了丧心病狂、不顾一切、破釜沉舟的程度。

## 三、谈判的技巧

### （一）谈判的语言技巧

1. 重复。重复要求谈判者一方面不断地重复自己的意见，另一方面要重复对方的意见。重复相同内容的目的不是扩大新的信息量，而是增加信息的强度，从而给人留下深刻的印象。重复自己意见的关键在于有耐心和锲而不舍的态度，只要问题一天得不到解决，就一天天地重复表明要求，不管对方以什么理由和态度拒绝，都应置若罔闻，绝不能被对方的言辞困扰；重复对方的意见不是一字不差地照本宣科，而是将它变成自己的话，并且在重复时削弱甚至改变异议的实质，使一个尖锐的意见变成一个普通的问题，从而使对方的意见变得比较容易对付。

2. 迂回。迂回就是不把想说的意思直接表达出来，而是先谈一些貌似与主题无关，令对方感兴趣、能接受的话题，然后由小及大、由少到多、由浅到深、由远及近、由轻到重、由易到难地一步步引入正题。这样做的好处是，通过前面的层层铺垫，本来对方难以接受的意见，再听起来就显得不那么尖锐、难以接受了。

这种技巧也常常用于打开僵局。僵局是谈判中经常出现的情况：双方都固执己见、针锋相对，谁也不率先让步，致使谈判无法进行下去。这时，不妨多花点时间，先绕个弯子，说点别的事情，用轻松的话题和对方重新建立起心理相容的关系。等紧张的气氛缓和下来，再一步步引出主题，让对方接受。

3. 反说，即正话反说。当谈判不能从正面对对方的观点进行驳斥的时候，就可以先从对方的观点出发，尽情发挥、夸张、引申他的观点，用违反常理、颠倒黑白的话揭露其观点的荒谬性，让对方醒悟。这与论辩中的引申归谬的技巧相类似。正话反说这种技巧的运用必须在融洽、友好的谈判气氛中进行，否则话说得过于尖刻，就可能变成讽刺和挖苦，不但不能让对方接受，更可能导致谈判的失败。

4. 暗示。在谈判时，有时候谈判者如果直接表明观点，可能会给对方造成伤害而形成对抗，这时，就可以用一些隐约闪烁的话，从侧面对其进行启发，间接地表达意思，让对方自己品味，最终接受谈判者的观点，这就是暗示的技巧。如某监狱服刑人员因为自己的女朋友另嫁他人而企图自杀，如果将事情的不可逆转性直接告诉他，可能会更加激化该服刑人员的心理冲突，而实施危险行为。所以，不妨从自杀的后果和其他情感方面对其进行暗示，让其自己醒悟。

5. 激将。通过一定的语言和手段刺激对方，激发对方的某种情感，使对方发生情绪波动和心态变化，并使这种情绪波动和心态变化朝着自己所预期的方向发展，使其下决心去做某事的方法，就是激将法。使用激将的技巧可以使对方放弃理智，而凭一时感情冲动去行事。所谓“水激石则鸣，人激志则宏”，激将法也是一种激励与鞭策。在谈判中，运用激将法往往能激发对方的谈判潜力，进而使谈判成功。

但是，激将法只适合用在那些社会经验和生活经验较少、容易感情用事的服刑人员身上。对自卑、胆小、性格内向的人，最好不要使用这种方法。因为这些人可能会把那些富有刺激性的语言视为嘲讽和讥笑，因而更加消极悲观、丧失信心，甚至会产生怨恨心理；对那些老谋深算、富有理智、善于攻心和使用谋略的服刑人员，也不适用这种方法，这些人可能一眼就会看穿激将的伎俩，根本不会就范。

**（二）谈判的策略技巧**

1. 刚柔相济。在谈判过程中，谈判者的态度既不要过分强硬，也不要过于软弱。过分强硬容易刺伤对方，导致双方关系破裂；过分软弱则容易受制于人。因此要采取“刚柔相济”的策略：既要有人充当“白脸”角色，持强硬立场；又要有人扮演“红脸”角色，摆温和态度。“白脸”可以狮子大开口，大刀阔斧地直捅对方的敏感部位，不留情面，争得面红耳赤也不让步；而“红脸”则可以态度和蔼，语言温和，处处留有余地。这样，一旦出现僵局，便可以从中斡旋挽回。

2. 拖延回旋。在谈判中，对手可能是一个态度强硬、咄咄逼人的人，会以各种方式表现其居高临下的姿态。对于这类人，采取拖延交战、迂回周旋的策略往往十分有效，即通过许多回合的拉锯战，使趾高气扬的谈判者感到疲劳生厌，逐渐丧失锐气，同时使自己的谈判地位从被动中扭转过来，等对手精疲力竭的时候再反守为攻。

3. 留有余地。在谈判中，如果对方向你提出某项要求，即使你能全部满足，也不必马上和盘托出你的答复，而是先答应其大部分要求，留有余地，以备讨价还价之用。

4. 以退为进。以退为进的策略就是在监狱交锋谈判中，不要先强硬地表明我方的态度，而是想尽办法让对方先开口说话，表明其所有的要求。我方耐心听完后，抓住其破绽，再发起进攻，迫其就范。有时在局部问题上也可以首先作出让步，以便于换取对方在重大问题上的让步。

5. 利而诱之。根据谈判对手的情况，投其所好，施以小恩小惠，促其让步或最终达成协议。比如，给制造危机的服刑人员递烟、递纸巾、送餐、安排家属接见等，都可以向对方传递友好信号，起到润滑剂的作用。

6. 体谅。谈判中最忌索取无度，这样无疑会使谈判充满火药味和敌对态势。谈判双方应将心比心、互相体谅，可使谈判顺利进行并取得皆大欢喜的结果。

## 四、谈判的要求

### （一）人员选择的要求

当监狱发生必须要通过谈判解决问题的事件时，不是所有的监狱人民警察都可以负责谈判工作的。如果随意派人进行谈判，很可能会危及整个现场的人员的安全。所以，监狱谈判人员的选择必须从解困、救人、了事、安全等方面全方位地进行考虑。谈判者不仅要具有一定的专业技能、社会阅历、知识面等，并且要有超出常人的忍耐力、宽容性、适应性等素质，能在高强度的压力下进行承重的洽谈活动。具体地说，作为监狱交锋谈判的人员必须具备以下条件：

1. 过人的语言组织和表达能力。谈判的表现形式就是“说”，不管一个谈判人员的智商多么高、社会阅历和生活经验如何丰富、知识面怎样开阔、警务实战应急能力如何强，它们都要通过口语这种最简单的形式加以体现。谈判人员要通过与服刑人员看似简单而实际十分复杂的语言交流来渐渐地达到让其服理、服气、服事、服人的最终目的。我国反劫持制暴谈判专家高锋曾说：“谈判专家要能把稻草说成是黄金；把黑夜说得满天星斗，把满天星斗说得一片朝阳；把苦脸说乐，把乐脸说哭。这是作为谈判专家的最基本的条件。”可见，对谈判人员而言，拥有过人的语言组织和表达能力是十分必要的。

2. 普通的相貌，平易近人。负责谈判的人员要做的是解决问题，而不是给对方施加压力，尤其是外表不能隐含着可能会给服刑人员造成攻击和伤害的心理压力的特征。在这一点上，英俊潇洒、正气凛然的人不适合作谈判人员，外表高大、威猛雄浑的人也不适合作谈判人员，而那些外表憨厚、举止亲切、善解人意的人是作谈判人员的首选。具体说，相比之下要丑的不要帅的，要矮的不要高的，要胖的不要瘦的，要老的不要少的。

3. 丰富的社会阅历和生活经验。作为谈判人员，年龄不可太轻，这是因为年轻人在有限的生存时间内，很难积累起应对突发事件时所必须具备的丰富的生活经验和社会阅历，具体包括实战处置的经验、与人交往的经验、洞察人物内心活动的经验、自我控制的经验、快速反应的经验、进行思想工作的经验等。值得注意的是，即使有些人凭着特殊的勇敢、过人的智慧、不信邪的决心取得了一些谈判上的胜利，但是，这只是偶然结果，如果一味坚持，其最终结果必然是一败涂地、空手而归。

4. 宽泛的知识面。谈判人员在危机发生之时，要回答、面对、控制、处置一系列问题：社会的问题、提出条件的问题、他人需求的问题、现场安全保护的问题、与其他干警配合的问题等。这些问题涉及不同的专业领域，需要谈判人员在掌握谈判技巧和要领的基础上，必须有着宽泛的知识面，并且对各种知识的掌握都要达到一定的深度。中国人民公安大学在培养谈判专家的课程中共安排了14门学科，包括政治、金融、法律、哲学、犯罪学、心理学、谋略学、气象学、民族、宗教、表演、建筑、统计和安检防暴等学科。

5. 良好的心理素质和应激能力。与服刑人员近距离地谈判是一项十分危险的工作，如果一时把握不好，可能会危及谈判者和人质的生命，或者造成自杀者的得逞。所以，谈判人员应该有一种不怕牺牲的大无畏精神，置生死于度外，面临危险能够从容应对，也能够坦然面对血腥场面。否则，只能是未谈先败。

除此之外，谈判人员还应该具有较好的应激能力。谈判现场的情况会随着天气、人质、警方的决策、谈判对象的心理、偶然因素等的变化而变化，有些时候，一些细微的变化就可能会引起轩然大波，使前面的谈判成果功亏一篑，甚至产生难以预料和控制的局面。这就要求谈判人员要具有良好的应激能力和快速的现场反应能力，以便抓住各个有利于解决危机的战机，使谈判获得较好的效果。

6. “生命至上”的价值理念。谈判人员应该以“以人为本”、“生命至上”作为自己的价值理念，用心谈判，与“狼”共舞。监狱人民警察到了危机现场，就要对在场所有人的生命负责，对人质和自杀者进行救助，对犯罪者进行救赎。在劫持人质的案件中，应该把人质的生命放在第一位，谈判者的生命放在第二位，其他服刑人员的生命放在第三位，现场其他警察的生命放在第四位，劫持者的生命放在第五位。自杀案件中，要竭力劝阻自杀者的自杀行为，挽救其生命。

监狱工作交锋口才的谈判与其他生活谈判、商业谈判、军事谈判相比较，不论是形式上还是内容上都有极大的差异性。这种谈判不仅要求谈判者具有一定的专业技能、社会阅历和知识面等，并且要求谈判者能有超出常人的忍耐力、宽容性、适应性等素质，在高强度的压力下进行承重的洽谈活动。

**（二）战略运用的要求**

1. 尽量保持处于主动状态。处于谈判的主动状态可以控制谈判的方向和进程，掌握对方的心理状况，压住对方谈判的阵脚，从强力和计谋上来控制住对方，也可以激发自己快速的智能反应、准确的应对能力、超常发挥的兴奋、高度集中的注意力和决心战胜的自信。如果谈判者一心只想尽快结束双方的对峙状态，或者缺乏主动机智的对话周旋，或者事前的预案性不强，谈判时竞技状态不佳，都可能导致在谈判过程中失去主动地位而陷于被动。谈判者可以从拓展知识面和社会生活经验、加强智力转弯和快速思维反应的训练，注重实战技能的提高等方面进行改善。

2. 控制谈判的发展方向。在谈判活动中，双方的立场与观点几乎是对立的、冲突的、有着尖锐矛盾的，所以在谈判时，双方都会不约而同地希望由自己来控制谈判的发展方向，以实现行动的目的。谁能让谈判方向朝着自己那一方推进，谁就能掌握谈判的内容、速度、要点、原则、标准，谁就是制胜的一方，而另一方则只能附和、尾随甚至屈从。所以，把握谈判方向是谈判具有战略意义的实质性问题。

3. 正确地使用谈判语言。在人们的印象中，谈判者应该大义凛然地站在主流社会的立场上，斥责、教训、警告、强迫、鄙视、批评对方的所作所为，使对方感到达到目的无望而束手就擒。但是，在人们的思维方式、理念体系、价值判断、行为准则发生巨大变化的今天，如果还用这种交流方法，只能导致谈判的失败。谈判者最好不要使用带有恐吓、威胁、鄙视意味的话语，比如：“你不行!”“吵个屁，跟杀猪似的!”

对引起危机的服刑人员应该永远没有否定，眼睛里没有蔑视，肢体没有威胁，表情没有冷漠，也不要向他强调行为的后果，比如："你知道外面有多少警察吗？开枪射击可以把你打成马蜂窝。""你的这种行为可以加重刑期，你这辈子也别想走出监狱！"

进入现场后，要将双手高高举起，向对方发问："你口渴吗？""你看见我没有？我说话你能听见吗？""我是正在帮助你的警察，我们能聊聊吗？"当对方看见你时，你要在原地360°慢慢旋转，将衣服自然揭开，从上到下拍打自己的身体，意思是告诉对方自己身上没有什么武器和监听装置。一边说话一边向对方慢慢靠近，一直到对方叫你站住，适当地使用"今天不把你的问题解决好，我肯定不走，你能告诉我为什么……吗？我帮助你解决问题"、"你需要我帮助你做什么"、"我这样做没有任何恶意，只是为了让你听得清楚一点"等话语稳定对方，一旦对方表示听得清楚你的谈话，就可以立即开始谈判。

4. 禁止"转谈为攻"。很多谈判者希望在谈判过程中趁其不备将其制服，殊不知这是监狱交锋谈判的最大的致命伤。因为谈判手转为攻击手的害处相当大：第一，按照要求，谈判人员不应该带任何武器；第二，谈判人员不穿防弹背心，不作任何武装防御，这样做的好处是可以消除对方的防御心理，减缓对方的心理压力，但如果将谈判转为攻击，就会对监狱人民警察的人身和生命安全造成威胁。如果"转谈为攻"，谈的时候想攻，攻不下来又想谈，那么最后只能是既没有谈成也攻不下来。

5. 对现场其他人员的要求。在现场中，其他监狱人民警察不要以暴制暴。直逼、围堵、威慑足以刺激谈判对象的恐惧心态，让其产生这样的感受：警察今天是不会放过自己了，看来不是你死就是我亡，那我们干脆拼一把，来个鱼死网破算了！在这种情况下，谈判对象无论如何也不愿意和警察友好地解决问题。在劫持人质的案件中，劫持者也可能会对人质进行非人性的摧残和压制人质，人质也会出现担心、害怕、无奈、期盼、愤怒等心理状态。但是，无论情节怎样发展，作为人质千万不要用身体进攻劫持者，更不可用语言刺激劫持者，这样做可能会使自己有性命之忧。

## ◆范例分析◆

**案例一：**2006年5月30日18时10分，酒泉监狱正在服刑的服刑人员杨育霖乘人不备，拿着事先准备好的刀具悄悄潜入办公区，用木棒将一名女警察击昏后劫为人质。服刑人员杨育霖被张掖市中级人民法院合并判处死刑，缓期两年执行，在酒泉监狱二监区五分监区车间劳动。他乘车间收工之机，悄悄脱离了劳动岗位和互监小组的监视，从衣柜内取出事先准备好的刀具潜出车间，迅速窜入二监区办公楼三楼质检科计量室内，威胁正在上班的计量室女警察赵某，称自己要打电话，在遭到赵某的拒绝后，杨育霖强行夺下赵某的手机，随后赵某和他展开了搏斗。眼看事情就要败露，杨育霖拿起屋里的一根木棒，对赵某后脑部猛击了三棒，赵某当即被击昏。杨育霖将赵某拖到屋子的东南角，将刀架在赵某的脖子上，将其劫为人质。经过三小时攻心对话，在政治攻心和政策感召下，服刑人员杨育霖最终放下了凶器，束手就擒。

**案例二：**服刑人员陈某（强奸罪，判刑十年）劫持了一名下监室的女民警，一手拿着一把私自带进监室的"钻子"对着女民警的颈部，一手从背后搂着女民警，扬言要其他民警让开让其出监，女民警颈部被划了两道轻微伤口。事发现场是在某监狱的两幢监舍之间的通道上，当时有三名男民警在场，周围有正在从各监区监舍到伙房打晚饭的部分服刑人员，陈犯是夹在打晚饭的服刑人员中间走出监舍的。事发后，其他服刑人员过来围观，现场混乱。当时在场的民警一起围拢过来包围，疏散其他服刑人员，并及时报告监区和监狱领导。不到十分钟，监狱领导和机关十多名民警赶到现场。首先是稳定陈犯的情绪，告诉陈犯一定不要伤人。然后以退为进，满足需要。谈判人员告诉陈犯，有什么要求都可以提出来，监狱一定给予合理解决，用不着劫持人质，并指出这是犯罪行为，继续下去后果严重。接下来，心理干预人员以帮助者的姿态出现，告诉陈犯监狱不是专门整人的地方，如果现在就放人，可以从轻处理，陈犯声称想出去见家人，监狱答应可以立即通知其家人来会见，以满足其需要。谈判人员立即运用解释技术作进一步的心理干预：一是你家人离监狱100多公里，即使现在就通知，一时也来不了；二是即使来了，见到你现在的这种情况也难堪，让父母为你担心，因此还是先放开民警再说，并且民警的颈部已经有了轻微伤口，正在流血，再拖将危及生命，后果就更加严重。此时，陈犯的认知有所改变，心理开始动摇，并一再想确认监狱是否真的会帮助他联系家人来接见。就在陈犯犹豫不决、不知所措时，围在陈犯后面的民警快速上前夺下了陈犯手中的钻子，人质获救，前后约30分钟。

## ◆任务要求◆

训练学生的谈判技巧。

## ◆情境训练◆

### 训练1　互问互答的训练

**【训练目的】**

1. 培养学生对突发性提问的接对反应速度，锻炼思维的活跃性。
2. 加强学生整理思路、组织语言、触碰灵感的技能。

**【训练材料】**

1. “雷鸣电闪”和“电闪雷鸣”哪种说法更合理?
2. 什么动物代表澳洲?
3. 处于困境时找到生路可用什么成语表达?
4. 一斤铁重还是一斤棉花重?
5. 我们看到的什么影子最大?
6. 什么鸟不能飞?
7. 一只猫一分钟抓一只老鼠，一百分钟内抓一百只老鼠，要几只猫?
8. 什么马不能跑?
9. 话不投机、投机取巧，两个“投机”的意思相同吗?
10. 五条金鱼在鱼缸，死了两条还有几条?
11. 大人搀着小孩，小孩是大人的儿子，大人不是小孩的父亲，大人是谁?
12. 什么话自己说了却并不知道?
13. 什么东西不能被放大镜放大?

14. 什么东西能携带万吨原油却不能带去两斤糖？

15. 两个爸爸和两个儿子上山打猎，每人打了一只野兔，一共却只有三只，为什么？

**【训练方法】**

1. 学生两人一组，按照上面的例题各自设计一组常识性的“脑筋急转弯”问题。
2. 在100秒内，由一个学生负责快速提问，另一个学生进行快速流畅的回答。
3. 一轮问答完毕后，进行交换问答。

**【训练说明】**

1. 问句语速宜稍快，可以同时训练听辨能力。
2. 答案基本正确即可放行。
3. 100秒为净答时间。

## 训练2　抗干扰答题的训练

**【训练目的】**

1. 培养学生对突发性提问的接对反应速度和谈判时的抗干扰能力。
2. 加强学生整理思路、组织语言的技能。

**【训练材料】**

1. 一年四季哪个季节白天最长？
2. 教师节是哪一天？
3. 鸭子是怎么叫的？
4. 木棉花在什么季节开放？
5. 你的烦恼是什么？
6. 我国最北方的是哪个省？
7. 雪花是什么颜色的？
8. 江西省的省会在哪里？
9. 在正常大气压下，水的沸点是多少？
10. 在汽车刹车时，车上的人会向哪个方向倒？

**【训练方法】**

1. 学生三人一组，按照上面的例题各自设计一组常识性的问题。

2. 在30秒内，由一个学生负责快速提问，一个学生进行快速流畅的回答，一个学生用锣鼓、喇叭、鸡毛掸子等对回答问题的同学进行干扰。

3. 一轮问答完毕后，三人进行交换问答。

**【训练说明】**

1. 问句语速宜稍快，可以同时训练听辨能力。

2. 答案完全正确才可放行。

3. 30 秒为净答时间。



## 训练3　顺承接引的训练

【训练目的】

1. 培养学生尊重对方、表述见解、争取认同的“线性接引”能力。

2. 加强学生消除“否定心理”定势的技能。

【训练材料】

例：甲：住房正在成为中国的最大商品，许多家庭都在考虑怎样使自己拥有这个不动产业。

乙：现在我国人均储蓄近万元，购房潜力很大。

请作下面的顺承接引训练：

1. 教师：祝贺你成为了省级劳模，过去我经常批评你，说你是“差生”，没想到你这么有出息！

学生：________________________________________

2. 甲：听说，我国奥运会金牌得主有的奖金超过百万，我看这并不是坏事。

乙：________________________________________

3. 甲：有人主张搬几个兵马俑出来拍卖给“老外”，说这些“泥巴人”咱们中国有的是，拿几个敲他洋人大笔的外汇，是合算的——我们难道穷得非得挖祖坟才能过日子吗？

乙：________________________________________

4. 甲：科学技术对不景气的企业有神奇的回天之力，不知道那些只顾眼前创收的厂长们是否想到了这一点？

乙：________________________________________

5. 甲：上海的浦东是长江的“龙头”，龙头活起来，就会出现令人振奋的新局面。

乙：________________________________________



【训练方法】

1. 学生两人一组，按照上面的例题各自设计一组话题。

2. 两个学生分别扮演甲和乙，进行交谈，意在赞同对方有道理的内容，把握话语内在的接引线索，达成对一个问题的共识。

3. 一轮谈话完毕后，进行交换。

【训练说明】

1. 选取的话题应该健康向上。

2. 如果在认识上有差异，但是没有太大的分歧，可以暂时“克己适彼”，在相辅相成的配合、补充过程中进行交谈，逐步形成对一个问题的共识。

## 训练4　顺承转接的训练

**【训练目的】**

1. 培养学生胆大心细，表述自己见解、争取他人认同的谈判能力。

2. 加强学生整理思路、组织语言的技能。

**【训练材料】**

例：甲：唉，我觉得自己很平庸，见人矮三分，什么都不行。

乙：我认为这也可以解释为你的谦虚。谦虚是一种高尚的品德，但是我觉得谦虚并不等于自卑。说起来我也曾自卑过，不过有一句格言给过我很大启发："不要总是把膝盖弯着说话，如果挺立起来站着，你会发现，你是与别人一样高的。"我们想到这句话，恐怕就不觉得矮人三分了，是吧？

请作下面的顺承转接训练：

1. 天已很晚，你的朋友还在你家闲聊，你碍于情面不好意思下逐客令。这时你看看表，打了一个哈欠，说：________________

2. 甲：听说你发表了一篇小说，很有点"轰动效应"，你可不能飘飘然啊！

乙：________________

3. 学生：我最近不是表现好点了吗？班长，这个月不会再给我扣分了吧？（其实仍表现不好）

班长：________________

4. 某青年在学校时担任过宣传部长，他到一家大公司递上求职报告，想应聘推销部经理。

经理：从你的简历看，你担任过学生干部，所以择业方向最好是行政工作，当推销经理适合吗？

青年：________________

**【训练方法】**

1. 学生两人一组，按照上面的例题各自设计一组话题。

2. 两个学生分别扮演甲和乙，进行交谈，意在从对方合情合理的内容中引发出自己与其不尽相同的见解，让对方在和谐的气氛中感觉到你的这种见解的有理性，逐步达成对这个问题的共识。

3. 一轮谈话完毕后，进行交换。

4. 教师进行点评。

**【训练说明】**

1. 选取的话题应该健康向上。

2. 为了逐步达成对某一问题的共识，可以先顺承对方的语意，对自己的想法与方式的语境、对方的意思作一番调试，然后再灵活地转入自己的见解表述。

## 训练5　监狱工作谈判实战能力训练

### 【训练目的】

1. 锻炼学生在监狱实际工作中的谈判交锋能力，培养谈判口才。

2. 加强学生监狱谈判技能的训练。

### 【训练材料】

1. 对轻生自杀者的救援谈判。

2. 制止监狱暴动救援谈判。

3. 反劫持人质救援谈判。

4. 反劫持场所救援谈判。

### 【训练方法】

1. 学生自愿组队，共同商定一种监狱交锋谈判类型，并明确角色身份（如话题为“反劫持谈判”，角色为谈判干警、劫持者、被劫持者，也可适当增加外围干警、服刑人员家属等角色）。

2. 学生根据自己所模拟的角色进行表演，由谈判干警与其进行谈判，将其劝服或制止。

3. 由其他学生对他们的表现进行点评。

4. 教师总结。



### 【训练说明】

1. 学生自己设计谈判的情节，要求合情合理。

2. 模拟谈判对象的学生可以设置各种障碍，阻止谈判者将其说服；模拟谈判干警的学生要尽量使用各种谈判技巧，争取将其制服。

3. 每组谈判时间不超过25分钟。

**图书在版编目（CIP）数据**

监狱工作口才/王莉，陈碧红主编．—广州：暨南大学出版社，2013.2
（高等法律职业教育系列教材）
ISBN 978－7－5668－0458－7

Ⅰ.①监…　Ⅱ.①王…　②陈…　Ⅲ.①监狱—管理—口才学—高等职业教育—教材
Ⅳ.①916.7－05

中国版本图书馆 CIP 数据核字（2013）第 003811 号

出版发行：暨南大学出版社

地　址：中国广州暨南大学
电　话：总编室（8620）85221601
营销部（8620）85225284　85228291　85228292（邮购）
传　真：（8620）85221583（办公室）　85223774（营销部）
邮　编：510630
网　址：http：//www.jnupress.com　http：//press.jnu.edu.cn

排　版：广州市天河星辰文化发展部照排中心
印　刷：佛山市浩文彩色印刷有限公司

开　本：787mm×1092mm　1/16
印　张：14.25
字　数：353 千
版　次：2013 年 2 月第 1 版
印　次：2013 年 2 月第 1 次
印　数：1—2000 册

定　价：28.00 元